그리스도에 눈뜨다

그리스도에 눈뜨다

초판 1쇄 인쇄	2015년 1월 16일		
초판 1쇄 발행	2015년 1월 23일		

지은이	조 휘 동		
펴낸이	손 형 국		
펴낸곳	(주)북랩		
편집인	선일영	편집	이소현, 김진주, 이탄석, 김아름
디자인	이현수, 김루리, 윤미리내	제작	박기성, 황동현, 구성우
마케팅	김회란, 이희정		
출판등록	2004. 12. 1(제2012-000051호)		
주소	서울시 금천구 가산디지털 1로 168, 우림라이온스밸리 B동 B113, 114호		
홈페이지	www.book.co.kr		
전화번호	(02)2026-5777	팩스	(02)2026-5747

ISBN   979-11-5585-469-3 03230(종이책) 979-11-5585-470-9 05230(전자책)

이 도서의 국립중앙도서관 출판예정도서목록(CIP)은 서지정보유통지원시스템 홈페이지(http://seoji.nl.go.kr)와
국가자료공동목록시스템(http://www.nl.go.kr/kolisnet)에서 이용하실 수 있습니다.
(CIP제어번호 : CIP2015001424)

그리스도에 눈뜨다

조휘동 지음

북랩 book Lab

프롤로그

살면서 한 번 정도는 나의 신앙관을 제대로 정리하고 싶다는 생각을 가지고 있었다. 언제부턴가 하나님과 시선을 맞추어 세상을 사는 것이 나의 전부가 되었기에, 그분에 대한 나의 생각을 정리해보고 싶었던 것이다.

삶에서 예전과는 많은 것들이 달라졌다. 잠시 걸음을 멈추고, 지인들의 태도와 주변을 돌아보니, 세속적이고 세상을 사랑하며 살았던 내가 이제는 제법 주변 사람들에게 그리스도인처럼 보이는 것 같다. 물론 교회 내에서 나는 아직도 어리고, 무식하며, 깊이 없는 믿음을 지닌 초신자에 불과하다. 어떤 사람들은 겸손을 가장한 오만이라고 말할 수도 있겠지만, 이것은 교회 내의 생활을 경험하면서 나온 진심이다.

교회생활을 하면서, 가장 놀랐던 것은 신앙이 깊으면 깊을수록 세상의 이치와는 다르게 말없이 형제와 자매를 더 섬기고 조용히 순종하는 분들이 많았다는 것이다. 아무 말씀도 없이 그냥 묵묵히 듣고, 겸손한 태도로 오만했던 나의 말을 들어주셨던 분들이 사실은 오랜 신앙생활을 했던 신앙 선배님들이었다. 그분들은 내가 했던 이야기를 몰라서 경청했던 것이 아니다. 그저 몸에 밴 겸손과 사랑이 그들로 하여금 그런 그리스도인의 향기를 지니게끔 만든 것이다.

나는 정말 오만하다. 아직도 겸손할 줄 모르며, 나의 목소리를 낮추는 법을 배우지 못했다. 성격상 오해도 많이 받지만, 오해라고 말하기에는 내 자신이 한심한 것이 사실이다. 일에 있어서는 강박적인 성격까지 있어서 쉬지 못하고, 끊임없이 괴로워하기도 하는 정말 문제투성이의 인간이다.

고등학교 때 소위 왕따라는 것을 당한 적이 있었다. 지금의 왕따와는 약간 성격이 다르기는 하지만, 고등학교 1학년 때부터 2학년 초까지 폐결핵을 앓았던 적이 있었는데, 그때 병 때문에 친구들에게 따돌림을 당했던 것이다. 나름 명문 학교였는데, 자율학습을 하지 않고 매일 일찍 집에 가는 나를 보고는 한 친구가 담임선생님께 그 이유를 물었을 때 '폐결핵 때문에 병원에 간다'고 말씀하신 것이 화근이었다. 양성도 아니었는데, 근 1년간 아무도 나에게 말을 걸지 않았다. 아마도 옮으면 공부에 큰 차질이 생길 것이라 생각했을 것이다. 그리고 소변도 약의 영향으로 피처럼 빨간색으로 나오다보니, 더욱 기피할 만도 했다. 물론 학년이 올라가면서 동아리 친구들이 큰 도움이 되었고, 병도 완치되면서, 다른 친구들을 하나씩 사귀게 되어 아무렇지 않은 듯 지나간 학창 시절이었다.

그런데 사실 아무렇지도 않은 것은 아니었다. 그때부터 나에게 치명적인 상처가 생긴 것 같다. 어느 순간부터 나는 표정관리를 잘 못하게 되었다. 중학교 때까지는 무척이나 밝고 친구들도 많았는데, 그 일이 있고 난 후로는 항상 얼굴이 굳어 있고, 그런 얼굴 때문에 인간관계도 미숙하여, 자주 오해를 받게 된 것이다. 강하게 생긴 얼굴도 성격도 아니지만, 많은 사람들이 나를 어려워한다. 고등학교 때부터 나를 어려워하는 사람들이 제법 많았다. 군대에서도 대학에서도 그리고 직장에서도 상황은 다르지 않다. 나는 인간관계를 맺기 힘든 사람이며, 쉽게 마음을 열지도 않고 항상 오해받는 사람이었다. 나는 총체적으로 모난 사람이었다. 그리고 부족한 사람이며, 하나님의 도움 없이는 제대로 서지도 못할 사람이었다.

하나님께서는 그래도 이런 나조차 도구로 써 주셨다. 오만한 마음으로 하나님을 배척했어도, 나를 잊지 않으셨고, 항상 함께 해 주셨다. 그리고 이제 나는 하나님 앞에 돌아와 나의 길을 정하고, 그분과 함께하는 삶을 살아간다. 나는 부족하다. 하지만 하나님께서 함께 해 주시기에 부족함을 채울 수 있으며, 넘어지더라도 아무렇지 않게 다시 일어설 수 있다.

하나님께 드리고 싶은 말이 너무도 많다. 하지만 능력이 부족하여, 내가 그분께 해 드릴 수 있는 것은 극히 한정되어 있다. 부족한 글이라 하나님께 죄송하지만, 나의 이런 작은 능력도 하나님께서는 얼마든지 크게 사용하실 수 있음을 믿는다. 다만 바라는 것은, 나의 어리숙한 지식이나마 형제자매들에게 도움이 되어, 그들이 바른 신앙의 길을 가는 데 도움이 되었으면 좋겠다는 것이다.

이 책에서 비록 어리숙한 지식이지만 바른 신앙의 길을 가는데 도움이 될 수 있는 기본적인 요소들을 적어 보았다.

1장에서는 기독교인으로서 기본적으로 알아야 할 신학적 요소들을 다루었다. 이 시대에는 기독교라고 말하기에 너무도 이상한 종교들이 난무하고 있어 평신도로서 기독교인이라면 꼭 알고 있어야 할 기본적인 신학들을 다루어 보았다. 평신도를 위한 글이기에 전문적이지 않고 쉽게 풀어 보려고 했지만 신학적인 주제들을 다루는 까닭에 어느 정도의 진입 장벽이 있음은 못내 아쉬움으로 남는다. 만약 기독교의 정체성과 신학적인 주제들이 너무 어렵다면 2장으로 바로 넘어가서 신앙적인 주제들을 읽어 보는 것도 나쁘지 않을 것 같다.

2장에서는 교회에서 겪을 수 있는 신앙적 요소들을 다루어 보았다. 경험을 바탕으로 한 신앙적 요소들은 그리스도인이라면 누구나 겪고 또 겪을 수 있는 것들이다. 이런 것들을 공유함으로서 고난을 이겨내고 하나님께서 진정으로 원하는 것이 무엇인지 알 수 있게 되기를 바라며 진정한 그리스도인의 길은 무엇인지에 대하여 생각해보고자 했다.

우리는 세상을 살면서 많은 것들을 경험하게 된다. 나도 역시 짧은 인생을 살았지만 많은 고난과 행복을 동시에 겪어 보았다. 예전에는 고난을 받을 때마다 세상에서 홀로 서 있다는 생각에 외로웠다. 하지만 이제는 힘들고 넘어질 때도 많고 오해와 고난이 나를 짓누른다 해도 하나님께서 함께 하신다는 것을 알고 같은 길을 걷는 이들이 있다는 것을 알고 있기에 더 이상 외롭지 않다. 가끔 고린도전서 15장의 말씀을 묵상하곤 한다.

> 19. 만일 그리스도 안에서 우리의 바라는 것이 다만 이 생뿐이면 모든
>   사람 가운데 우리가 더욱 불쌍한 자리라.
>   – 고린도전서 15장

지금 나는 많은 것들을 주님께 돌리며 살아간다. 세상 사람들이 보기에는 정말 이해할 수 없고, 어리석은 삶일 것이다. 하지만 믿음이 있기에 천국에 대한 소망이 있고, 이생만을 바라는 것이 아니라, 하나님의 놀라운 사랑과 구원의 역사 속에서 영원을 꿈꾸고 있기에 나는 행복하다.

2014년 12월은 아마도 내 인생에서 가장 힘들었던 한 달로 기억되지 않을까 싶다. 기말고사와 바쁜 직장생활 그리고 교회에서의 봉사와 원고 집필까지 여러모로 바쁘고 힘든 시기였다. 내 앞에 많은 일들이 산재해 있었는데도, 글을 쓰기로 마음먹고, 그동안 쓴 글들을 모으고 새로 집필하여 무사히 책을 출판할 수 있도록 허락해 주신 하나님께 감사드린다.

정말 부족한 사람인데도 함께 하나님을 향한 길을 동행해 주고, 조언해 주는 박정희 집사님과 이영복 형제님, 강대양 형제님 그리고 편집을 도와주신 김유권 형제님께 감사드린다. 우리 자매(윤희경)와 장모님 그리고 부모님과 용우에게도 감사의 마음을 전하고 싶다. 교회 내에서 열심히 본을 보여 주시는 봉사회장님과 담임목사님께도 감사드린다. 그리고 정말로 오만하고, 힘든 인간인 나를 교회에 머물 수 있도록 인도해 주고, 나의 신앙에 큰 영향을 미친 이상연 전 담임목사님께도 진심으로 감사드린다.

차 례

2장
신앙에 눈뜨다

1장

**기독교에
눈뜨다**

인간의 의義와 하나님의 의義:
복음을 받아들이는 우리의 자세

2. 내가 증거하노니 저희가 하나님께 열심이 있으나 지식을 좇은 것이
   아니라

—로마서 10장

어렸을 때 '스누피'라는 만화를 참 좋아했었다. '스누피'는 스누피라는 이름을 가진 강아지의 이름을 딴 만화이고, 오랫동안 사랑받아 온 작품이다. 스누피에는 많은 주인공 아이들이 등장하는데, 그중에서 내가 가장 좋아했던 캐릭터는 라이너스라는 이름의 한 소년이었다. 캐릭터들 중 항상 무언가 부족해보이는 캐릭터였는데, 라이너스는 그것을 증명이라도 하듯이, 항상 자신이 가장 좋아하는 이불을 가지고 다니던 아이였다.

내가 라이너스를 가장 좋아했던 이유는, 아마도 내 자신이 부족한 아이였기에 동질감을 느꼈기 때문일 수도 있다. 어린 시절의 나는 그렇

게 건강한 아이는 아니었다. 지금도 주일마다 건강원에 가서 무언가를 고아 먹이며, 걱정스런 눈빛으로 나를 보시던 부모님의 모습이 기억난다. 중학생 정도가 되어서는 살도 찌고 건강해졌지만, 어린 시절에는 항상 밥도 잘 먹지 않고 여리며 부족했던 아이였음은 틀림없다.

어렸을 때 혼자 자라서인지 나는 항상 주위에 기대고, 의지할 만한 것을 만들어 놓곤 했었다. 긴 시간 동안 라이너스처럼 가장 좋아했던 이불에 집착하기도 했었고, 때로는 새끼손가락을 문지르는 것에 몰두하기도 했으며, 또 어느 시점에서는 와이셔츠 칼라에 집중하여, 아버지의 셔츠 칼라가 내 손가락의 때로 찌들어 있었던 적도 있었다.

나는 항상 부족한 아이였고, 모자랐으며, 약했다. 그래서인지 내 인생에는 그때부터 생긴 '버릇'이라는 친구가 항상 붙어 있었고, '버릇'은 그 종류를 달리하긴 했어도, 성인이 된 지금도 일종의 강박증과 같은 형태로 나의 마음의 한 부분을 차지하고 있다.

누구나 살면서 버릇 하나쯤은 가지고 있을 것이다. 나 역시 성인이 되어서도 버리기 힘든 몇 가지 버릇이 있는데, 그중에서 조금은 특이한 것이 하나 있다. 그 버릇은 복음을 듣고, 거듭난 후에 생긴 것이다.

복음을 듣고 거듭난 후에도 끊임없이 죄를 짓게 되며, 일정 기간 동안은 죄책감에서 헤어 나오지 못했었는데, 그럴 즈음 존경하는 한 목사님께, 거듭난 후 바로 그날부터 단 하루도 하나님을 생각하지 않았던 날이 없었다는 말씀을 듣게 되었다. 나는 그 말씀을 통해 끊임없이 죄를 짓는 인간이기에 죄책감마저도 매일같이 하나님을 생각할 수 있게 해 주시는 또 하나의 은혜가 될 수 있음을 알고, 내 안에 상주하시는 성령님께 감사하는 마음을 가진 적이 있다.

하지만 어쨌든 죄는 죄고, 죄 자체가 좋은 것은 아니니, 그리스도인이지만 세상에 몸담고 살다가 본의 아니게 죄를 짓는 경우에는 마음이 불편하기 그지없다. 그렇게 하나님 앞에 죄를 지었다고 생각이 들 때면, 모든 것을 보고 계신 하나님이 생각나, 정말 무안하기 짝이 없으며, 그럴 때마다 나는 항상 하나님께 대신 드릴 무언가를 약속하곤 한다. 죄를 지을 때마다 나만의 버릇이 생긴 것이다. 예를 들어서 의도치 않게 거짓말을 하게 되었을 경우에 '하나님 제가 이번에 의도치 않게 죄를 지었습니다. 정말 죄송합니다. 제가 대신 이번 주에는 교회에서 더 열심히 봉사를 하겠습니다'라든지 또는 '헌금을 조금 더 내도록 하겠습니다'라고 하는 등 항상 하나님께 무언가를 대속하려는 특이한 버릇이 생긴 것이다.

물론 반성하건대 그 버릇의 어리석음을 인정하지 않을 수 없다. 하나님이 어떤 분이신가? 그분은 이 세상 모든 만물의 주인이시고, 내 주머니에 티끌조차도 모두 그분의 것인데, 내가 그분께 드릴 것이 무엇이 있으며, 무엇으로 그분을 이롭게 할 수 있단 말인가? 그저 죄송한 마음에 자식이 죄를 지으면, 부모님의 눈치를 보며, 무언가 하나라도 제대로 해서, 마음을 풀어 드리려 하는 것과 같은 마음이었지만, 하나님께서는 부모님과는 그 성격이 다르신 분이고, 앞서 말한 대가성의 행동으로 또는 보답으로 무언가를 한다고 해서 해결될 수 있는 성격의 문제는 아닌 것이다.

이런 상황에서 나는 나의 버릇을 통하여 과연 인간의 의(義)란 무엇인가에 대하여 생각해보게 되었다. 우리는 항상 의의 잣대를 인간에게 맞추어 하나님을 전지전능하신 조물주로 대접하지 않고, 인간과 같은 감정을 지닌, 나만의 생각으로 형상화된 하나님을 마음속에 만들곤 한다. 진정한 모습의 하나님이 아닌 인간의 기준으로 형상화시킨 하나님이기에, 의 역시 하나님의 의를 따르는 것이 아니라, 인간의 의를 통하여 무언가를 하려 한다.

복음을 듣고 나서, 한동안 교회를 다니지 않았던 적이 있었는데, 그 기간 동안 직업상 월요일부터 금요일까지 매일 술을 마셨었고, 담배는 기본이었으며, 스트레스로 인한 예민한 성격과 강박증이 매우 심했다. 되돌아보건대, 그 당시의 나는 죄 덩어리 그 자체였다. 물론 술과 담배를 죄악 덩어리라고 단정 짓는 것은 아니다. 다만 그 당시의 나는 옳지 못한 행동으로 인한, 수많은 죄가 마음속에 가득 차 있었다. 하지만 스스로의 상태를 인지하지 못하고, 하나님을 믿고 있다고 생각했다.

내 마음속의 하나님은 내가 저지르고 있었던 옳지 못한 행동들을 다 이해해 주시고, 모른 척해 주시는 나만의 형상화된 하나님이었다. 성경을 통한 말씀과 복음을 통한 하나님이 아닌, 내가 스스로 만들어 놓은 하나님이었던 것이다. 그것이 진정 하나님이었을까? 단언컨대, 그것은 착각이고, 우상이며, 자기합리화였을 뿐이다.

하나님께서는 분명히 성경을 통하여 많은 해답과 그분께서 기뻐하시는 일들과 방법들을 자세히 말씀으로 풀어 놓으셨는데, 우리는 하나님께서 주신 성경은 생각지 않고, 그 당시의 나처럼 자기 자신만의 의로 하나님을 받아드리고, 이해하려는 경향이 있다.

우리가 죄를 지었을 때, 하나님께서 성경을 통하여 주신 방법은 회개(그냥 자백하고 마는 것이 아닌 완전히 돌이켜 다시는 그런 나쁜 짓을 하지 않을 마음을 갖는 것)하고, 마음을 바로잡으며, 하나님께서 해결하여 주신 죄에 대하여 감사하는 마음을 가지고, 신앙생활을 하는 것인데, 나는 그 뜻을 따르기보다는 나만의 생각에 따라 헌금이나 어떤 행동을 통하여, 하나님께 보상해 드리려 했었다.

2. 내가 증거하노니 저희가 하나님께 열심이 있으나 지식을 좇은 것이 아니라
3. 하나님의 의를 모르고 자기 의를 세우려고 힘써 하나님의 의를 복종치 아니하였느니라

－로마서 10장

그것은 하나님의 의를 따르는 것이 아닌, 나의 의를 따르는 행동이었고, 좋지 않은 신앙의 버릇이었다. 과연 이런 행동이 자신의 죄 또는 번민을 씻기 위하여 수십 년 동안 벽만 보고 수행하는 타 종교의 사람들이나 죄를 해결하려 금욕하고, 채찍으로 자신을 탓하며, 채벌했었던 옛 중세의 수도승들과 무엇이 다를까? 그들이 하나님의 방법義이 아닌 자신의 방법義을 통하여 하나님께 가려고 했듯이, 나도 그들과 다르지 않았던 것이다.

항상 자신의 의를 따를 때는 하나님이 보시기에 무언가가 왜곡되기 마련이다. 하나님께서 주신 방법이 아닌 자신의 방법을 따를 때는 필연적으로 하나님의 방식이 수정될 수밖에 없다. 성경적이고, 하나님의 의를 따르는 삶은 정말로 깊은 묵상과 자신을 철저하게 버리는 삶의 태도가 필요하다. 나의 모든 생각을 하나님께 맡기고, 하나님의 뜻과 의지를 따르는 삶. 그것은 매일 기도하고, 말씀을 읽으며, 묵상을 하지 않고서는 이루기 힘든 것이다, 인간은 이기적이고, 자기중심적인 존재이기에 자신의 의를 내세우지 않기는 힘들기 때문이다.

하나님께서는 이러한 자기중심적인 사고의 인간을 잘 알고 계셨고, 인간들은 조금만 틈이 생겨도 자기만의 의를 세운 우상을 만든다는 것을 잘 알고 계셨다. 그러기에 하나님께서는 출애굽기 20장에서 모세를 통하여 십계명을 주실 때에도 제단의 법을 말씀하실 때, 25절 말씀에서 "네가 내게 돌로 단을 쌓거든, 다듬은 돌로 쌓지 말라. 네가 정으로 그것을 쪼면, 부정하게 함이니라."라고 말씀하신다.

22. 여호와께서 모세에게 이르시되 너는 이스라엘 자손에게 이같이 이르라 내가 하늘로부터 너희에게 말하는 것을 너희 스스로 보았으니
23. 너희는 나를 비겨서 은으로나 금으로나 너희를 위하여 신상을 만들지 말고
24. 내게 토단을 쌓고 그 위에 네 양과 소로 네 번제와 화목제를 드리라 내가 내 이름을 기념하게 하는 모든 곳에서 네게 임하여 복을 주리라
25. 네가 내게 돌로 제단을 쌓거든 다듬은 돌로 쌓지 말라 네가 정으로 그것을 쪼면 부정하게 함이니라

– 출애굽기 20장

진정으로 하나님의 의를 따를 생각이라면, 그냥 돌로 쌓아 마음을 표시하면 되는 것이다. 거기에 정으로 돌을 쪼아 자신의 의지가 들어갈 때, 그 순간부터 우리는 또다시 하나님의 의에 자신의 의를 더하고 마는 것이다. 이것은 고질적인 인간의 악한 성질이라고 할 수 있다.

하나님께서는 하나뿐인 독생자 예수님을 이 땅에 보내 주시어, 우리의 죄를 담당케 하셨고, 그분은 하나님의 뜻을 묵묵히 순종하시며, 십자가에 못 박혀 돌아가셨다. 그리고 3일 만에 다시 부활하시어, 이 땅에 복음을 전하시고는 다시 하나님의 우편 자리로 돌아가셔서, 우리의

구원의 사역을 완성하셨다. 그런데 지금 우리의 모습을 돌아보면, 많은 그리스도인들이 예수님의 숭고한 희생과 사랑보다는 십자가 그 자체에 집착하는 경우를 흔히 볼 수 있다. 십자가 목걸이, 십자가 반지, 십자가 앨범, 수많은 십자가 상징들. 우리는 예수님이라는 순수한 돌 제단에 십자가라는 돌을 정으로 쪼아 부정케 한 것은 아닐까? 그리고 이것은 하나님의 의를 자신의 의로 해석하고 적용하려는 고질적이고 나쁜 우리들의 버릇은 아닐까? 과연 십자가라는 상징이 중요한 것인가 아니면 예수님의 희생이 중요한 것인가?

다시 본론으로 돌아간다면, 요즘에는 죄를 지었다고 느낄 때, 하나님께 어떤 대신할 행위로서 죄를 덮어 보려는 행동을 자제하고 조심하려한다. 이미 모든 죄를 해결해 주신 그분께 내가 어떤 보답이나 나만의 의로 죄를 씻을 수는 없는 것이다, 이제 내가 할 수 있는 일이라면, 오직 그분께서 내게 명하신 일을 묵묵히 수행하는 것뿐이다.

나는 그분께 아무것도 해 드릴 것이 없다. 그리고 나의 의는 아무 소용없는 그냥 허상일 뿐이다. 그저 나는 하나님께 감사하고, 또 감사하며 하루를 살아갈 뿐이다. 그리고 나의 의를 내세우지 않고, 그분의 뜻을 따르는 것이 얼마나 깊은 뜻이 있고, 또 힘든 일인지를 깨닫곤 한다. 나는 기도한다.

'하나님 아버지. 저는 정말 하나님께 드릴 것이 없습니다. 하지만 아

무 의미 없고, 힘없는 이런 저조차도 사랑해 주시고, 품어주셔서 감사

드립니다. 이제는 하나님께서 진정으로 원하시는 것이 내가 무언가를

드리는 것이 아닌, 진정한 회개와 그리스도인다운 삶임을 잘 알고 있

습니다. 저의 몸과 마음이 온전히 주님만을 향하게 해 주시고, 그 어떤

것에도 의미를 부여하여, 하나님의 의를 상하지 않도록, 인도하여 주시

옵소서. 온전히 하나님의 뜻대로 살아갈 수 있는 지혜를 허락하여 주

시옵소서.'

1. 엘리후가 말을 이어 가로되

2. 네가 이것을 합리하게 여기느냐 네 생각에 네가 하나님보다 의롭다

   하여

3. 이르기를 유익이 무엇인고 범죄한 것보다 내게 이익이 무엇인고 하

   는구나

4. 내가 너와 및 너와 함께 있는 네 동무들에게 대답하리라

5. 너는 하늘을 우러러 보라 네 위의 높은 궁창을 바라보라

6. 네가 범죄한들 하나님께 무슨 영향이 있겠으며 네 죄악이 관영한들

   하나님께 무슨 관계가 있겠으며

7. 네가 의로운들 하나님께 무엇을 드리겠으며 그가 네 손에서 무엇을

   받으시겠느냐

8. 네 악은 너와 같은 사람이나 해할 따름이요 네 의는 인생이나 유익

   하게 할 뿐이니라

9. 사람은 학대가 많으므로 부르짖으며 세력 있는 자의 팔에 눌리므로

도움을 부르짖으나

10. 나를 지으신 하나님 곧 사람으로 밤중에 노래하게 하시며 우리를 교육하시기를 땅의 짐승에게 하심보다 더하게 하시며 우리에게 지혜 주시기를 공중의 새에게 주심보다 더하시는 이가 어디 계신가 말하는 자가 한 사람도 없구나

12. 그들이 악인의 교만을 인하여 거기서 부르짖으나 응락하는 자가 없음은

13. 헛된 부르짖음은 하나님이 결코 듣지 아니하시며 전능자가 돌아보지 아니 하심이라

14. 하물며 말하기를 하나님은 뵈올 수 없고 일의 시비는 그 앞에 있으니 나는 그를 기다릴 뿐이라 하는 너랴

15. 하나님이 진노하심으로 벌을 주지 아니하셨고 횡포를 심히 살피지 아니하셨으므로

16. 이제 너 욥이 헛되이 입을 열어 지식 없는 말을 많이 하는구나

－욥기 35장

그리스도인은 지성을 통해 발견한 것으로 시작하지 않고 하나님이 계시하시는 것으로부터 시작한다.

－ 윌리엄 버클레이

내 죄의 심각성을 안다는 것은: 복음을 알아가는 과정

23. 죄의 삯은 사망이요 하나님의 은사는 그리스도 예수 우리 주 안에 있는 영생이니라

　　　　　　　　　　　　　　　　　　　　　　　　－로마서 6장

　복음을 듣고, 거듭남을 체험하기에 가장 중요한 선행 조건은 먼저 자신의 죄가 얼마나 심각한지 알아야 하는 것이다. 사람들마다 죄의 심각성을 이해하는 데 많은 차이가 있지만, 대부분의 경우에 죄를 이해하는 과정에서 여러 단계를 거치게 된다. 본인이 죄인인가를 얼마나 깊이 있게 느끼는지에 따라 복음과 하나님의 사랑을 깨닫는 깊이 역시 다를 수밖에 없다.

　주변에 매일 술에 취해, 죄를 지으며, 세상을 자기 마음대로 살았던 분들이 몇 분 계셨는데, 어느 날 갑자기 복음 말씀을 듣고, 회개하여 한순간에 새사람이 되는 것을 본 적이 있다. 그런 경우를 돌아보면서,

죄라는 문제를 다루어보려고 한다.

나는 1990년 여름에 처음으로 하나님의 말씀을 접했다. 중학교 2학년 때였다. 처음에는 중급 규모의 성남에 있는 한 장로교 교단의 교회에 다녔었는데, 어머님이 갑자기 여러 사유로 교회를 서울로 다니시게 되면서, 어머님을 따라 송파구 방이동에 있는 한 작은 교회로 옮기게 되었다. 성결교단의 개척교회였는데, 지하에 있어서 눅눅한 냄새가 났고, 신도들도 너무 적어서, 어린 마음에도 교회 운영이 제대로 될까 의심스러울 정도의 교회였다. 하지만 개척교회이며, 신도도 적은 수의 교회여서인지 큰 규모인 교회에서의 엄숙함보다는 상당히 교제가 자유롭던 교회였다. 이상하게도 그때부터 나는 조금씩 복음에 관심을 갖게 되었고, 그 해 7월 교회의 수련회에서 말씀을 들으면서, 하나님을 마음에 두게 되었다.

그때가 복음을 들은 첫 번째 경험이었는데, 당시는 아직 어려서 '나의 죄를 예수님이 대신 가져 가셨기에, 내게 죄가 없다'는 정도만 희미하게 알고 있었다. 그 당시에 내가 거듭난 것인지 아닌지는 알 수는 없다. 나 자신이 하나님이 아니기에, 천국에 들어가는 여부를 판단하는 심판관이 될 수는 없기 때문이다. 하지만 그 당시 복음의 기억이 지금까지도 강하게 이어지는 것을 보면, 비록 제대로 자라지는 못한 미숙한 어린 믿음이었으나 하나님께서 나를 위하여 은혜의 말씀을 준비해

두셨음을 믿고 있다. 돌이켜보면, 그렇게 믿음이 성장할 수 없었던 가장 큰 이유는, 죄의 깨달음이 너무 부족했음에 있었다. 그 당시에는 죄가 얼마나 심각한 것인지 정확하게 알지 못했다. 그냥 단순하게 예수님께서 나의 죄를 사하여 주셨기에, 나는 죄가 없고, 천국에 가는구나 정도로 복음을 인식했고, 죄를 사하여 주신 것이 얼마나 큰 사랑인지 알 수 없었다.

40. 예수께서 대답하여 가라사대 시몬아 내가 네게 이를 말이 있다 하시니 저가 가로되 선생님 말씀하소서

41. 가라사대 빚 주는 사람에게 빚진 자가 둘이 있어 하나는 오백 데나리온을 졌고 하나는 오십 데나리온을 졌는데

42. 갚을 것이 없으므로 둘 다 탕감하여 주었으니 둘 중에 누가 저를 더 사랑하겠느냐

43. 시몬이 대답하여 가로되 제 생각에는 많이 탕감함을 받은 자니이다 가라사대 네 판단이 옳다 하시고

44. 여자를 돌아보시며 시몬에게 이르시되 이 여자를 보느냐 내가 네 집에 들어오매 너는 내게 발 씻을 물도 주지 아니하였으되 이 여자는 눈물로 내 발을 적시고 그 머리털로 씻었으며

45. 너는 내게 입 맞추지 아니하였으되 저는 내가 들어올 때로부터 내 발에 입 맞추기를 그치지 아니하였으며

46. 너는 내 머리에 감람유도 붓지 아니하였으되 저는 향유를 내 발에 부었느니라

47. 이러므로 내가 네게 말하노니 저의 많은 죄가 사하여졌도다 이는 저의

사랑함이 많음이라 사함을 받은 일이 적은 자는 적게 사랑하느니라

48. 이에 여자에게 이르시되 네 죄 사함을 얻었느니라 하시니

– 누가복음 7장

누가복음 7장에서, 예수님께서는 50데나리온을 빚진 자와 500데나리온을 빚진 자 중에서 누가 더 빚 탕감에 감사하는지 묻는다. 그 당시에 나는 어렸기에, 나 자신의 죄가 심각한지 알지 못했고, 그냥 10데나리온 정도의 죄라고밖에 생각하지 못했던 것 같다. 그런 이유에서인지 교회의 목사님이 이민을 가시게 되면서, 교회에서 멀어지자, 나는 점점 입시 준비와 학교생활에만 신경을 쓰게 되었고, 마음속에 '예수님께서 나의 죄를 다 가지고 가셨기에 나는 죄가 없다'는 기본적인 신앙만 가지고 세상을 살며, 대학 생활을 시작하게 되었다.

우리가 거듭난 것으로 신앙이 끝이 나는 것은 아니다. 어떤 의미에서 도리어 중생(거듭남)의 체험은 신앙의 시작이며, 어린아이로 다시 태어나는 것과 같다. 아이와도 같은 어린 신앙은 말씀이라는 젖을 통하여 성장할 필요가 있다. 하지만 명확하게 복음을 알지 못한 상태에서 말씀 없이 세상에 빠진 나에게 신앙의 성장이란 어불성설이었고, 바로 그 즈음부터 마음속에 나의 모든 것을 합리화시켜 주시는 나만의 하나님을 만들기 시작했던 것 같다. 누가 물어보면, 나는 기독교인이지만 교회는 나가지 않는다고 하였고, 나만의 하나님은 성경에 근거한 것이

아니라, 자아 만족과 합리화를 위해서만 존재하였기에, 그런 상태의 신앙은 어느덧 스스로가 무신론자가 아닌가 하는 생각에까지 이르게 만들었다.

어느덧 시간이 지나 결혼을 했고, 가족을 통하여 지금의 교회를 소개받게 되었다. 이미 처음으로 복음을 안 지 18년 정도가 지나서였다. 처음에는 나는 모든 것을 알고 있고, 다 비슷한 내용이며 세상의 교회는 썩었으니, 굳이 교회에 나갈 필요가 없다고 우기며 버텼다. 무교회주의를 자칭하며, 버티고 또 버텼다. 하지만 감사하게도 하나님께서는 나에게 사업적인 시련을 주셨고, 힘든 시기에 이르자, 어리석고 약한 인간이었던 나는 하나님을 찾기 시작했다. 목사님과 상담을 하면서, 처음부터 성경을 다시 배울 수 있었고, 그때야 조금 더 명확하게 자신의 신앙을 확인하고, 기독교인이 될 지 아니면, 무신론자로 남을 지의 기로에 서게 되었다.

그 순간은 내가 두 번째로 죄의 경중을 깨달은 순간이었다. 성경 말씀을 배우며, 예수님께서 우리의 죄를 사하여 주셨다는 기본적인 개념의 상태에서 더 깊이 우리 모든 인간의 죄를 사하여 주셨음을 알게 되었고, 죄의 깨달음의 깊이가 예전과는 다름을 느끼며, 동시에 하나님께 감사하는 마음 역시 달라졌다. 너무나 감사했다. 하나님께서 담당하신 죄가 그렇게 무거운지 알지 못했었는데, 그분의 사역을 깊이 공부하다 보니, 예수님께서 얼마나 우리를 사랑하시고, 아끼시는지를 알게 되었으며, 역사 이전 시대부터 우리를 위하여 이 모든 것을 예비하신 하나님의 놀라운 사랑에, 스스로 그분을 위하여 나머지 일생을 바치기로 결심할 수밖에 없었다.

이것이 나의 두 번째 깨달음이었다. 그렇다면 이제 심각한 죄를 깨달았으니, 그 후로 죄를 짓지 않고, 진실한 그리스도인으로 바르게 생활했을까? 슬프지만 꼭 그렇지만은 않았다. 여전히 그리스도인으로서는 무언가 부족했고, 분명히 하나님의 은혜를 받은 거듭난 사람이었으나, 회개에 있어서 자백하고, 괴로워하는 정도로 끝날 뿐 완전히 모든 것을 뉘우치고, 돌이키는 회개는 없었다.

그러던 어느 날 문득 성경을 읽고, 목사님의 설교를 듣다가 깨닫게 되었다. 그야말로 어느 날 갑자기 있었던 일이다. 하나님께서는 나의 죄를 사하여 주셨구나!

맞다. 첫 번째나 두 번째나 지금의 세 번째 경험이나 모두 같은 말이다. 하지만 진실로 감사하는 눈물이 나온 것은 이번이 처음이었다. 첫 번째 막연하게 죄를 사하여 주셨다는 것을 안 때와 두 번째 우리 인간의 모든 죄를 사하여 주셨다는 때와는 다르게, 세 번째 나의 죄를 사하여 주셨다는 것이 실로 엄청난 떨림으로 다가왔다. 이 세상 모든 사람들의 죄를 위하여 예수님은 십자가에 못 박히셨지만, 이 세상에 나

혼자만 있었다 할지라도, 그분은 나를 위하여 이 땅에 오셨겠구나 하는 생각이 들었다. 예수님께서 너를 사랑하신다고 하신 것이 비로소 가슴으로 이해가 갔다.

세상 사람들의 죄를 대신 짊어지신 것에 대한 감동과 나의 죄를 짊어지신 것에 대한 감동이 그렇게 다를 수가 없었다. 그때서야 나의 모든 죄들이 얼마나 심각한 것들이었으며, 하나님 앞에 범죄였음을 더욱 깊이 회개하게 되었고, 하나님 앞에 얼굴조차 들기도 민망하여 고개만 숙이며, '그저 죄송합니다'만 반복하여 말할 수밖에 없었다.

죄의 심각성을 깨닫는 것은 중요하다. 자신의 빚진 데나리온에 따라서 감사하는 마음 역시, 그 깊이가 다를 수밖에 없다. 처음에 나는 10데나리온만을 하나님께 빚진 줄 알았다. 하지만 십여 년의 시간이 지난 후에는 500데나리온 정도의 빚을 지고 있다는 것을 알게 되었고, 어느 순간 내가 진 빚은 1만 데나리온도 넘는다는 것을 알았다. 진정으로 회개할 수밖에 없었다. 그때부터 더 열심히 감사하는 마음으로 생활 태도를 바꿨고, 하나님 앞에 떳떳한 그리스도인이 되기 위하여 노력했다.

나의 노력으로 하나님께 무언가를 해 드릴 수 있는 것은 없다. 다만 하나님의 양자로서, 아들 된 입장에서, 아들의 위치에 맞게, 즉 그리스도인의 위치에 합당하려 노력했을 뿐이다. 돌이켜보면, 나는 많이 변했음을 느낀다. 복음을 접하고, 주변에 갑자기 변하신 형제님들이 여러 분이 계신데, 나는 아주 오랜 기간에 걸쳐서 더디게 하나님의 사랑을 배웠다. 그 이유는 그만큼 내가 어리석었기 때문이었다. 나는 어리석고, 고집 세며, 오만하기에 주님 앞에 서는 데 긴 시간이 걸렸다. 하지만 분명히 뒤돌아보면, 하나님께서 나를 인도하여 주시고, 인내해 주시며, 함께 하셨음을 나는 느낄 수 있다.

나는 하나님께서 나를 포기하시지 않고, 인내와 사랑으로 보살펴주신 것에 감사하며, 그분께서 나를 사랑하듯이 나도 그분을 사랑한다. 이 세상 어떤 사람들도 나의 진정한 속마음까지 이해할 수 없겠지만, 오직 한 분 하나님만큼은 나를 이해하시고, 나를 위로해 주시며, 사랑해 주시는 분임을 믿어 의심치 않는다.

죄를 책망하는 것은 잔인한 행위가 아니라 구원으로 이끄는 친절한 행위다.

– 윌 메츠커

자유의지: 하나님께 가는 길

3. 하나님의 의를 모르고 자기 의를 세우려고 힘써 하나님의 의를 복종
   치 아니하였느니라

－로마서 10장

"신은 죽었다."

니체가 한 유명한 말이다.

니체는 철학과 신학을 넘나드는 뛰어난 학자였고 위와 같은 유명한
말을 남겼다. 의견이 분분하기에 이것이 답이라고 말할 수는 없지만,
일반적으로 니체의 이 말은 기독교적 신이나 가치관, 플라톤적인 형이
상학적 목표, 초월적인 피안 세계에의 신앙이 소멸하고, 현실의 삶과
세계가 무가치 혹은 무의미하게 되어, 유럽이 역사적으로 위기 상황에
있다는 것을 표현하는 말로서 흔히 허무주의를 나타낼 때 쓰이는 말
이기도 하다.

대학교에 다니던 때에 쇼펜하우어에 빠져 지냈던 기억이 난다. 돌이

켜 보면, 낯부끄러운 추억이기는 하지만, 그 당시에는 쇼펜하우어의 냉소적 염세주의가 어찌나 멋있고, 매력적으로 보였는지, 헤겔의 관념론에 반대하는 그의 의지의 형이상학이나 실존철학에 관한 책을 많이 읽었다. 그 당시에 『사랑은 없다』라는 그의 저서 역시 탐독했었던 기억이 있다.

쇼펜하우어는 니체에게 많은 영향을 끼친 사람이다. 쇼펜하우어는 대학에서는 헤겔에 밀리고, 인간관계에서는 실패를 거듭했으며, 평생을 독신으로 살다가 염세주의와 허무주의를 주창하며, 자신만의 성을 쌓은 인물이다. 시간이 지난 후에 어느 정도 인정받기는 했지만, 그가 살던 시기에는 그다지 주목받지는 못했다. 물론 지금도 시시각각 철학의 주류가 변하는 시대에서 그의 염세주의와 허무주의적 형이상학은 여전히 비주류에 머물고 있는 것이 사실이다.

니체를 말하면서, 쇼펜하우어를 언급한 이유는 니체가 쇼펜하우어의 영향을 받아 그의 철학과 신학을 표현하는 데 있어서, 염세적이며 허무적이었기 때문이다. 사실 니체는 전통적인 서구 종교·도덕·철학에 깔려 있는 근본 동기를 밝히려 했으며, 자기 자신이 신학자이면서 동시에 다른 신학자·철학자·심리학자·시인·소설가·극작가 등에게 깊은 영향을 미쳤다. 그는 끊임없이 계몽주의라는 세속주의의 승리가 가져온 유럽의 현실을 반성했다.

'신은 죽었다'는 그의 주장은 산업혁명과 물질만능주의의 시대가 도래하면서, 계몽주의로 인한 복음주의적 신학이 점점 힘을 잃고, 자유주의 신학과 세속주의가 판을 치자, 그런 유럽의 상황을 개탄하며 한 말이었다.

슬프면서 아이러니한 일은, 어리석은 이 세상이 니체가 남긴 문구를 말 그대로 하나님이 존재하지 않는 세상을 조롱하며, 비꼬아서 표현할 때 사용한다는 것이다. 그가 반反유대주의와 힘의 논리 등에 강력히 반대했지만, 뒷날 그렇게도 혐오했던 파시스트들에게 그의 사상이 이용당한 것을 보면, 니체는 진실로 불행한 삶의 흔적을 지닌 철학자로 보인다.

그가 훗날 파시스트들에게 이용당하고, 현대에도 나치나 기타 극우적 사상가로 오해받는 이유는 그의 누이 때문이었다. 그의 누이는 대표적인 국수주의자이자 반유대주의자인 베른하르트 푀르스터와 결혼했는데, 1889년 푀르스터가 자살한 뒤, 니체를 푀르스터의 이미지로 바꿔버리고 만 것이다. 그녀는 니체의 작품들을 무자비하게 통제했고, 돈과 탐욕에 사로잡혀 니체의 버려진 글들을 모아 『권력에의 의지 (Der Wille zur Macht)』 (1901) 등을 출판했다. 그녀는 히틀러의 열렬한 추종자였기에 니체가 나치와 결부되고, 오해를 받는 것은 어쩌면 피할 수 없는 운명이었을지도 모른다.

오늘날 니체의 의도와는 다르게 쓰이는 '신은 죽었다'라는 말은 실생활이나 인터넷에서 여기저기 많이 눈에 뜨인다. 특히 세상이 악하고, 검증되지 않은 나쁜 지식들이 떠돌다 보니, 니체의 속사정을 모르는 감정의 절제가 미숙한 어린 학생들이나 또는 쉽게 자극받아 아무 말이나 내뱉고 보는 이들에게, 니체의 문구는 아마도 매력적이고, 무언가 있어 보이는 말이었는지 모른다.

2014년 4월, 세월호 사건이 터졌다. 많은 어린 학생들이 희생되었고, 그 어리고 불쌍한 영혼들에 대한 추모가 시작되자, 어김없이 '신은 죽었다'는 말이 쓰이기 시작했다. 이러한 반응은 슬픈 뉴스나 전쟁과 같은 비참한 소식이 전해질 때, 더욱 눈에 뜨이곤 하는데, 세월호 사건에서도 모든 탓을 하나님께 돌리며, 신은 죽었다는 말이 나온 것이다.

나도 아들이 있고, 학생들을 가르치는 것이 직업인 사람으로서 뜻을 펼쳐보지도 못하고 사라져 간 어린 영혼들이 너무도 안타깝고, 가슴이 미어진다. 하지만 뜬금없이 모든 잘못을 하나님의 탓으로 돌리는 이런 글에 대해서 한 번쯤은 꼭 짚고 넘어갈 필요가 있다고 생각한다.

과연 하나님은 정말 계시지 않는 것일까? 하나님이 실제로 계시지 않기에 인간들은 이런 비참한 일들을 당해야 하는 것일까? 정말로 의문점이 생긴다면, 피하고 넘어가기 보다는 부딪치고 직접 고민하며, 묵상해보는 것도 좋은 신앙의 자세라고 할 수 있다. 물론 성경에서 이해가 가지 않는 부분이 있을 때도 항상 구하고, 끝까지 답을 찾으라는 말은 아니다. 성경에는 하나님께서 우리가 알 필요가 있는 만큼만 적어 주셨기에, 궁금한 점이 있어 막힌다면, 인내하고 기다리는 지혜도 필요하다고 말씀하신다. 항상 답을 주시는 하나님이시기에 믿음으로 기다리며, 인내하는 지혜도 필요한 것이다. 하지만 성경이 아닌 삶과 신앙에 관련된 의문점이 있다면, 그것은 적극적으로 달려들어 알려 하고, 그 뜻을 헤아려 묵상해보는 것이 신앙의 성장에 큰 도움이 된다는 것이다. 믿음은 확실한 신념과 증거에서 나오기에 어떠한 의문점이 있을 때, 그것을 모른 척 눈감고 넘기며, 그냥 믿고 말겠다는 말로 자기 자신을 속이는 것은 신앙에 그다지 큰 도움이 되지 않는다. "구하라. 그리하면 주실 것이라"고 약속하셨는데, 묵상하고, 기도하여 답을 구하지 않을 이유가 없는 것이다. 나도 한때 신앙의 성장에 걸림돌이 되는 의문점들이 있었을 때, 그냥 모른 척 눈감고 지나가 보기도 했었지만, 그 의문점들이 나중에 도리어 신앙과 믿음에 대한 불확실성으로 부메랑처럼 돌아와 나를 괴롭혔던 적이 있었다. 그런 이유로 믿음의 길을 걷는 데 성경 외에 신앙적인 의문점이 있다면, 꼭 사실여부를 확인하고 넘어가야 한다고 생각한다.

그렇다면 다시 하나님은 정말 계시지 않는 것일까? 조용히 눈을 감고, 기도와 묵상을 해보자.

세월호 사건이나 전쟁은 과연 누구의 잘못으로 인하여 일어난 일일까? 인간의 욕심에서 비롯된 일일까, 아니면 하나님이 개입하지 않으셨기에 일어난 일일까? 조금이라도 돈을 더 벌어보겠다고 여객선을 개조하고 제대로 된 선원들을 고용하지 않은 것은 하나님의 죄일까, 인간의 죄일까? 전쟁은 왜 일어날까? 세계 1차대전, 2차대전 그리고 지금 이 순간에도 일어나는 전쟁들은 인간의 욕심과 증오에서 비롯된 것일까, 아니면 하나님께서 개입하지 않으셨기에 일어난 일일까? 조금만 생각해본다면, 이 모든 일의 원흉은 바로 인간임을 알 수 있다. 잘못은 인간이 했는데, 왜 하나님을 탓하고, 하나님의 존재 유무를 운운해야 하는 것일까? 혹자는 이런 말을 하기도 한다. 인간이 잘못을 했다 하더라도 하나님이 개입하셨다면, 이런 비극은 없을 것 아닌가? 하나님은 왜 침묵하고 계시는가?

조금 더 묵상해보자. 하나님께서는 인간을 로봇으로 만드시지 않으셨다. 물론 인간이 로봇이었다면, 프로그래밍되었기에 어떤 악행도 저지르지 않았겠지만, 인간은 로봇이 아니기에 혹 어떤 악한 일을 저질렀다면, 바로 하나님께서 하늘에서 벼락을 내리시거나 아주 아픈 꿀밤을 내려주어, 이 세상에 인간의 죄가 없게끔 하실 수도 있었을 것이다.

그런데, 그게 인간의 삶인가? 내가 거짓말을 하거나 욕을 하거나 심지어 더 큰 악행을 저지를 수도 있지만, 그렇게 나쁜 일을 저지를 때마다 하늘에서 벼락이 내린다면, 나는 과연 무서워서, 어떤 일이라도 시작할 수 있을까? 그리고 하나님의 징벌이 무서워서 벌벌 떨며, 선한 일만 찾아 하는 인간이 과연 행복한 삶을 사는 것인가? 그런 사회가 과연 유토피아적인 이상사회가 맞는 것일까? SF 영화에서 많이 본 듯한 장면일 것이다. 누구도 죄를 짓지 못하는 깨끗한 사회. 나는 아직까지 그런 사회를 유토피아로 부르는 것을 본 기억이 없다. 도리어 디스토피아적 사회로 부르는 경우는 종종 본 적은 있었지만 말이다.

하나님께서는 인간을 너무나도 사랑하셨다. 너무도 인간을 사랑하셨기에 하나님께서는 자신의 형상을 따라서 인간을 만드셨고, 하나님은 영이시기에 그 형상이란 몸, 팔, 다리를 의미하는 것이 아닌 그분처럼 생각하고, 선택할 수 있는 자유의지의 영혼이라는 생령을 우리에게 허락해 주신 것이다.

우리가 하루의 고된 일을 끝마치고 집에 귀가할 때, 집에 두 마리의 강아지가 있다고 가정해보자. 한 마리는 우리를 반갑게 맞이하도록 프로그래밍되어 있는 강아지고, 다른 한 마리는 여기저기 똥도 싸고 털도 날리며 나를 귀찮게 하는 살아있는 강아지다. 과연 두 마리의 강아지가 꼬리를 흔들며 지친 나를 반겨줄 때, 누구를 먼저 안아주고 기뻐하겠는가? 당연히 살아있는 강아지일 것이다. 이유는 간단하다. 내가 강아지를 선택한 것이 아닌 강아지가 나를 선택하여 기뻐했기 때문이다.

하나님께서는 인간에게 자유의지를 허락해 주셨다. 최초의 자유의지는 선악과와 선택이었다. 에덴동산의 모든 것들을 허락하셨지만, 오직 하나 선악과만을 금하셨고, 그것은 하나님께서 우리에게 선택하여 하나님을 기쁘시게 하는, 즉 우리가 프로그래밍된 강아지가 아닌, 살아서 주인을 기쁘게 하며, 선택하게 만드시는, 하나의 존재로서, 자유의지의 선택을 허락하신 것이다. 아마도 인간이 최초에 하나님의 말씀을 선택하여 선악과를 따먹지 않았다면, 우리는 아직도 에덴에 살고 있을지도 모른다. 하지만 슬프게도 인간은 하나님의 말씀을 어기는 죄를 자신의 의지로 선택했고, 그 죄의 삯은 지금까지도 우리에게 전해지고 있다. 선택은 우리 몫이었다. 그것이 하나님의 잘못이 아니었다. 사실 하나님께서는 그런 우리의 죄를 끝까지 사해 주시기 위하여 하나뿐인 독생자 예수 그리스도의 죽음까지도 허락하시며, 우리 모든 죄를 좇아다니시며, 도말해 주시는 분이라는 것을 명심해야 할 것이다.

다시 처음으로 돌아가 본다면, 전쟁은 인간의 욕심과 증오에서 비롯된 죄악이다. 인간이 죄악을 저지르고, 전쟁을 일으키는 것을 보고, 하나님은 없다고 말하는 것은 잘못된 생각이다. 세월호 사건이나 기타 많은 슬픈 사건들 역시 같은 경우라고 생각한다. 모든 슬픈 일들의 원인은 바로 인간이지 절대선이신 하나님이 아닌 것이다. 그런데도 사람들은 모든 일을 하나님의 잘못으로 돌리곤 한다. 일이 생기기 전에는 최소한의 간구하는 기도조차 하지 않다가 꼭 일이 터지면, 모든 원인을 하나님께 돌리는 것이다. 실제로 모든 인간들의 죄악에 하나님께서 바로 개입하신다면, 선한 세상은 되겠지만, 또다시 이것은 인간다운 삶이 아님을 역설하며, 하나님의 탓으로 모든 것을 돌릴 것이다. 이것이 인간인 것이다.

진정한 그리스도인이라면, 하나님의 사랑을 이해하고 받아들이는 자세가 필요하다. 하나님께서는 인간의 죄에서 비롯된 많은 일들을 보고 계시지만, 바로 개입치 않고, 인내하시며, 회개할 때까지 기다리신다.

1. 어리석은 자는 그 마음에 이르기를 하나님이 없다 하도다 저희는 부패하고 소행이 가증하여 선을 행하는 자가 없도다
2. 여호와께서 하늘에서 인생을 굽어 살피사 지각이 있어 하나님을 찾는 자가 있는가 보려 하신즉
3. 다 치우쳤으며 함께 더러운 자가 되고 선을 행하는 자가 없으니 하나도 없도다

–시편 14장

16. 악인에게는 하나님이 이르시되 네가 어찌 내 율례를 전하며 내 언약을 네 입에 두느냐
17. 네가 교훈을 미워하고 내 말을 네 뒤로 던지며
18. 도적을 본즉 연합하고 간음하는 자와 동류가 되며

19. 네 입을 악에게 주고 네 혀로 궤사를 지으며

20. 앉아서 네 형제를 공박하며 네 어미의 아들을 비방하는도다

21. 네가 이 일을 행하여도 내가 잠잠하였더니 네가 나를 너와 같은 줄
   로 생각하였도다 그러나 내가 너를 책망하여 네 죄를 네 목전에 차
   례로 베풀리라 하시는도다

                                                    –시편 50장

하나님께서는 인간이 죽은 후에 반드시 심판이 있음을 성경을 통하
여 말씀하셨고, 죽기 전까지 사람들에게 회개와 구원의 기회를 허락해
주시고 있다.

25. 나 곧 나는 나를 위하여 네 허물을 도말하는 자니 네 죄를 기억지
   아니하리라

                                                    –이사야 43장

하나님께서는 우리를 징벌하시기 위하여 호시탐탐 기회를 노리는 분
도 세상의 모든 죄악에 손을 놓고 방관하시는 분도 아니다. 하나님께
서는 단지 기다리실 뿐이다. 우리가 마음을 돌이켜 하나님 앞에 나아
오기를 자식을 사랑하는 심정으로 기다리고 계시는 것이다.

이제 우리에게는 선택이 남아있다. 그 옛날 에덴에서의 선조들처럼
하나님의 의지를 거역할지 아니면 하나님의 사랑을 받아들이고 천국

으로 나아갈지.

하나님께서는 우리가 세상을 사는 동안에도 묵묵히 지켜보시며, 우리를 기다리고 계심을 잊지 말아야 한다. 동시에 우리의 시간은 유한하며, 죽음 후에는 우리가 저지른 모든 죄악에 대한 심판이 몰아칠 것임을 기억해야 할 것이다.

마지막으로 그리스도인으로서 세상에 어떤 슬픈 일이 생긴다면, 어떤 자세로 받아들여야 할까? 인간의 죄로 인하여 비롯된 세상의 악한 일들을 바라보고, 자신의 삶을 점검하며, 하나님께서 우리를 죄에서 구원해 주신 사실에 감사드리고, 그분이 원하시는 삶을 살아가는 것이 올바른 삶의 자세라 할 수 있을 것이다. 세상의 많은 하나님의 은혜를 모르는 사람들은 앞으로도 모든 일의 잘못이 하나님 탓인 듯 말하겠지만, 하나님을 아는 그리스도인이라면, 필히 신앙의 걸림돌이 되는 것들은 넘어서서 성경을 묵상하고, 하나님의 뜻을 헤아려 봄으로써, 깊은 그분의 뜻을 이해하고, 그분과 동행하는 삶의 자세가 필요할 것이다.

자유의지는 하나님이 인간에게 베푼 최대의 축복 중 하나이다.

– 세르반테스

율법: 하나님께서 주신 전신거울

17. 율법은 모세로 말미암아 주신 것이요 은혜와 진리는 예수 그리스도
   로 말미암아 온 것이라

   －요한복음 1장

성경을 읽다보면, 오래 전에 번역되었기 때문에 지금의 우리 세대에
게는 생소할 수 있는 표현들이 가끔 나오곤 한다. 단어를 이해하기 힘
들다 보니, 하나님의 뜻을 제대로 이해하기 힘든 경우도 있기에 가끔
은 영어로 성경을 읽는다. 영어는 한글성경에 비해 상당히 깔끔하며,
뜻이 명확하다. 그것은 영어가 뛰어난 문자여서가 아니라 한글처럼 번
역에 번역을 거치지 않았기에 뜻이 명확한 것이다. 그래서 영어로 성
경을 읽게 되면, 상대적으로 단순하고, 명확하게 의미의 전달이 될 수
있기에 어렵고, 이해하기 힘든 구절 같은 경우, 나는 영어 성경을 애용
한다.

영어로 성경을 읽다보면, 때로는 한글 성경에서는 알기 힘든 하나님

의 뜻을 파악할 수 있게 되는 경우도 있다. 그 한 예가 바로 의(義)에 관한 구절이었다. 한글 성경에서는 의라는 단어가 하나의 단어로 정리되어 나타난다. 하지만 영어 성경에서는 의라는 단어가 두 가지로 구분되어 나타나는데 그 단어는 바로 justice와 righteousness라는 것이다. 그렇다면 justice와 righteousness라는 단어는 한글 성경에서는 둘 다 의라고 번역되는데, 왜 영어 성경에서는 다른 단어로 표현을 했을까?

먼저 justice라는 단어는 의의 기준을 율법의 기준으로 볼 수 있다. 하나님께서는 인간들이 선과 악을 제대로 구분하지 못함을 명확하게 알고 계셨다. 지금도 우리는 각 나라마다 전통과 지리적 특성에 따라, 선과 악을 나누는 법이 다름을 볼 수 있다. 어떤 나라에는 사형제도가 있는 반면에, 어떤 나라에는 사형제도가 없고, 어떤 나라에서는 절도죄를 저질렀을 경우에 비교적 관대하지만, 어떤 나라에서는 팔을 잘라버리는 가혹한 법을 시행하기도 한다.

이렇게 각 나라마다도 법이 다른데, 하나님과 인간 사이의 법 기준이 같을 수는 없다. 인간의 입장에서 보았을 때는 아주 사소한 죄가 될 수 있어도 하나님의 입장에서는 엄청난 죄가 될 수도 있는 것이다.

십계명을 예로 들어보자. 인간의 기준에서 볼 때, 살인죄가 가장 중한 죄라고 생각될 것이다. 하지만 하나님께서도 살인죄가 가장 중한 죄라고 생각하실까? 그것에 관하여 명확한 답은 알 수가 없다. 하지만 분명히 살인죄가 중한 죄이기는 하나 성경을 읽어보면, 구약시대부터 하나님께서 크게 진노하시는 것이 주로 우상숭배와 관련된 것임을 알 수 있다. 인간의 관점에서야 살인죄는 엄청난 것이고, 점치며 우상숭배를 하는 것은 회개하면 될 상대적으로 사소한 것일 수도 있지만, 하나님의 관점에서는 다를 수도 있다는 것이다. 우리는 구약성경을 통하여, 하나님께서 이스라엘 민족에게 노를 발하시던 경우를 확인해볼 수 있는데, 그 대부분은 우상숭배와 하나님을 떠나는 것들과 관련되어 있음을 알 수 있다.

이렇게 하나님께서 보시는 의의 기준과 인간들이 생각하는 의의 기준은 다를 수밖에 없다. 그렇다면 우리가 어떻게 하나님의 의의 기준을 알 수 있는 것일까? 우리는 그 기준에 대하여 모든 그리스도인이 알고 있듯이 바로 율법과 계명을 통하여 확인해볼 수 있다. 하나님께서는 인간의 어리석음을 아시고, 일찍이 우리에게 십계명과 많은 율법을 내려 주셨다. 율법은 우리에게 하나님의 의의 기준이 되는 것이며, 율법을 통하여 우리는 하나님께서 선하게 생각하시는 것이 무엇인지를 알 수 있는 것이다. 여기에서 바로 율법의 의가 justice라는 단어로 규정될 수 있음을 알 수 있다. 이 justice라는 단어는 우리가 지켜야할 의, 곧 정의이며 율법과 하나님의 법 안에 머무는 의인 것이다.

그런데 문제는 하나님께서 우리에게 주신 율법의 기준이 너무도 높다는 것이다. 애초부터 인간이 하나님의 의의 기준을 맞춘다는 것은 불가능한 일이다. 간혹 열심히 노력하면, 하나님의 의의 기준에 도달할 수 있다고 생각하는 사람들이 있기도 하다. 하지만 그것은 큰 착각이며, 오해이다. 왜냐하면 인간들의 입장에서는 죄를 저질러야 죄가 성립되지만, 하나님의 입장에서는 생각만 해도 이미 범죄를 한 것이라고 생각하시기 때문이다. 그래서 그 기준을 통과하는 것이 불가능하다. 게다가 모든 율법을 다 지킨다고 해도, 단 하나만이라도 어겼을 경우에 이미 하나님께서는 그 죄만으로도 천국에 들어갈 수 없다고 말씀하셨다. 분명히 성경에서는 호리만한 죄라 할지라도 죄의 값을 치러야 한다고 말씀하신 것이다. 우리는 성경의 많은 구절들을 통하여, 이렇게 높은 하나님의 의의 기준을 확인해볼 수 있다.

[노하지 말라]

21. 옛 사람에게 말한바 살인치 말라 누구든지 살인하면 심판을 받게 되리라 하였다는 것을 너희가 들었으나
22. 나는 너희에게 이르노니 형제에게 노하는 자마다 심판을 받게 되고 형제를 대하여 라가라 하는 자는 공회에 잡히게 되고 미련한 놈이라 하는 자는 지옥 불에 들어가게 되리라
26. 진실로 네게 이르노니 네가 호리라도 남김이 없이 다 갚기 전에는 결단코 거기서 나오지 못하리라

[간음하지 말라]

27. 또 간음치 말라 하였다는 것을 너희가 들었으나

28. 나는 너희에게 이르노니 여자를 보고 음욕을 품는 자마다 마음에 이미 간음하였느니라

29. 만일 네 오른눈이 너로 실족케 하거든 빼어 내버리라 네 백체 중 하나가 없어지고 온 몸이 지옥에 던지우지 않는 것이 유익하며

30. 또한 만일 네 오른손이 너로 실족케 하거든 찍어 내버리라 네 백체 중 하나가 없어지고 온 몸이 지옥에 던지우지 않는 것이 유익하니라

[맹세하지 말라]

33. 또 옛 사람에게 말한 바 헛 맹세를 하지 말고 네 맹세한 것을 주께 지키라 하였다는 것을 너희가 들었으나

34. 나는 너희에게 이르노니 도무지 맹세하지 말찌니 하늘로도 말라 이는 하나님의 보좌임이요

35. 땅으로도 말라 이는 하나님의 발등상임이요 예루살렘으로도 말라 이는 큰 임금의 성임이요

36. 네 머리로도 말라 이는 네가 한 터럭도 희고 검게 할 수 없음이라

[보복하지 말라]

38. 또 눈은 눈으로, 이는 이로 갚으라 하였다는 것을 너희가 들었으나

39. 나는 너희에게 이르노니 악한 자를 대적지 말라 누구든지 네 오른편 뺨을 치거든 왼편도 돌려 대며

40. 또 너를 송사하여 속옷을 가지고자 하는 자에게 겉옷까지도 가지게 하며

41. 또 누구든지 너로 억지로 오 리를 가게 하거든 그 사람과 십 리를 동행하고

42. 네게 구하는 자에게 주며 네게 꾸고자 하는 자에게 거절하지 말라

[원수를 사랑하라]

43. 또 네 이웃을 사랑하고 네 원수를 미워하라 하였다는 것을 너희가 들었으나

44. 나는 너희에게 이르노니 너희 원수를 사랑하며 너희를 핍박하는 자를 위하여 기도하라

45. 이같이 한즉 하늘에 계신 너희 아버지의 아들이 되리니 이는 하나님이 그 해를 악인과 선인에게 비취게 하시며 비를 의로운 자와 불의한 자에게 내리우심이니라

46. 너희가 너희를 사랑하는 자를 사랑하면 무슨 상이 있으리요 세리도 이같이 아니하느냐

47. 또 너희가 너희 형제에게만 문안하면 남보다 더 하는 것이 무엇이냐 이방인들도 이같이 아니하느냐

48. 그러므로 하늘에 계신 너희 아버지의 온전하심과 같이 너희도 온전하라

– 마태복음 5장

10. 무릇 율법 행위에 속한 자들은 저주 아래 있나니 기록된바 누구든지 율법 책에 기록된 대로 온갖 일을 항상 행하지 아니하는 자는 저주 아래 있는 자라 하였음이라

– 갈라디아 3장

10. 누구든지 온 율법을 지키다가 그 하나에 거치면 모두 범한 자가 되나니

-야고보서 2장

이렇게 하나님의 의의 기준은 높은데, 우리가 어떻게 율법을 통하여 하나님의 의를 이룰 수 있을까? 이것은 인간의 기준으로는 불가능한 것이다. 가끔 율법을 통하여 하나님의 의를 이룰 수 있다고 생각하는 사람들이 있기도 한데, 그런 경우에 나는 미국에 가는 방법으로 하나님의 의를 설명하곤 한다. 미국을 천국이라고 생각하고 미국에 갈 계획을 짠다고 생각해보자. 미국을 가는 법은 두 가지가 있다. 비행기를 타고 가든지, 아니면 태평양을 수영해서 건너든지, 우리는 선택할 수 있다. 이론적으로야 태평양을 수영으로 건너면, 바로 미국으로 갈 수 있다. 하지만 실제로 수영으로 태평양을 건널 수가 있을까? 그것은 불가능한 일이다. 율법(태평양)을 통하여 자신의 행위로 천국(미국)으로 갈 수 있다고 생각하는 것은 어리석은 일이다. 하나님께서는 예수님이라는 비행기를 만들어 놓으셨다. 우리는 그저 예수님의 대속의 사역을 믿음으로써 편하게 천국에 갈 수 있는 것이지 율법이라는 바다를 건너서 갈 수는 없는 것이다. 성경에서 율법은 몽학선생이라 말씀하신다.

24. 이같이 율법이 우리를 그리스도에게로 인도하는 몽학선생이 되어

우리로 하여금 믿음으로 말미암아 의롭다 함을 얻게 하려 함이니라

25. 믿음이 온 후로는 우리가 몽학선생 아래 있지 아니하도다

26. 너희가 다 믿음으로 말미암아 그리스도 예수 안에서 하나님의 아들
    이 되었으니

27. 누구든지 그리스도와 합하여 세례를 받은 자는 그리스도로 옷입었
    느니라

– 갈라디아서 3장

그 당시의 몽학선생이란 일반적으로 학생들을 학교까지 데려다 주는 노예들을 지칭하는 말이었다. 지금으로 친다면 학교의 통학버스 정도로 볼 수도 있을 것이다. 즉 율법은 우리가 율법 자체를 지킴으로써 천국에 갈 수 있도록 하기 위하여 주신 것이 아니라, 우리가 하나님의 의의 기준을 보고, 지킬 수 없음을 깨닫고, 하나님 앞에서 자신의 죄를 제대로 파악하라고 주신 것이다. 율법은 우리에게 있어 전신거울과도 같다. 율법을 통하여 우리는 우리가 진정한 죄인임을 알 수 있게 되고, 하나님 앞에서 죄인임을 고백하여 회개에 이르게 된다. 율법은 우리에게 하나님의 의의 기준을 확인하여 자신의 죄를 돌아보고, 하나님 앞에서 구원받을 수 있도록 인도하는 몽학선생인 것이다.

우리는 율법을 통하여 죄를 깨달아야 비로소 예수 그리스도에 자신을 의지할 수 있게 된다. 예수님께서는 죄인인 우리들을 위하여 대신 죽어 주셨다. 하지만 본인이 죄인임을 인정하지 않는다면, 예수님의 보

혈은 아무 의미가 없게 된다. 우리가 예수님 앞에 나아가기 위해서 먼저 필요한 것은 율법을 통하여 죄를 깨닫는 것이다. 신약성경을 읽어보면, 정말 너무도 많은 율법과 예수님의 관계를 찾아볼 수 있다.

21. 내가 하나님의 은혜를 폐하지 아니하노니 만일 의롭게 되는 것이 율법으로 말미암으면 그리스도께서 헛되이 죽으셨느니라
　　　　　　　　　　　　　　　　　　　　　　　－갈라디아서 2장

11. 또 하나님 앞에서 아무나 율법으로 말미암아 의롭게 되지 못할 것이 분명하니 이는 의인이 믿음으로 살리라 하였음이니라
12. 율법은 믿음에서 난 것이 아니라 이를 행하는 자는 그 가운데서 살리라 하였느니라
19. 그런즉 율법은 무엇이냐 범법함을 인하여 더한 것이라 천사들로 말미암아 중보의 손을 빌어 베푸신 것인데 약속하신 자손이 오시기까지 있을 것이라
　　　　　　　　　　　　　　　　　　　　　　　－갈라디아서 3장

4. 율법 안에서 의롭다 함을 얻으려 하는 너희는 그리스도에게서 끊어지고 은혜에서 떨어진 자로다
　　　　　　　　　　　　　　　　　　　　　　　－갈라디아서 5장

19. 우리가 알거니와 무릇 율법이 말하는 바는 율법 아래 있는 자들에게 말하는 것이니 이는 모든 입을 막고 온 세상으로 하나님의 심판

아래 있게 하려 함이니라

20. 그러므로 율법의 행위로 그의 앞에 의롭다 하심을 얻을 육체가 없나니 율법으로는 죄를 깨달음이니라

　　　　　　　　　　　　　　　　　　　　　　　－로마서 3장

28. 인자가 온 것은 섬김을 받으려 함이 아니라 도리어 섬기려 하고 자기 목숨을 많은 사람의 대속물로 주려 함이니라

　　　　　　　　　　　　　　　　　　　　　　　－마태복음 20장

16. 하나님이 세상을 이처럼 사랑하사 독생자를 주셨으니 이는 저를 믿는 자마다 멸망치 않고 영생을 얻게 하려 하심이니라

　　　　　　　　　　　　　　　　　　　　　　　－요한복음 3장

우리는 율법을 통하여 죄를 깨닫고, 하나님 앞에 회개하여 예수 그리스도의 대신 죽어 주심을 믿음으로써 하나님과 동행할 수 있다. 이것을 성경에서는 righteousness라고 쓰고 있다. 율법의 justice라는 단어와 똑같이 한글 성경에서는 의로 표현되지만 righteousness라는 단어는 율법의 의가 아닌 하나님의 의를 나타낸다. 쉽게 설명한다면, righteousness라는 의는 하나님께서 예수 그리스도를 통하여 우리를 의롭다 칭해 주셨음을 나타낸다. 그런 이유로 justice라는 의가 우리에게는 속박이 되는 의라 한다면, righteousness라는 의는 하나님께서 예수 그리스도를 통하여 율법과 죄로부터 해방시켜 주셔서 우리를 의

롭게 칭해 주시고, 의롭게 보시는 것을 의미한다. 처음부터 우리가 의로워서 천국에 갈 수 있는 것은 아니다. 다만 하나님께서 그리스도의 보혈을 보시고, 우리를 의롭게 봐 주실 뿐이다. 성경의 어떤 인물도 하나님 앞에 의로울 수는 없었다. 다윗도 죄를 지었고, 욥도 입으로 죄를 지었으며, 아브라함과 이삭, 야곱, 그 어느 누구도 죄가 없는 사람은 없었다. 하지만 놀랍게도 하나님께서는 그들을 의롭다 칭해 주시며, righteousness라는 단어를 사용하신다. 이것은 그들이 율법으로 그리고 행위로서 의로웠다는 것이 아니라, 하나님께서 그들의 믿음을 보고, 의롭게 보아 주셨다는 것이다. 마치 지금의 우리가 예수 그리스도의 보혈을 통하여 righteousness하다고 하나님께 의롭다 칭함을 받는 것과 같다. 율법은 하나님께서 우리에게 주신 전신 거울과 같다. 우리는 율법을 통하여 하나님께서 기뻐하시는 것과 그렇지 않은 것들을 알 수 있고, 그분의 의를 확인해볼 수 있다.

9. 전에 법을 깨닫지 못할 때에는 내가 살았더니 계명이 이르매 죄는 살아나고 나는 죽었도다

10. 생명에 이르게 할 그 계명이 내게 대하여 도리어 사망에 이르게 하는 것이 되었도다

11. 죄가 기회를 타서 계명으로 말미암아 나를 속이고 그것으로 나를 죽였는지라

12. 이로 보건대 율법도 거룩하며 계명도 거룩하며 의로우며 선하도다

13. 그런즉 선한 것이 내게 사망이 되었느뇨 그럴 수 없느니라 오직 죄가
   죄로 드러나기 위하여 선한 그것으로 말미암아 나를 죽게 만들었으
   니 이는 계명으로 말미암아 죄로 심히 죄되게 하려 함이니라
                                                  −로마서 7장

 율법은 선한 것이며 가급적 지켜야 한다. 하지만 명심해야 할 것은
율법이 행위로써 하나님 앞에 내세우는 존재가 되어서는 안 된다는 것
이다. 우리는 계명과 율법을 지킴을 자랑하고, 내세워서는 안 된다. 율
법은 행위로써 지키라고 있는 것이 아니라, 우리의 죄를 깨달으라는 전
신거울로서 주신 것임을 잊지 말고, 지키려고 노력하되, 그 본래의 목
적을 곡해해서는 안 되는 것이다. 우리에게 율법은 righteousness가
되어야 하며, justice라는 단어로 있어서는 안 되는 것이다.
 율법을 이해해야 한다. 하지만 그 굴레에서 벗어나 하나님의 진정한
사랑에 이르러야 하는 것이 그리스도인의 궁극적 목표임을 기억해야
한다.

 율법을 깨닫는 자는 단지 고통으로부터 자유로울 뿐이지만 복음의 은
혜를 깨닫는 자는 고통의 실제 원인인 죄로부터 자유롭다.
                                                  −테판 차르녹스

복음이란 무엇인가: 기독교가 존재하는 이유

17. 복음에는 하나님의 의가 나타나서 믿음으로 믿음에 이르게 하나니
기록된 바 오직 의인은 믿음으로 말미암아 살리라 함과 같으니라
―로마서 1장

　세상에는 많은 사람들이 있다. 그들은 저마다의 개성과 특징 그리고 가치관을 가지고 살아가는데 신기하게도 이 많은 사람들이 모두 똑같은 인생을 추구하며, 살지는 않는다. 어떤 사람들은 부를 좇고, 어떤 사람들은 사랑을 좇으며, 또 어떤 사람들은 학문과 철학에 심취하기도 한다.

　이렇게 본인이 추구하는 것은 삶을 살아가면서, 일종의 가치관을 형성하는 데 큰 영향력을 미치게 된다. 그리고 그 가치관이 삶의 목표이자 목적이라고 생각하게 되는 경우도 간혹 존재한다. 그런 이유로 자신이 추구하는 것을 잃게 되었을 때, 사람들은 큰 상실감에 빠지며, 삶의 목적을 잃은 듯 행동할 수도 있다. 어떤 사람은 살아가면서 큰 실수를

저질러 애써 모은 전 재산을 탕진하거나 자신이 원하는 사랑을 얻지 못했다면 소중한 목숨까지 스스로 저버리기도 한다.

사람들은 정말로 다양한 개성과 성격을 지니고 있기에, 저마다의 삶의 지향점 역시 다양하다. 하지만 특별히 많은 사람들이 동일하게 추구하는 지향점이 몇 가지가 있는데, 그중에 하나가 바로 종교라고 말할 수 있다. 우리는 종교로 인하여, 자신의 신념을 증명하며, 목숨까지도 내어 놓는 경우를 자주 접할 수 있다. 그렇게 종교는 많은 사람들에게 삶의 목표이자 목적이 되며, 자신이 이 세상에 존재하는 이유를 합리적으로 설명할 수 있는 좋은 단서가 되기도 한다.

누구나가 삶의 목표와 지향점을 가지고 있듯이, 나 역시 사는 이유와 목적을 가지고 있다. 처음에 나의 목표는 세상에 맞춰져 있었지만, 복음을 접한 이후부터는 기독교인으로서 하나님을 위한 삶을 사는데, 지향점을 맞추게 되었다. 그런 이유에서 나의 모든 시선은 하나님께 맞춰져 있으며, 그 과정의 하나로 이렇게 생각을 정리하는 글도 쓰게 되었다.

먼저 기독교에 관하여 알기를 원한다면, 본질부터 파악해야 하는 것이 당연하다고 말할 수 있다. 여러 의견이 있을 수 있겠지만, 기독교의 가장 앞선 본질은 복음이 되어야 한다. 그런 이유로 글을 집필하면서 기독교의 복음을 첫 장의 주제로 택하게 되었다. 복음을 제대로 아는 것은 중요한 일이다. 기독교의 뿌리가 복음이기에 이는 당연한 말처럼 들린다. 하지만 우리 시대에 많은 교회들은 이러한 기본적인 것을 무시하고, 잘못된 방향으로 나아가는 경우가 상당히 많음을 볼 수 있다.

나는 기독교인으로 살아오면서, 자신의 종교가 기독교라고 말하는 많은 사람들을 만나 보았다. 그런데 이상하게도 그들은 자신의 종교가 기독교라고는 말하지만, 객관적인 시각으로 봤을 때, 기독교보다는 토속 신앙이나 타 종교와 더 가까운 모습을 보이는 경우도 적지 않았다. 스스로 분명히 기독교라고 믿고 있었지만, 무엇을 믿고 있는지에 대해서 명확하지 않았고, 기독교의 본질인 복음은 외면하며, 이 세상에서 잘 먹고, 잘 사는 기복 신앙에 초점을 맞추고 살아가고 있었다.

잘못된 신앙은 돌이킬 수 없이 치명적인 결과를 낳을 수 있다. 이런 이유로 바른 그리스도인이 되기 위해서는 반드시 기독교의 본질이라 할 수 있는 복음을 먼저 이해해야 한다. 복음을 이해하고, 자신의 종교를 기독교로 결정할 때는 무조건적인 믿음보다는 먼저 자신이 믿어야 할 것에 대한 확실한 증거와 검증이 필요하다. 적어도 한순간의 선택이 아닌 영혼과 영원이 결부되어 있는 만큼 확실한 증거를 통하여 자신의 영혼의 행방을 바르게 결정지어야 하는 것이다. 이번 장에서는 복음을 증거와 변증을 통하여 쉽게 이해하기 위하여, 신학적 관점과 신앙적 관점으로 나누어 생각해보고자 한다.

먼저 신학적 관점으로 기독론(Christology)을 살펴보자. 기독론(Christology)은 그리스도론이라고 한다. 예수님이 어떤 분이신가에 대한 교리인데, 이는 구원과 관련된다. 그리스도는 기독교에서 핵심이라고 할 수 있는데, 그리스도가 어떤 분인가에 따라 구원의 여부가 달라질 수 있기 때문이다. 예수님께서는 '너희는 나를 누구라 하느냐'라고 물으셨다. 베드로는 '그리스도, 하나님의 아들'이시라고 고백한다. 그리스도가 어떤 분인가는 기독교에서 중요한 핵심이다. '그리스도'는 헬라어에서 나왔는데, 크리스토스(헬라어)이다. 이 단어는 Messiah(메시아, 히브리어)에서 유래한 단어로 '기름 부음을 받은 자(the anointed)'라는 뜻이다. 기름 부음을 받은 자는 왕, 선지자, 제사장을 뜻한다. 그리고 예수님을 하나님의 아들이라고 고백하는 것은 예수님이 곧 삼위일체의 하나님이시라는 것을 의미한다.

예수님은 베드로의 이 고백 위에 교회를 세우겠다고 하신다. 조금 풀어서 이야기한다면 기독교는 예수님을 그리스도 하나님의 아들로서 이 땅에 내려오신 왕이자 제사장이자 하나님의 아들 그리고 삼위일체에 따른 하나님 자신으로 보는 것이다.

예수님을 하나님이시자 그분의 아들로 보기 때문에 기독교에서는 예수님만이 인간의 모든 죄를 담당할 수 있다고 말한다. 예수님 외에는 어느 누구도 그 사역을 담당할 수가 없는 것이다. 이것이 중요한 이유는 다른 종교와 비교해보면 쉽게 알 수 있는데, 실제로 유대교나 이슬람교도 분명히 같은 경전을 공유하는 부분이 있다. 그러나 유대교에서는 예수님을 인정하지 않고, 이슬람에서는 예수님을 선지자 중의 한 사람으로 본다. 한쪽은 인정을 하지 않고, 한쪽은 예수님을 보통의 인간인 선지자로 보니, 그들에게 있어 예수님께서 인간의 모든 죄를 담당한다는 것은 말이 되지 않는 일인 것이다. 이렇게 예수님이 누구신지를 바라보는 관점에 따라서 그 결과와 종교가 판이하게 달라진다.

정리하면, 기독교란 예수님께서 구세주이자 하나님의 아들로서 이 땅에 내려와 우리의 모든 죄를 담당하심을 믿고, 우리 대신 십자가에 못 박혀 죽으심으로써 대속의 사역, 즉 구원의 사역을 완수하시고 3일 만에 부활하셨음을 믿는 것이라 할 수 있다. 예수님께서는 3일 만에 부활하신 후에 하늘로 승천하시기까지 많은 사람들에게 나타나시어 복음을 전파하셨다. 그리고 복음의 배턴은 오순절 성령강림 이후로 성령님께 그 일이 넘어가 지금까지 우리에게 전해지게 된다.

성령님께서는 그때부터 지금까지 구속사를 주관하시며, 우리가 말씀을 듣고, 구원받을 수 있도록 돕고 계신데, 일반적인 성령님의 사역은 일반 사역과 특별 사역으로 나눌 수 있다. 성령님께서는 은혜의 영역, 구원의 영역에서도 역사하시며, 그리스도 안에서 새 생명을 얻게 하고, 성장하게 하며, 우리를 선한 일로 이끌어 주신다. 성령님의 일반적 사역은 하나님께서 만드신 법칙 안의 질서에서 일반적 사역으로 나타난다.

성령님의 이러한 사역은 어렵게 보일 수도 있는데 쉽게 말하자면, 일반적 사역은 일반적인 하나님의 은혜로서 사람들이 말씀을 듣고, 감동하고, 죄책감을 느끼고, 하나님이 보시기에 선한 삶을 살도록 인도하시는 것이라고 생각하면 된다. 그래서 성령님의 일반 사역 내에서의 은혜는 모든 사람에게 그 영향을 미치며, 악인들도 햇빛을 느끼고 행복을 느낄 수 있듯이 모든 이에게 적용되는 것이다.

이런 성령님의 사역으로 인하여, 우리는 죄인으로 살다가, 말씀을 듣기까지 하나님께 회개할 수 있는 기회와 시간을 허락받게 되고, 하나님의 계명과 일치하는 도덕적 선을 구별하게 되며, 거듭난 후에는 하나님의 복과 천국을 약속받을 수 있게 되는 것이다.

이 외에도 자세하게 다루고 싶지만, 조직신학적 관점에서 접근을 하게 되면, 분량이 많아질 수 있어서, 다음 기회에 다루기로 하고, 신앙적 관점의 기독교의 본질(정체성)을 살펴보고자 한다.

신앙적 관점에서 기독교의 정체성을 다루기에 앞서, 복음에 대하여 다시 언급할 필요가 있다. 복음이란 위에서 언급한 예수님의 사역을 정리한 것인데, 기독교의 뿌리이자 근본이라고 볼 수 있다. 복음을 이해하기 위해서 우리에게 필요한 것은 죄의 깨달음이다. 예수님께서는 먼저 마태복음 9장 말씀을 통하여, 우리가 먼저 죄인임을 알지 못하면, 결코 예수님을 만날 수 없음을 말씀하셨다.

9. 예수께서 거기서 떠나 지나가시다가 마태라 하는 사람이 세관에 앉은 것을 보시고 이르시되 나를 좇으라 하시니 일어나 좇으니라

10. 예수께서 마태의 집에서 앉아 음식을 잡수실 때에 많은 세리와 죄인들이 와서 예수와 그 제자들과 함께 앉았더니

11. 바리새인들이 보고 그 제자들에게 이르되 어찌하여 너희 선생은 세리와 죄인들과 함께 잡수시느냐

12. 예수께서 들으시고 이르시되 건강한 자에게는 의원이 쓸데없고 병든 자에게라야 쓸데 있느니라

13. 너희는 가서 내가 긍휼을 원하고 제사를 원치 아니하노라 하신 뜻이 무엇인지 배우라 내가 의인을 부르러 온 것이 아니요 죄인을 부르러 왔노라 하시니라

-마태복음 9장

우리는 모두 죄인이다. 성경을 보면, 에덴동산의 죄로부터 말미암아, 인간의 죄성은 대물림되었다. 따라서 본인의 힘으로 그 운명을 벗어날 수 있는 사람은 아무도 없다.

12. 이러므로 한 사람으로 말미암아 죄가 세상에 들어오고 죄로 말미암아 사망이 왔나니 이와 같이 모든 사람이 죄를 지었으므로 사망이

모든 사람에게 이르렀느니라

13. 죄가 율법 있기 전에도 세상에 있었으나 율법이 없을 때에는 죄를 죄로 여기지 아니하느니라

14. 그러나 아담으로부터 모세까지 아담의 범죄와 같은 죄를 짓지 아니한 자들 위에도 사망이 왕 노릇 하였나니 아담은 오실 자의 표상이라

15. 그러나 이 은사는 그 범죄와 같지 아니하니 곧 한 사람의 범죄를 인하여 많은 사람이 죽었은즉 더욱 하나님의 은혜와 또는 한 사람 예수 그리스도의 은혜로 말미암은 선물이 많은 사람에게 넘쳤으리라

16. 또 이 선물은 범죄한 한 사람으로 말미암은 것과 같지 아니하니 심판은 한 사람을 인하여 정죄에 이르렀으나 은사는 많은 범죄를 인하여 의롭다 하심에 이름이니라

17. 한 사람의 범죄를 인하여 사망이 그 한 사람으로 말미암아 왕노릇 하였은즉 더욱 은혜와 의의 선물을 넘치게 받는 자들이 한 분 예수 그리스도로 말미암아 생명 안에서 왕노릇 하리로다

18. 그런즉 한 범죄로 많은 사람이 정죄에 이른것 같이 의의 한 행동으로 말미암아 많은 사람이 의롭다 하심을 받아 생명에 이르렀느니라

－로마서 5장

성경에서 하나님께서는 모든 인간이 아담의 죄로부터 죄성을 갖고 태어나며, 살면서도 죄를 지어, 하나님 보시기에 심히 악한 존재라고 말씀하신다. 분명히 죄가 있다면, 천국을 갈 수 없는 것은 당연한 일이다. 그리고 죄를 해결해야 하는 것도 당연한 일이다. 그런데 문제는 인간이 죄를 스스로 해결할 수도 없거니와, 인간 스스로 먼저 죄인임을

알지도 못하고, 인정하지 않는 데에 있다고 할 수 있다.

가령 암에 걸린 한 환자가 있다고 가정해보자. 암에 걸린 사실을 본인이 안다면, 살기 위하여 필사적으로 병원을 찾을 것이다. 하지만 본인이 암에 걸린 사실을 알지 못한다면, 그 사람이 불필요하게 병원을 찾지는 않을 것이다. 그런 이유로 하나님께서는 마태복음 9장 말씀을 통하여 병든 자(자신이 죄인임을 아는 자)라야 하나님(병원)을 찾을 것이고, 그런 과정을 거쳐, 자신의 죄를 인정하고, 낮은 자세를 취해야 예수님을 만나서 죄를 해결할 수 있음을 말씀하신다.

우리는 죄성을 가지고 태어나기 때문에, 마음속에 악한 생각과 죄를 짓는 습성을 지닌 죄나무로서의 본질을 지니게 된다. 그래서 그 대상이 강도든 살인자든 사기꾼이든 스님이든 수녀님이든 목사님이든, 상관없이 사람이라면, 누구나 죄나무라고 볼 수 있는 것이다. 결국 죄나무인 인간에게서 열릴 것은 죄라는 열매밖에 없다.

16. 그의 열매로 그들을 알지니 가시나무에서 포도를, 또는 엉겅퀴에서 무화과를 따겠느냐
17. 이와 같이 좋은 나무마다 아름다운 열매를 맺고 못된 나무가 나쁜 열매를 맺나니
18. 좋은 나무가 나쁜 열매를 맺을 수 없고 못된 나무가 아름다운 열매를 맺을 수 없느니라
19. 아름다운 열매를 맺지 아니하는 나무마다 찍혀 불에 던지우니라

20. 이러므로 그의 열매로 그들을 알리라

-마태복음 7장

사람들은 처음 태어날 때는 선하고 한없이 순수해 보이지만 나이가 들수록 죄나무로서의 습성이 나타나 가르쳐주지 않아도 거짓말을 하고 남을 괴롭히는 악한 성질이 발현된다. 마치 사자나 호랑이 같은 맹수가 어렸을 때는 귀여워 보여도 어느 정도 시간이 지나면 맹수로서의 본능이 발현되는 것과 같다고 볼 수 있다.

이렇게 인간은 죄성을 지녔고, 자신의 죄가 정말 하나님 앞에 심각한 것을 아는 것은 중요한 일이다. 성경에서는 잠언 16장 말씀을 통하여, 사람의 행위가 자신이 보기에는 깨끗해보여도 하나님께서는 심령, 즉 사람의 마음을 감찰하신다고 말씀하셨다. 우리가 감히 하나님 앞에 어떤 죄를 숨길 수 있단 말인가? 하나님께서는 절대선이시기에 우리의 기준과는 다른 기준으로 죄를 보신다. 예를 들어 하나님께서는 성경을 통하여 형제에게 라가(바보)라고만 해도 지옥불에 던지시리라 말씀하셨고, 간음이라는 행동을 해야 악행으로 인식하는 사람들과는 다르게 생각만 해도 죄로 보신다고 말씀하셨다.

21. 옛 사람에게 말한바 살인치 말라 누구든지 살인하면 심판을 받게 되리라 하였다는 것을 너희가 들었으나

22. 나는 너희에게 이르노니 형제에게 노하는 자마다 심판을 받게 되고 형제를 대하여 라가라 하는 자는 공회에 잡히게 되고 미련한 놈이라 하는 자는 지옥 불에 들어가게 되리라

23. 그러므로 예물을 제단에 드리다가 거기서 네 형제에게 원망 들을 만한 일이 있는 줄 생각나거든

24. 예물을 제단 앞에 두고 먼저 가서 형제와 화목하고 그 후에 와서 예물을 드리라

25. 너를 송사하는 자와 함께 길에 있을 때에 급히 사화하라 그 송사하는 자가 너를 재판관에게 내어 주고 재판관이 관예에게 내어주어 옥에 가둘까 염려하라

26. 진실로 네게 이르노니 네가 호리라도 남김이 없이 다 갚기 전에는 결단코 거기서 나오지 못하리라

27. 또 간음치 말라 하였다는 것을 너희가 들었으나

28. 나는 너희에게 이르노니 여자를 보고 음욕을 품는 자마다 마음에 이미 간음하였느니라

29. 만일 네 오른눈이 너로 실족케 하거든 빼어 내버리라 네 백체 중 하나가 없어지고 온 몸이 지옥에 던지우지 않는 것이 유익하며

30. 또한 만일 네 오른손이 너로 실족케 하거든 찍어 내버리라 네 백체 중 하나가 없어지고 온 몸이 지옥에 던지우지 않는 것이 유익하니라

31. 또 일렀으되 누구든지 아내를 버리거든 이혼 증서를 줄 것이라 하였으나

32. 나는 너희에게 이르노니 누구든지 음행한 연고 없이 아내를 버리면 이는 저로 간음하게 함이요 또 누구든지 버린 여자에게 장가드는 자도 간음함이니라

정리하면, 에덴동산의 원죄로부터 인간은 죄성을 가지고 있으며, 하나님께서 보시기에 인간의 죄는 너무도 악하여, 생각만 해도 죄가 되는 하나님의 기준에 따라 그리고 호리만큼의 죄도 용납지 않으시는 하나님의 거룩한 속성으로 인하여, 우리는 지옥에 갈 수밖에 없는 존재임을 알아야 한다는 것이다.

살면서 한 번의 거짓말도 해본 적이 없고, 한 번이라도 음란한 마음을 가져 본 적이 없으며, 한 번이라도 남을 시기 질투하여 욕해본 적이 없는 사람이 있을까? 그런 사람이 있다면, 이 순간에도 그는 거짓말이라는 죄를 짓고 있음이 분명한 것이다.

이렇게 우리 인간은 죄나무요, 죄를 지을 수밖에 없는 존재다. 그리고 그로 인하여 우리 인간들은 필히 지옥으로 떨어질 수밖에 없는 존재인 것이다.

흔히 하나님의 속성에 대하여 두 가지를 말한다. 하나는 거룩이며, 또 다른 하나는 사랑이다. 이렇게 죄를 지어 지옥에 가야 하는 운명을 지닌 인간들을 벌하시는 것은 하나님의 거룩한 속성이다. 하지만 동시에 그분께서는 사랑의 속성도 지니고 계시기에, 이런 인간의 죄를 반드시 해결해 주어 천국으로 인도하시길 간절히 원하셨다.

희랍 신화에는 자리우커스라는 왕이 나온다. 그는 점점 자신의 도시국가가 발전하자 국가의 상태가 점점 사치와 향락 그리고 음란으로 혼들리는 것을 보고 기강을 잡을 목적으로 간음을 하는 자에게 두 눈을 뽑아 버리겠다는 강한 법을 공표하였다.

그의 첫 재판 상대는 놀랍게도 그의 외아들이었다. 그는 갈등했다. 외아들의 두 눈을 뽑아 버린다면, 왕이 될 수 없을 것이고, 법을 외면하자니, 국가의 기강이 흔들릴 터였다. 결국 그는 재판장에 많은 사람들을 모아 재판을 시작한다. 그리고는 외아들의 한 눈을 뽑고, 칼을 들어 자신의 눈 한쪽을 뽑아 들며 말한다. "법은 집행되었다." 자리우커스왕은 외아들의 한 눈과 자신의 한 눈을 뽑아 두 눈으로 법(거룩)을 지키면서 아들이 왕이 될 길(사랑)도 열어 놓았던 것이다.

하나님께서도 우리를 너무도 사랑하시는 마음에, 처음 우리가 죄를 지은 바로 그 순간부터 하나님의 외아들, 즉 독생자 그리스도를 인간들을 위하여 희생시키려 결심하셨고 계획하셨다. 구약과 신약의 성경을 보면, 하나님께서 예수님을 이 땅에 보내셔서 우리의 죄를 해결하시겠다는 수없이 많은 예언과 표상들을 볼 수 있다. 그렇게 예수님께서는 약속대로 이 땅에 내려 오셨고, 죄의 삯은 사망이라는 하나님의 법에 따라 말씀에 순종하며, 우리 대신 죽으셨다. 이런 이유로 자신이 죄인임을 인정하지 않는 사람에게 예수님의 대속은 아무 의미가 없다, 그분은 죄인들을 위하여 이 땅에 오셨고, 우리 죄인들을 대신하여 죽으셨기 때문이다.

28. 인자가 온 것은 섬김을 받으려 함이 아니라 도리어 섬기려 하고 자기 목숨을 많은 사람의 대속물로 주려 함이니라

–마태복음 20장

16. 하나님이 세상을 이처럼 사랑하사 독생자를 주셨으니 이는 저를 믿는 자마다 멸망치 않고 영생을 얻게 하려 하심이니라

–요한복음 3장

10. 이 뜻을 좇아 예수 그리스도의 몸을 단번에 드리심으로 말미암아 우리가 거룩함을 얻었노라
12. 오직 그리스도는 죄를 위하여 한 영원한 제사를 드리시고 하나님 우편에 앉으사
13. 그 후에 자기 원수들로 자기 발등상이 되게 하실 때까지 기다리시나니
14. 저가 한 제물로 거룩하게 된 자들을 영원히 온전케 하셨느니라

–히브리서 10장

15. 미쁘다 모든 사람이 받을 만한 이 말이여 그리스도 예수께서 죄인을 구원하시려고 세상에 임하셨다 하였도다 죄인 중에 내가 괴수니라

–디모데전서 1장

8. 우리가 아직 죄인되었을 때에 그리스도께서 우리를 위하여 죽으심으로 하나님께서 우리에게 대한 자기의 사랑을 확증하셨느니라
9. 그러면 이제 우리가 그 피를 인하여 의롭다 하심을 얻었은즉 더욱 그로 말미암아 진노하심에서 구원을 얻을 것이니

- 로마서 5장

14. 그리스도의 사랑이 우리를 강권하시는도다 우리가 생각건대 한 사람이 모든 사람을 대신하여 죽었은즉 모든 사람이 죽은 것이라

- 고린도후서 5장

2. 저는 우리 죄를 위한 화목 제물이니 우리만 위할 뿐 아니요 온 세상의 죄를 위하심이라

- 요한일서 2장

5. 그가 찔림은 우리의 허물을 인함이요 그가 상함은 우리의 죄악을 인함이라 그가 징계를 받음으로 우리가 평화를 누리고 그가 채찍에 맞음으로 우리가 나음을 입었도다
6. 우리는 다 양 같아서 그릇 행하여 각기 제 길로 갔거늘 여호와께서는 우리 무리의 죄악을 그에게 담당시키셨도다

- 이사야 53장

성경을 보면, 얼마나 많이 그리고 반복하여 하나님께서 독생자 예수 그리스도를 보내어 우리의 죄를 해결해 주신 것을 강조하는지 알 수 있다. 하나님께서는 죄를 미워하시지만, 진실로 나를 그리고 우리 모두를 사랑하신다. 그분은 우리를 너무도 사랑하셨기에, 하나뿐인 독생자 예수 그리스도를 보내어, 우리 대신 십자가에 못 박혀 죽으시게 함으

로써, 모든 죄를 대신 짊어지게 하셨다. 그리고 예수님께서는 돌아가시는 순간에 말씀하셨다. "다 이루었노라." 인간들의 죄를, 나의 죄를 그리고 우리의 모든 죄를 모두 해결하셨다는 말이었다.

이미 우리는 우리의 죄가 모두 하나님 앞에서 사하여졌음을 알아야 한다. 하지만 이렇게 희생하신 하나님의 사랑을 믿지 않는 것은 구원의 사역에 동참하지 않는 것이며, 하나님의 사랑을 발로 차 버리고, 굳이 자신이 지옥에 갈 것임을 결정하는 것과 같다. 그런 이유로 사람들은 기독교를 대속의 종교라 말한다. 예수님께서 우리의 죄를 대속하여 주셨다는 것이다.

이것이 바로 복음이다. 하나님께서는 죄 많은 우리를 위하여 예수님을 보내시어, 우리의 죄를 담당하게 하셨고, 예수님은 그에 순종하여 십자가에 우리 대신 못 박혀 죽으심으로써, 우리의 죄를 모두 해결해 주시고, 3일 만에 다시 부활하시어, 그분이 예수 그리스도, 즉 메시아이자 하나님의 아들 되심을 증명하셨다는 것이다.

복음을 받아들이고, 믿는 것을 '거듭났다' 또는 '죄 사함 받았다', '중생' 또는 '구원받았다'는 말로 표현한다. 이것이 복음이고, 그런 복음의 주체이신 그리스도(기독)를 믿는 것이 기독교인 것이다. 처음에 종교는 근거에 의지하여 확인하고, 믿을 수 있는 것이어야 한다고 했다. 성경을 읽어보면, 수없이 많은 예언과 하나님의 역사가 기록되어 있다. 불과 100~200년 전의 책만 읽어도 오류투성이에 유치하기까지 한데, 지금으로부터 3,600년 전부터 쓰인 성경은 한 치의 오차도 없고, 도리어 살아 움직이기까지 하여, 우리의 마음을 격동시킴을 알 수 있다. 성경을 읽어보면, 왜 하나님께서 동정녀 마리아를 통하여 예수님을 세상에 보내셨는지(원죄-아담) 그리고 하나님께서 계획하신 그 외의 촘촘한 역사적 사역들이 무엇인지를 확인할 수 있다.

나는 처음에는 온갖 의심과 비웃음으로 성경의 오류를 찾아내려 했었지만, 이제는 그런 짓이 얼마나 무의미한지를 깨달았다. 성경은 하나님의 말씀이자 역사하심이기 때문이다.

복음을 믿는 것은 어렵지 않다. 믿음에 대해서는 다시 언급하도록 하겠지만, 일단은 자신이 죄인임을 깨닫는 것이고, 예수님을 통한 대속의 사역으로 우리의 죄가 해결됨을 아는 것 그리고 그 사실을 믿는 것, 그것이 기독교의 정체성이자 복음이라 할 수 있는 것이다. 여기서 핵심은 믿음에 있다. 반드시 믿음에는 그에 따른 행위와 열매가 나옴을 확인해볼 수 있다.

14. 내 형제들아 만일 사람이 믿음이 있노라 하고 행함이 없으면 무슨 이익이 있으리요 그 믿음이 능히 자기를 구원하겠느냐
15. 만일 형제나 자매가 헐벗고 일용할 양식이 없는데
16. 너희 중에 누구든지 그에게 이르되 평안히 가라, 더웁게 하라, 배부르

게 하라 하며 그 몸에 쓸 것을 주지 아니하면 무슨 이익이 있으리요

17. 이와 같이 행함이 없는 믿음은 그 자체가 죽은 것이라

18. 혹이 가로되 너는 믿음이 있고 나는 행함이 있으니 행함이 없는 네 믿음을 내게 보이라 나는 행함으로 내 믿음을 네게 보이리라

19. 네가 하나님은 한 분이신 줄을 믿느냐 잘하는도다 귀신들도 믿고 떠느니라

20. 아아 허탄한 사람아 행함이 없는 믿음이 헛것인 줄 알고자 하느냐

21. 우리 조상 아브라함이 그 아들 이삭을 제단에 드릴 때에 행함으로 의롭다 하심을 받은 것이 아니냐

22. 네가 보거니와 믿음이 그의 행함과 함께 일하고 행함으로 믿음이 온전케 되었느니라

23. 이에 경에 이른바 아브라함이 하나님을 믿으니 이것을 의로 여기셨다는 말씀이 응하였고 그는 하나님의 벗이라 칭함을 받았나니

24. 이로 보건대 사람이 행함으로 의롭다 하심을 받고 믿음으로만 아니니라

25. 또 이와 같이 기생 라합이 사자를 접대하여 다른 길로 나가게 할 때에 행함으로 의롭다 하심을 받은 것이 아니냐

26. 영혼 없는 몸이 죽은 것 같이 행함이 없는 믿음은 죽은 것이니라

－야고보서 2장

스님들도 불교 대학에서 기독교가 대속의 종교임을 배운다. 그렇다고 그분들이 불교를 등지고 기독교로 귀의하지는 않는다. 이렇게 믿는 것과 아는 것은 약간의 차이가 있다. 믿음에는 신념이 있기에 행위가

뒤따르는 법이다. 예를 들어, 행위에 있어서라면 교회에 나가 죄 사함을 감사드리고, 다른 사람에게도 이런 기쁜 복음의 소식, 즉 죄 사함을 전파하여 하나님의 은혜를 나누는 행위 등을 말할 수 있다. 물론 행위에 있어서 주의해야 할 점도 있다. 행위는 전적인 하나님의 죄 사함의 은혜에 대한 감사의 차원이며 하나님의 자녀가 되는 입장에서 그에 합당한 행동을 취함에 있어야 한다. 어떤 노력이나 행위로 하나님의 은혜를 대신하는 종류의 것이 되어서는 안 되며, 그것은 영지주의적('이단과 영지주의' 참조) 발상이 되고 만다.

믿음이 있다면, 하나님의 말씀을 사랑하고, 성경을 읽어 그분의 뜻을 헤아려 보려는 하나님과의 교제를 원하게 되며, 기도와 묵상 그리고 거듭난 형제자매들과의 교제를 원하게 된다. 이렇게 두세 사람의 거듭난 무리가 모였을 때, 교회라 칭하게 되고, 그들이 교회당 또는 가정을 이루어, 교회에서 서로 힘이 되고, 하나님의 말씀을 전하게 되는 것이다. 그러므로 교회의 머리는 예수님이요, 몸이 교회가 되면, 우리 그리스도인들은 각 몸의 지체가 되어, 교회를 형성하는 것이고, 이것이 곧 교회이고, 복음이자, 기독교의 본질이요, 정체성인 것이다.

복음이란 하나님의 은혜로 얻어지는 새로운 생애의 제의다.

– 존스

절기와 그리스도인: 하나님을 알아가는 과정

14. 너희는 이날을 기념하여 여호와의 절기를 삼아 영원한 규례로 대대
    에 지킬지니라

                                                      -출애굽기 12장

    이스라엘의 절기는 어렵고, 외우기 힘든 것이라고 생각하여 중요하게 생각하지 않는 경우가 많다. 나 역시 절기에 대해서는 기본적인 몇 개만 기억했을 뿐 그다지 중요하게 생각하지는 않았다. 하지만 실제로 성경 속의 절기는 현재를 통하여 과거 성서시대를 파악할 수 있는 지름길이며, 이 절기(이스라엘의 축제)를 통하여 하나님의 역사와 사역을 쉽게 정리해볼 수 있는 효과가 있다. 즉 절기는 옛 성경의 구약시대로 우리가 시간 여행을 할 수 있도록 만들어 주며, 하나님의 뜻을 생각할 수 있는 여지를 만들어 주는 것이다. 이스라엘의 절기는 그 당시 사회 의식과 사회법을 통합하여 형성하고 있다. 그리고 절기는 1년 중 아무 때나 정해진 것이 아니라, 반드시 전통과 역사적 사건들과 같이 다양

한 것들과 연관성이 있어, 지금의 우리에게 많은 것들을 상기시켜 준다. 이렇게 절기를 통하여 하나님을 만나볼 수 있는 기회를 가질 수 있기에 간단하게 이스라엘의 절기를 살펴보고, 그를 통하여 무엇을 얻을 수 있는지 확인해보고자 한다.

절기를 다루기 전에 우선 알고 넘어가야 할 것은 바로 이스라엘의 달력 체계이다. 성서 시대의 이스라엘의 달력 체계는 오늘날의 우리와는 달라서 시간의 개념에 혼동을 줄 여지가 있다. 우리가 쓰는 달력을 기준으로 볼 때, 이스라엘의 절기는 매년 달라진다. 그것은 유대인들이 우리가 사용하는 달력이 아닌 유대력을 사용하기 때문이다. 달력만이 아니라 하루의 개념 역시 우리의 관점과는 많이 다른데, 우리가 보통 하루의 시작을 아침으로 보는 반면에, 이스라엘은 해가 질 때를 하루의 시작으로 보며, 더불어 이러한 사실들도 모두가 창세기 1장 5절의 "빛을 낮이라 칭하시고, 어두움을 밤이라 칭하시니라. 저녁이 되며, 아침이 되니, 이는 첫째 날이라"는 성경의 말씀을 기반으로 하고 있음을 확인할 수 있다. 이렇게 이스라엘의 절기를 접하게 되면, 유대인의 종교심과 그들의 관점을 이해할 수 있다. 하루의 시작이 다르니, 새해의 시작 역시 우리와는 다르며, 이러한 모든 것들은 고대 중동의 역사적 상황과 배경에 그 기반을 두고 있음을 알아야 한다.

이스라엘의 절기에서 우리가 알아 두면 좋을 몇 가지가 있는데, 이를 확인해본다면, 하나님의 은혜와 주권을 나타내는 신년절과 예수님의 죽음과 관련되는 유월절, 예수님의 부활을 나타내는 초실절, 구원받은 하나님의 백성을 상징하는 무교절, 진리의 그림자를 표상하는 월삭, 성령강림을 의미하는 칠칠절(오순절), 선조를 기억하는 초막절, 에스더와 모르드개의 부림절 그리고 속죄와 예수님을 상징하는 속죄일로 구분되어질 수 있다.

여기서는 위에 언급한 절기들만 다루어 볼 생각인데, 이 책이 기본적인 기독교의 개념과 신앙을 초점으로 두고 있기에, 오래 기억할 수 있도록 각 절기의 특징과 의미만을 짧게 언급하기로 한다.

1. 신년절

이스라엘에는 수많은 절기가 있지만, 그중에서 10월을 신년의 시작으로 본다는 것은 특이하다고 볼 수 있다. 새해에는 유대인 나름의 전통도 있는데, 꿀 바른 사과를 먹는다는 것이나 뿔로 만든 나팔을 분다는 것 등이 신년을 대표하는 전통이라고 할 수 있다. 다만 꿀 바른 사과는 성서에 기반 하지는 않지만, 뿔로 만든 나팔을 부는 것은 아브라함의 이삭을 제물로 바치려 했던 일, 여리고 성의 나팔 그리고 기드온의 군대와 나팔 등을 통하여 성서에 기반을 두고 있음을 알 수 있다.

그리스도인들은 나팔의 의미를 통하여 하나님의 주권에 우리의 눈을 맞추어야 하고, 오직 하나님만을 바라보며 경배하고, 그분께 우리의 의지를 모두 맡기고, 영광을 돌려야 한다는 것을 신년절을 통하여 기억해야만 한다. 비록 우리가 예수님의 은혜와 보혈로 구원을 얻기는 했지만, 우리의 죄된 습성은 끊임없이 우리를 범죄하게 만들고 괴롭게 한다. 그럴 때면 가끔은 성령님께서 함께하지 않으시는 것인가 하고 생각이 들 때도 있는데, 예수님께서는 우리를 마치 이삭을 대신하여 숫양을 준비시켜 주시듯 기억하시고, 우리에게 새해마다 은혜를 베풀어 주실 것을 믿어야 하는 것이다. 하나님께서는 하나뿐인 독생자 예수 그리스도도 우리를 위하여 보내주시지 않았는가? 한 해가 시작될 때마다 우리는 예수님을 기억하고 그분께 우리의 의지를 모두 맡겨야만 한다. 그리고 그분을 높이며, 한 해를 준비할 계획을 세워야 한다. 이스라엘에서의 신년절은 유대력에 따라 10월에 시작되며, 한 해를 시작한다는 의미를 가진 절기인데, 우리 그리스도인들도 한 해를 시작할 때 모든 주권과 영광을 하나님께 맞추어 계획하는 법을 배워야 한다.

2. 유월절

레위기 23장을 통하여, 우리는 유월절에 대해 읽어 볼 수 있다.

4. 기한에 미쳐 너희가 공포하여 성회로 삼을 여호와의 절기는 이러하니라

5. 정월 십사 일 저녁은 여호와의 유월절이요

6. 이 달 십오 일은 여호와의 무교절이니 칠 일 동안 너희는 무교병을
   먹을 것이요

7. 그 첫날에는 너희가 성회로 모이고 아무 노동도 하지 말지며

8. 너희는 칠 일 동안 여호와께 화제를 드릴 것이요 제 칠 일에도 성회
   로 모이고 아무 노동도 하지 말지니라

                                                              -레위기 23장

나는 항상 유월절 하면, 어린양 예수님과 예수님께서 우리를 위하여
행해 주신 일을 생각해보곤 했다. 어린양의 피를 발랐던 것이 앞으로
예수님께서 우리를 위하여 피 흘려주실 것임을 미리 알려주신 것이라
는 것을 알고 있었기에, 유월절 하면 가슴이 벅찼었던 것이다. 물론 유
대인들은 예수님을 그리스도로 영접하지 않기에, 그들에게는 다른 의
미로 다가오겠지만 복음을 접한 그리스도인으로서 유월절은 나에게
큰 의미가 있는 절기이다.

예전에 유대인의 식사예절에 대한 다큐멘터리를 본 적이 있었는데,
2,000여 년 동안 나라를 잃었던 유대인들이 어떻게 그들의 전통을 잃
지 않고 되찾을 수 있었는지 그 이유를 알 수 있었다. 다큐멘터리에서
유대인 가정은 감사기도와 함께 식사와 예식을 시작하는데, 포도주를
마시고, 곧이어 쓴 나물을 먹는다. 이 쓴 나물은 그들이 겪은 고난을
상징한다고 한다. 그리고 바로 가족의 큰아들은 아버지에게 반드시 이

런 질문을 해야 한다. "이 밤(The night)은 왜 다른 모든 밤(A night)과 구별됩니까?" 그러면 곧 아버지는 형식에 맞추어 이스라엘 역사에 대하여 이야기를 시작한다. 대답이 끝나면, 아들은 계속하여 또다시 물어야 한다. "아버지 우리는 왜 마짜(유월절 음식)를 먹습니까?" 그러면 기다렸다는 듯 아버지는 이어서 유월절에 유대인들이 바로의 손에서 벗어났던 사건을 이야기해 준다. 그런 이야기는 계속된다. 어찌 보면 만담 같기도 하고, 예배 같기도 한 이런 식사 예법은 놀라운 것이었다. 유월절 식사 때마다 이런 식으로 그들은 하나님을 기억해 왔고, 그들의 정체성을 잃지 않았다. 나는 그런 전통이 바로 그들의 저력 중 하나였음을 확신한다.

구약시대에 유월절에는 무교병과 쓴 나물 그리고 양고기만을 허락했다. 역사적으로는 빠르게 출애굽을 해야 했던 그들의 절박함을 기억하라는 메시지일 것이지만, 유대인들은 이를 현대까지 이어지는 전통을 통하여 소중한 약속으로 기억하곤 한다. 유대인들과는 다른 상황이기는 하지만, 우리 역시 이런 행동들을 통하여 배울 점들이 있다.

구약시대에는 짐승을 통하여 제사를 지냈지만, 예수님께서 몸소 제물이 되어 주셨음에 이제 우리는 하나님께 나갈 수 있는 새로운 길을 볼 수 있게 되었다. 이제 우리가 하나님께 따로 제사를 드릴 필요는 없다. 지금까지의 유월절은 불완전한 예식이었지만, 예수님 이후에는 예수님께서 직접 유월절의 희생 제물이 되셔서, 진정한 의미의 구원을 위한 유월절을 완성하게 된 것이다.

유월절을 떠올릴 때 먼저 기억나는 것은 "우리가 누룩 없는 자이며, 새 덩어리가 되기 위하여 묵은 누룩을 내어버리라"는 사도 바울의 말이다. 그리고 더불어 "우리의 유월절 양 곧 그리스도께서 희생이 되셨느니라"라는 말씀의 의미도 되새겨 본다. 유월절이라는 절기는 실로 우리에게 많은 의미가 될 수 있는 것이다.

3. 초실절

일반적으로 그리스도인들에게 초실절은 생소한 절기다. 하지만 초실절이 처음 것을 드리는 행위라는 것을 알게 된다면, 그리스도인들은 많은 생각이 들게 될 것이다. 그리고 안식일과 초실절이 이어지며, 이 역시 예수님의 표상이라는 사실을 확인할 때, 하나님께서 얼마나 상세하고 깊이 우리를 위한 복음을 준비하셨는지를 깨닫게 된다. 유월절이 예수님의 죽음을 의미한다면, 초실절은 안식 후 첫날 부활하신 점을 의미한다는 것을 알 수 있다. 우리는 고린도전서 15장 말씀을 통하여 첫 열매라는 단어를 접하면서 그리스도께서 우리를 위하여 죽으셨다가 다시 살아나셨고, 영원히 죽지 않는 첫 열매가 되셨다는 것을 알 수 있다.

20. 그러나 이제 그리스도께서 죽은 자 가운데서 다시 살아 잠자는 자
    들의 첫 열매가 되셨도다
21. 사망이 사람으로 말미암았으니 죽은 자의 부활도 사람으로 말미암
    는도다
22. 아담 안에서 모든 사람이 죽은 것 같이 그리스도 안에서 모든 사람
    이 삶을 얻으리라
23. 그러나 각각 자기 차례대로 되리니 먼저는 첫 열매인 그리스도요 다
    음에는 그리스도 강림하실 때에 그에게 붙은 자요

　예수님을 고백할 수 있는 그리스도인들은 그분을 통해서 부활의 희
망을 가질 수 있게 되며, 그분이 첫 열매가 되어, 우리 역시 그 열매의
일부분이 될 희망을 갖게 된다. 그리고 그리스도인들은 이스라엘의 절
기인 유월절과 무교절 그리고 초실절이 예수님에 대하여 완전하게 예
언했음을 깨닫게 되는 것이다. 애굽에서의 유월절 어린양과 같이 예수
님께서는 골고다 언덕에서 십자가에 못 박혀 죽으셨다. 초실절이라 하
는 것은 그분이 다시 부활하실 것과 주님 안에서 모든 것을 믿는 사람
들이 부활의 확신과 영원히 살 것을 우리에게 예표로 보여주는 것이
다. 예수님의 부활은 기독교의 핵심을 이루고 있다. 따라서 예수님의
부활을 믿는 성도들의 가장 큰 소망은 예수님의 부활의 열매를 따르
는 것이다. 그리스도인들은 부활이 없다면, 믿음이 헛것이라는 성경의
말씀을 기억해야 한다.

4. 무교절

무교절은 시간적으로 유월절과 계속적으로 이어지며, 출애굽을 그 배경으로 하고 있다. 빵을 부풀릴 만한 시간적 여유도 없이 급히 떠나야 했던 그들을 기억할 수 있는 절기인 것이다. 하지만 그렇다고 무교절이 단순히 유월절, 즉 어린양을 도살하고, 빠르게 출애굽을 떠나려 했던 급박한 상황만을 기억하는 절기는 아니다. 무교절은 이스라엘의 구원을 이야기하며, 겸손과 순종 그리고 죄를 미워하고, 죄성에서 멀어져야 한다는 상징적 의미도 가지고 있다. 유월설이 모든 인류의 죄를 속하기 위한 예수님의 희생을 의미한다면, 무교절은 이제 회개하고 돌아선 백성의 삶에서 죄된 습성을 제거하고, 거룩한 삶을 살게 된 것을 상징한다는 점에서 우리는 이 두 절기가 매우 밀접하게 연결되어 있음을 알 수 있다.

유대인들에게 무교절은 어린양을 도살함과 동시에 애굽의 구속으로부터 하나님께서 구해 주신 것을 기념하는 절기인데, 예수님을 그리스도로 받아들인 우리에게는 어린아이와 같은 죄된 습성의 삶에서 돌이켜 하나님을 신뢰하고, 믿음으로 살아가 영적인 성숙에 이르러야 한다는 것을 깨닫게 해 주는 것이다.

5. 월삭

예전에 공부할 때 개인적으로 가장 이해하기 어려웠던 절기였다. 월삭은 무엇일까? 월삭은 새 달의 첫날을 의미한다. 이스라엘은 고대부터 음력을 이용하여 매달 새로운 달이 시작되는 그달의 초하룻날을 절기로 정하고 지켰다. 월삭은 새롭게 시작하는 한 달이 하나님의 주권에 속해 있음과 나아가서는 그달 한 달을 하나님께 헌신하며, 살아야 한다는 신앙고백을 담은 절기인 것이다.

월삭은 하나님을 위하여 헌신해야 하는 날이기에 다른 절기보다 더욱 형식을 갖추게 된다. 유대인들은 고대로부터 전해 오는 절기인 월삭을 위하여 안식일을 정확하게 계수한다. 그들은 특별히 월삭과 같이 하나님께 속한 날이라고 여겨지는 날에 대한 목록을 뽑아서 해야 할 일과 하지 말아야 할 일을 정하기도 한다. 철저한 종교적 의식을 토대로 이들은 음식을 금하게 하고, 또한 특별한 날짜를 신성시함으로써, 예수님께서 가르치신 자유보다는 세상의 학문과 관습에 신경을 쓰게 만든다. 이에 대하여 사도 바울은 고린도서와 로마서를 통하여 '먹고 마시는 문제나 날짜 준수'에 관해서 언급하기도 했다. 그는 무엇이든지 먹을 수 있는 확신을 가진 자라도 그렇지 못한 연약한 형제를 생각하고, 조심하라고 했다. 즉 자유롭지만 그 자유가 절제되어야 함을 가르친 것이다. 하지만 골로새 교회는 음식이나 월삭과 같은 문제에서 엄격한 규율을 지킬 것을 강요하고, 월삭을 통해 날짜를 중요시했다. 우리는 골로새서 2장 22절의 말씀을 통하여, 이렇게 골로새 교회에서 요구했던 것들은 단지 그림자일 뿐이라는 것을 알 수 있다. 월삭에 대한 규정들은 다만 그림자에 불과하며, 신앙을 판단하는 기준이 될 수 없다. 진리라는 것은 오직 예수 그리스도 안에만 있다. 다시 말하면 먹는 것과 마시는 것 혹은 절기와 월삭 그리고 안식일을 지켜야 하는 것을 기초로 하는 것은 한낱 종교의 그림자에 불과한 것이다. 우리는 이러한 육신적인 것으로부터 자유로워야 한다.

비슷한 예로 안식일이 사람을 위하여 있는가? 사람이 안식일을 위하여 있는가? 이 질문은 이렇게도 바꿀 수 있다. 월삭이 사람을 위하여 있는가? 사람이 월삭을 위하여 있는가? 이러한 것은 모두 하나님께서 우리를 위하여 주신 것이지 절대로 이러한 절기를 위하여 우리가 있는 것은 아니라는 사실과 이러한 사실을 이해할 때, 율법에서 얽매이지 않고, 진정한 기독교의 자유를 이해할 수 있는 것이다. 기독교인의 자유라는 것은 단순히 규칙과 규범에 의해 욕망을 억제하는 것으로부터 오는 것이 아니다. 오히려 그리스도 안에서 하나님의 법을 주신 본질을 깨닫고, 그리스도의 놀라운 능력을 통한 선한 삶을 시작하는 것이 바로 기독교의 진정한 안식의 시작이라고 생각한다.

6. 칠칠절

칠칠절(또는 맥추절 또는 오순절)이라는 절기는, 유대인의 3대 절기 중 하나이며, 7주간의 기간, 즉 49일 그리고 50일째의 오순절이라고도 불리는 절기다. 그 시작은 이스라엘의 추수와 관련된 절기이며 이웃과 나누라는 의미를 가지고 있지만, 신약시대를 사는 그리스도인에게는 오순절 성령 강림이 떠오르는 것은 당연한 일이다. 중요한 것은 오순절이 우리에게 주는 교훈인데, 그것은 먼저 하나님을 아는 일에 최선을 다하라는 것이고, 그분이 어떤 존재인지 알기를 힘쓰며, 이웃을 섬기는 일로 발전해야 된다는 것이다.

오순절이 맥추절로 불린다는 점에서 알 수 있듯이 맥추, 즉 칠칠절은 처음 보리가 익는 절기를 나타내며, 밀의 첫 수확물을 하나님께 드리던 축제일을 가리켰다.

> 26. 칠칠절 처음 익은 열매 드리는 날에 너희가 여호와께 새 소제를 드릴 때에도 성회로 모일 것이요 아무 노동도 하지 말 것이며
> —민수기 28장

이를 통하여 우리는 칠칠절이라는 절기가 추수한 첫 곡식에 대해 하나님께 감사드리는 것으로 정리할 수 있으며, 이는 지금까지도 전해지는 추수감사절과 어느 정도 같은 맥락을 유지한다고 볼 수 있다. 칠칠

절은 큰 맥락에서 보면, 근본적인 취지는 초실절과 크게 다르지 않다.

칠칠절은 맥추절이라고도 부른다 했는데, 유월절에서 맥추절이 되기까지는 7주 정도의 시간이 필요하다. 곧 7주간의 기간이 되는 날 지키는 절기로서, 날수로는 49일째 되는 날에 맥추절을 지킨다고 해서 칠칠절이라는 이름이 붙여진 것이다.

예수님 당시에 유대인들은 예루살렘에 유월절이 되면, 모두 모여야 했는데, 교통수단이 발달하지 않았기 때문에 유월절에 맞추어 예루살렘을 찾았던 사람들이 자신의 거처로 돌아갔다가 다시 50일 후에 오순절에 맞추어 예루살렘으로 오는 것은 불가능했다. 그래서 유월절에 맞춰 예루살렘을 찾았던 사람들은 오순절에 모두 모이라고 하는 율법을 어기지 않기 위해 오순절까지 예루살렘에 머물기도 했다. 예루살렘에 머물러 기도하던 102명의 사람들이 성령님께서 임하여 방언으로 말하기를 시작하며, 성령의 충만함을 받았던 때가 바로 이때였다.

일반적으로 유월절은 예수 그리스도의 '죽으심'을 상징하며, 초실절은 예수 그리스도의 '부활'을 그리고 오순절은 성령의 '임하심'을 나타낸다. 이렇게 절기는 우리 그리스도인들과 크게 상관이 없는 듯하나, 우리에게 그리스도의 예언을 성취하심과 그 표상을 보여주고 있는 것이다.

7. 초막절

초막절은 장막절, 수장절 등으로도 불리며, 대속죄일이 끝나고, 집집마다 망치를 두드리는 것으로 시작한다. 출애굽기 23장 16절을 기반으로 하는 이 절기는, 이스라엘 조상들이 애굽 땅에서 나와서 40년 동안 장막에서 살면서 방랑하던 유목 생활을 기억하며 지키라는 절기라고 할 수 있다.

14. 너는 매년 삼차 내게 절기를 지킬지니라

15. 너는 무교병의 절기를 지키라 내가 네게 명한대로 아빕월의 정한 때에 칠일동안 무교병을 먹을지니 이는 그달에 네가 애굽에서 나왔음이라 빈손으로 내게 보이지 말지니라

16. 맥추절을 지키라 이는 네가 수고하여 밭에 뿌린 것의 첫 열매를 거둠이니라 수장절을 지키라 이는 네가 수고하여 이룬 것을 연종에 밭에서부터 거두어 저장함이니라

17. 너의 모든 남자는 매년 세 번씩 주 여호와께 보일지니라

18. 너는 내 희생의 피를 유교병과 함께 드리지 말며 내 절기 희생의 기름을 아침까지 남겨 두지 말지니라

19. 너의 토지에서 처음 익은 열매의 첫 것을 가져다가 너의 하나님 여호와의 전에 드릴지니라 너는 염소 새끼를 그 어미의 젖으로 삶지 말지니라

　　　　　　　　　　　　　　　　　　　　　　　－출애굽기 23장

현대의 이스라엘인들은 실제로 베란다나 길에 초막을 짓고, 밖에서 생활하면서, 이 절기를 지킨다고 한다. 그들이 그들 조상들의 역사를 잊지 않고 이렇게 실천한다는 것은 놀라운 일이 아닐 수 없다.

이스라엘이 초막절을 지키는 시기는 속죄일이 지난 다음이다. 죄를 회개하며 하나님께 용서를 구하고 제사를 드리는 속죄절과는 달리 초막절은 기쁨의 절기라고도 볼 수 있다. 즉 하나님의 용서를 확인하면서, 다음 절기인 초막절을 맞이한다는 면에서 그 의미를 이해해야 한다. 이 기간 동안 이스라엘의 사람들은 하늘이 훤하게 보이는 초막 안에서 식사를 하고 노래도 부르며 춤을 춘다. 이 기간 동안에는 서로 어울려 파티를 열고 한 주간 동안 즐거워하기 때문에 기쁨을 만끽하는 절기라고 볼 수 있다.

8. 부림절

부림절은 에스더를 배경으로 하고 있으며, 하나님의 도우심으로 기적적으로 유대인들이 살아나고, 또 반전으로 대적을 물리칠 수 있게 된 역사적 상황을 배경으로 하고 있다.

유대인들은 부림절을 다른 절기와는 다르게 세속적이며, 축제와 같은 분위기로 즐긴다. 마치 서양의 할로윈데이처럼 이스라엘 민족들이 모르드개와 에스더, 대적인 하만을 기억하고, 하만을 조롱하는 퍼포먼

스를 벌이며, 즐기는 것이다.

그들은 이 절기가 되면, 뿅망치와 같은 것으로 서로의 머리를 때리기도 하고, 삼각형 모양의 '하만타쉔'이라는 과자를 먹고 서로 교환하는데, 이 과자의 이름은 하만이 쓰고 다녔던 삼각형 모자에서 유래되었다고 한다. 이것을 다른 말로 '오젠 하만' 또는 '하만의 귀'라고 부르며, 조롱하기도 한다. 때로는 무도회에서 남자는 모르드개나 하만의 복장을 하고, 여자들은 에스더의 복장을 하며, 가두 행진을 한다.

사실 부림절이 우리 그리스도인에게 어떤 의미가 있는지는 정확하게는 알 수 없다. 다만 우리는 부림절을 통하여 성경과 밀접하게 살아가는 유대인들을 볼 수 있으며, 그들의 생활과 절기를 통하여 하나님과 동행하는 삶에 대하여 한 번쯤 생각해보는 것도 좋을 것이라 생각한다.

9. 속죄일

나에게 이스라엘과 속죄일 하면, 일단 떠오르는 것이 중동전쟁이다. 그 이유는 중동전쟁 때 중동의 국가들이 이스라엘이 속죄일에 절기를 지키는 것을 노리고, 그 시기에 맞추어 전쟁을 일으켰기 때문이다. 바로 욤 키푸르라는 속죄일에 맞추어 전쟁이 일어났기에 욤 키푸르 전쟁이라고도 한다. 그전까지의 전쟁은 모두 손쉽게 이길 수 있었지만, 이 전쟁만큼은 아무도 노동을 하지 않는 속죄일에 일어났기에, 이스라엘에게도 막대한 피해를 끼친 전쟁이었다. 관공서는 물론 대중교통도 운행하지 않았기 때문에 전쟁에 빠르게 대처할 수 없었던 것이다. 이날이 유대인들에게 얼마나 성스러운 절기였는지 그들은 죽음과도 바꿀 만큼 지키려 노력했고, 절기가 끝나자마자 신속하게 전쟁에 임하였다.

실제로 이스라엘의 모든 절기 가운데 가장 엄숙하고, 성스러운 절기를 꼽으라면 속죄일이라고 할 수 있다. 이날은 죄 사함을 받는 대속의 날이라 칭해진다. 1년에 한 번 있는 날이기에 매우 중요시되는데, 우리나라에서는 대략 9월말에서 10월 초에 해당된다. 신년이 시작됨과 동시에 10일 정도의 회개의 시간을 갖게 되는데, 그 마지막 날이 바로 속죄일이다.

그리스도인들과는 다르게 유대인들은 아직도 토라를 사용하기에 그들에게 있어 속죄일은 매우 중요하다. 우리 그리스도인들이야 예수님께서 이미 우리의 모든 죄를 사하여 주셨으니 상관이 없지만, 예수님을 믿지 않는 유대인들에게는 1년에 한 번 있는 속죄의 기회를 얻는 날이기에 중요하지 않을 수 없다. 그들은 이날에는 먹지도 마시지도 목욕을 하지도 신발을 신지도 않는다. 아무것도 하지 않는다. 다만 이날 가장 분주한 것은 대제사장이다. 속죄일에 제사를 드리는 것은 제사장의 몫이기 때문이다. 유대인들에게 이날은 많은 의식과 예배가 있는 날이라고 볼 수 있다.

하지만 그리스도인들은 이 의식들과 관계가 없다. 우리에게 있어서 죄를 속해 주시는 유일한 속죄의 근거는 오직 예수님의 피밖에 없기 때문이다. 우리에게 속죄일은 예수님을 나타내기 위한 그림자라고 볼 수 있다. 대제사장들은 매년 성소에 들어가야 했지만, 예수님께서는 단번에 하늘의 성소에 들어가셨음을 우리는 알고 있기에, 속죄일을 예수님의 대속의 그림자라고 생각하며 바라보는 것이 옳을 것이다.

1년에 한 번 있는 대속의 날인 속죄일은 우리에게는 매년 반복되어야만 하는 미완성의 제사라는 이미지지만, 유대인들에게는 매년 고대하고, 기다리는 절기임을 이해할 수 있다.

우리는 이를 통해 예수님께서 우리를 위해 피흘리심으로써 다시는 제사할 것 없음이 얼마나 의미 있고 감사한 은혜인지를 되돌아보아야 한다. 유대인들과 그 의미는 다르지만 우리 그리스도인들에게도 다른 의미로 속죄일은 의미가 있음을 다시금 생각해보아야 할 것이다.

우리가 선하게 사용하기 전에는 어떤 것도 선할 수 없다

- 윌리엄 템플

이단과 영지주의: 다른 길을 구분하는 법

32. 진리를 알지니 진리가 너희를 자유케 하리라

– 요한복음 8장

내가 태어나 살아가는 대한민국에는 많은 종교들이 있다. 기독교와 천주교, 불교와 토착종교 그리고 그 외에 다양한 종교들이 서로의 진리를 주장하며 공존한다. 기독교 하나만 봐도 기독교라는 종교 안에 수백 개의 교단이 존재하고, 교단 내에서도 교리에 의하여 여러 분파로 갈려 있어, 실제로 기독교 내의 정확한 교단 수를 세기란 불가능하다고 생각한다.

이렇게 많은 수의 교단 내에서 진주와도 같은 바른 말씀을 전하는 교회를 찾는 것은 영혼에 관련된 중요한 일이라고 할 수 있다.

우리는 쇼핑을 하다가 잘못 물건을 사는 경우가 있는데, 그런 경우는 환불이나 교환을 통하여 쉽게 문제를 해결할 수 있다. 그러나 종교는 쇼핑이 아니며, 자신의 신념과 생명까지 거는 만큼 우리의 인생에서 차지하는 비중은 상당하다. 그렇다면 수많은 기독교의 교단 내에서 잘못된 교리를 가지고 있는 곳도 많은데, 어떻게 그것을 구별하며, 하나뿐인 나의 소중한 영혼을 천국으로 인도할 올바른 믿음을 가진 교단을 알고 선택할 수 있을까?

선택은 본인의 몫이다. 하나님께서는 우리 영혼에 자유의지를 허락하여 주셨고, 하나님을 믿고 안 믿고도 본인이 선택하듯이 올바른 말씀을 찾아가는 것도 당연히 본인의 몫인 것이다. 물론 우리가 하나님께 길을 구하고, 간절하게 기도한다면, 하나님께서는 반드시 옳은 길을 보여주실 것이다. 모든 인간이 한 번 죽는 것은 정해진 것이라고 하나님께서는 말씀하셨고, 그 후에는 천국과 지옥을 나눌 심판이 있다고 하셨다. 아마도 지옥에 가고 싶은 사람은 한 명도 없을 것이다. 누구나 하나님의 복음을 듣고, 천국에 가길 원할 것임은 당연한 일이다.

27. 한 번 죽는 것은 사람에게 정하신 것이요 그 후에는 심판이 있으리니
— 히브리서 9장

성경의 말씀을 통하여 거듭나, 죄 사함을 받고, 천국에 들어가는 것이 어려운 일은 아니다. 다만 어려운 것은 인간의 부패한 마음이 자신을 낮추어 하나님을 찾는 과정에 있다. 마음이 높아져서 자기 자신을 낮추지 않으며 하나님을 찾지 않는 상태의 누군가가 전도되어 거듭나

게 된 경우는 지금까지 한 번도 본 적이 없다. 이렇게나 쉬우면서도 어려운 복음은 성경을 통해 핵심으로 전해져 내려왔는데, 예로부터 이런 순수한 복음에 항상 무언가 덧칠하여 잘못된 믿음을 끼워 넣는 사단의 역사가 존재해 왔다.

우리는 기독교의 바른 교리에 몇 가지 잘못 덧칠된 것들을 찾아냄으로써, 옳은 복음과 잘못된 복음을 구별해 낼 수 있다. 장황하게 교리에 대한 설명을 듣는 것보다는 중요한 기본이 되는 몇 가지 덧칠된 증거를 찾아내어, 옳고 그름을 분별할 수 있는 능력을 기르는 것이 중요하다.

그렇다면 사단이 관여한 덧칠된 증거란 무엇일까? 기독교의 모든 이단에는 예외 없이 들어가 있는 이 덧칠된 증거는 그럴 듯하고 올바른 것처럼 보이지만, 정확하게 그 뿌리를 알게 된다면, 잘못됨을 구별하는 것이 그다지 어렵지는 않다. 여기에서는 바른 복음과 이단을 구별해 내기 위하여 그 뿌리를 한 번 되짚어 보려고 한다.

한자로 이단異端은 끝이 다르다는 것이지만, 교회에 이단이 들어온다면 끝만 다르게 되는 것이 아니라, 전체가 달라져 버린다. 바른 믿음을 찾기 위해서는 덧칠된 증거를 알아보는 것이 중요하다.

먼저 덧칠된 증거라 칭한 존재의 뿌리를 거슬러 올라가 보면, 항상 모든 이단의 기본에는 영지주의가 있음을 알 수 있다. 영지주의란 영어로 Gnosticism이라 하며, 특별한 영적인 지식을 추구하는 것을 의미한다. 물론 영적인 지식을 추구한다고 하여 무조건 영지주의이며, 이단이라 말할 수는 없다. 하지만 영지주의의 영적인 지식은 말 그대로 특별한 영적인 지식의 추구이며, 그것을 구별하는 몇 가지 특징이 있다.

영지주의를 자세하게 알기 위하여, 먼저 그 세계관과 역사부터 알아보는 것이 좋다. 영지주의의 세계관에는 플레로마(pleroma, 충만)라는 영적세계가 있다. 일단은 충만한 세계가 있고, 그 중앙에는 Supreme god이 있다. Supreme god은 남성/여성/중성도 아닌 전체를 다 소유한 신으로, 그것이 발산하기 시작한다. 이것은 신플라톤주의적 발산인데, 플라톤은 편만한 이데아가 충만하기 때문에 발산한다고 설명했다. Supreme god은 이온(aion)을 발산한다. 이온은 짝을 이룬다. 진리(여성)라는 이온이 발산하면, 짝이 되는 이성이 발산(남성)한다고 보았는데, 남녀가 짝을 이루며 30~365개의 이온을 탄생시킨다고 했다. 그중 마지막 이온은 소피아(지혜)이다. 소피아는 여성인데, 짝이 되는 남성이 없다. 소피아는 남성이 없고, Supreme god에게서 가장 멀기 때문에 외로움에 조물주(demiurge)를 만든다. 영지주의자들은 구약성경의 하나님을 조물주로 보았다. 자신의 뿌리였던 supreme god이 발산한 것처럼, 그것은 세상을 창조한다. 그리고 사람을 창조한다.

영지주의자들은 사람들이 살고 있는 세상은 사생아적인 원인에서 만들어졌기 때문에 이 세상을 근본적으로 죄악 자체라고 보았다. 소피아가 Supreme god의 허락도 없이 아들을 낳고, 세상을 만들었기 때문이다. 그러므로 이 세상에 태어난 사람들은 죄악, 즉 원죄를 가지고 태어난다.

그럼에도 사람은 Supreme god의 자녀이기 때문에, 충만한 세계의 씨앗을 가지고 있고, 씨앗이 자라는 데는 죄악된 세상을 없애야 하는 선결 조건이 필요하다. 결국 그들은 이 씨앗이 자랄 수 있도록 금욕을 통해 이 세상의 성질을 없애려 한다. 인간의 힘으로 금욕을 하기 힘드니, 인간들이 Supreme god에게 외치기 시작한다. Supreme god은 이성과 진리의 아들 예수님을 인간에게 보낸다. 예수님을 통해 인간은 비로소 금욕하는 힘을 얻고, Supreme god에게 나아갈 힘을 얻게 된다.

이렇듯 영지주의적 세계관을 보게 되면, 기독교의 세계관과 비슷해 보이지만 사실은 잘못된 것임에 틀림없다. 그리고 정말 무서운 점은 영지주의적 관점을 가진 이단들이 세계관에 대하여 자세히 알거나 또는 그것을 말하는 경우는 없이, 교묘하게 기독교와 비슷한 부분을 공략하여 사람들을 유혹하는 데 있다.

옛날 나치의 선전장관이었던 괴벨스는 '거짓과 진실의 적절한 배합이 100%의 거짓보다 더 큰 효과를 낸다'고 말하였다. 실제로 로마와 그리스에서 마니교와 조로아스터교의 형태로 존재했었던 영지주의적 세계관은 기독교가 로마에 퍼지게 되면서 교묘하게 거짓과 진실을 배합하여 그럴 듯한 세계관으로 재창조된다. 이러한 영지주의는 초대 교회에서 펠라기안과 많은 교부들에게 영향을 미쳤는데, 그 사상은 기독교 역사에서 정통과 맥을 함께 하며, 지금까지 이어져 내려와 사람들의 머리에 잘못된 생각을 심고 있다.

앞에서 언급했듯이, 사실 영지주의적 세계관은 허무맹랑하여 성경을 제대로 아는 사람들에게는 그다지 끌릴 만한 내용은 아니다. 하지만 그런 세계관이 초기 교회의 교부들에게 영향을 미치며, 세 가지 영지주의적 특징이 전해지게 되었는데, 문제는 바로 이 세 가지 영지주의의 특징에 있다. 따라서 우리는 영지주의의 특징 세 가지를 확인해봄으로써 영지주의를 구별하고 잘못된 이단을 구별할 수 있다.

영지주의의 첫 번째 특징인 카리스마(Charisma)주의는 은사주의를 강조한다. 그리고 두 번째 특징으로 금욕주의와 이원론이 있으며, 상상(imaginary)이 영지주의의 마지막 특징을 차지한다. 조금만 생각해보면, 이 세 가지는 기독교의 복음에서 가장 치명적인 영향을 끼칠 수 있는 것들이다.

먼저 카리스마, 즉 은사주의부터 알아본다면 카리스마주의는 은사를 중요시하고, 엘리트 의식을 가진다. 예를 들면, 먼저 한 사람이 하나님께 특별한 사랑을 받고 있고, 본인이 열심히 헌신하여서 복을 받았다고 주장한다. 그래서 그는 다른 사람은 열심히 하지 않아서 복을 받지 않았다고 말하며, 작정기도같이 특별한 기도를 해서 은사를 받고 싶어 하는 경향이 있다.

그들은 주님의 뜻을 알고 싶다면서, 특별한 기간을 통해서 무언가를 하고 싶어 하고, 외형적인 것을 통해 특별한 무언가 은사(방언, 예언, 병 고침) 같은 것을 기대한다. 특히 기도를 통하여 기적과 병을 고치는 능력과 같은 은사를 받으려는 사람들이나 횡재하려는 사람들 그리고 작은 노력으로 성실한 사람들을 따라잡고 싶어 하는 욕망을 갖고, 이를 행위를 통하여 이룸 받으려 한다면, 바로 그것을 카리스마주의라고 할 수 있다.

조금 더 쉬운 예를 들자면 그리스도인으로서의 삶은 제대로 살지 않으면서 예배 시간에 찬송을 좀 열심히 하면 복 받을 것이란 생각, 영어를 못하는데 공부를 해서 따라갈 생각은 하지 않고 기도로 영어를 잘하게 해 달라고 하는 것들이 바로 카리스마주의, 즉 은사주의인 것이다.

은사주의는 하나님께 특별한 은사를 받는 것에서 끝나지 않는다. 그들은 은사를 통하여 계급을 나누며, 그것을 통하여 자신이 하나님의 은사를 받은 특별한 존재임을 과시한다.

은사주의의 좋은 예는 가톨릭이라고 볼 수 있다. 중세시대에 가톨릭의 수도원운동이 벌어지면서, 영지주의가 가톨릭에 스며들게 되었고, 초대교회에서는 다 같은 형제이면서 그중에 다스리는 장로를 뽑던 평등한 위치에서 점차 사제의 계급화가 나누어지게 되었다. 로마의 감독은 권력과 결탁하여 자기 자신을 다른 지역의 감독과는 차별되는 팝, 즉 교황이라 부르기 시작하였고, 지금도 가톨릭에는 신부와 주교, 추기경, 교황 등 사제들의 계급화가 명확하다.

　제대로 된 성경적인 교리에 따르면 사제의 계급화는 절대 옳지 않다. 다만 가르치는 장로와 다스리는 장로로서 다 같은 형제자매나 자신의 은사에 따라 맡은 역할이 있을 뿐이다. 교회 내에서 교사가 가르치는 직분을 맡았듯이 장로와 집사는 교회를 운영하는 은사를 받은 자들이고, 지금의 목사 직분은 성경의 하나님의 말씀을 잘 풀어서 성도들에게 양식으로 공급하는 것이 그 일인 것이다. 하지만 영지주의적 개념이 스며든 가톨릭에서 과연 사제와 평신도가 같은 계급이라고 볼 수 있을까? 신부는 평신도의 고해성사를 통하여 그들의 죄를 사하여 주는 엄청난 일까지 담당한다. 이미 가톨릭에서 사제의 계급화는 돌이킬 수 없는 강을 건너고 만 것이다.

　영지주의의 두 번째 특징이라 말할 수 있는 것은 금욕주의와 이원론이다. 금욕주의는 금욕을 통하여 하나님께 무언가를 하려는 행위를 지칭한다. 초대교회의 오리겐은 금욕주의의 원형이라 볼 수 있는데, 오리겐이 문제라기보다는 오리겐의 사상을 정리한 에바그리우스가 문제다. 그는 오리겐주의(Origenism)를 만들어 냈는데, 그것은 궁극적인 신앙의 경지는 하나님과의 연합이며, 연합을 하기 위해서는 조명을 받아야 하고, 조명을 받기 위해서는 정화를 받아야 한다고 주장한다. 즉 정화에서 조명으로 그리고는 하나님과 연합을 이루어야 한다는 것이다. 그의 의견에 따르면, 정화를 방해하는 것은 악행이다. 악행을 없애야 깨끗하게 된다는 것이다. 그리고 그는 악행을 없애는 것에만 집중했다.

에바그리우스는 8가지 악행을 선정하고, 이러한 악행을 없애기 위해 금식을 해야 한다고 주장했다. 폭음, 폭식, 게으름, 정욕, 탐심, 시기 등을 없애면 악행이 사라지고, 정화가 된다고 보았다. 이런 마음을 억제해야 하는데, 이러한 것들은 상대적인 것이라 명확하게 정의할 수 없다. 그 해결책으로 금식을 제시한 것이다. 힘이 없으니, 죄를 못 짓는다는 것이 그의 논리였다.

우리는 죄성 가운데 태어났는데, 그는 영지주의에 빠져 죄에만 집중하고, 죄를 짓지 못하는 것에만 집중을 하였다. 금욕주의를 조금 더 잘 이해하려면 중세의 수도사들의 삶을 살펴보면 된다. 특히 그 당시의 남성 수도사들은 평생을 성과 같은 수도원에 자신을 가두고, 금욕주의에 입각하여 여자는 근처에도 오지 못하게 하며, 죄를 지었다고 생각하면 스스로를 채찍질하는 등 일생을 죄를 피하려 애쓰며 살았다. 그렇다고 그들이 정말 죄를 짓지 않았을까? 그렇지는 않다. 그들의 탐욕과 동성애는 지금도 유명한 일화들로 남아있으며, 이미 예수 그리스도께서 우리의 모든 죄를 다 담당하셨는데, 그것을 깨닫지 못하고, 어떻게 해서든지 금욕주의로 자신의 죄를 스스로 담당하려 한 것은 참으로 안타까운 일이 아닐 수 없다.

금욕주의와 더불어 생긴 것은 이원론(dualism)이다. 우리의 생각 속에 이원론적인 사고가 있으면, 그것은 영지주의가 된다. 이원론에서 이 지상의 궁극적인 존재는 '선(빛)-하나님'과 '악(어둠)-사탄'이다. 그렇기 때문에 그들은 악을 없애면, 선은 승리한다고 믿는다. 선과 악이 대립적이니, 악만 없애면 된다는 생각을 한다. 즉 선에는 관심이 없고, 악을 없앨 생각만 하게 되고, 이 과정에서 수단과 방법을 가리지 않는다. 그런데 성경을 잘 아는 그리스도인이라면, 실제로 이원론은 영지주의적 세계관에서 선과 악의 대결 구도라는 발상에서 나온 것임을 알 수 있다. 그렇다면 올바른 성경적인 생각은 무엇일까?

성경에서는 선과 악도 모두 하나님께 속해 있고 하나님께서 나누신 것이라 말씀하신다. 태초에 빛과 어둠을 나누셨듯이 선도 악도 모두 하나님의 아래에 있는 것이지 절대 하나님은 선이시고, 악은 사단이 아닌 것이다. 잘못 생각하면, 우리는 사단이 의도한 바대로 선과 악의 구조로 성경을 이해하여, 사단을 하나님과 대항할 수 있는 만큼의 존재로 올려놓는 우를 범할 수도 있다.

마지막 영지주의의 특징은 상상(imaginary), 즉 사색이다. 영지주의는 성경에도 없는 것을 상상해서 만들어 낸다. 특히 학문을 하는 사람에게서 쉽게 찾아볼 수 있는데, 어떤 학자들은 자신이 연구하는 것에 있어서 유사성이 있으면, 연관이 있는 것으로 보는 오류를 저지른다. 비슷하다고 관련이 있는 것은 아니다. 연관성을 가지려면, 직접적인 증거가 있어야 하는데, 때때로 그들은 자신의 학문적 자아와 오만에 사로잡혀 상상을 통해 근거도 없는 것을 만들어 내기도 한다.

이런 영지주의의 상상은 곧 우상과 관련된다. 진리에 대하여 탐구하던 프란시스 베이컨은 그의 저서 『수상록』 1장을 통하여 진리론 부분에서 다음과 같은 내용을 담고 있다.

사람들은 진리를 알기를 원하지 않는다. 진리를 알게 되면 자신의 정체가 드러나기 때문이다. 사람들이 진리를 알기 어려운 것은 4가지 우상이 있기 때문이다.

1. 민족의 우상: 학벌, 가문 등, 내가 한 것이 아니지만 내가 속한 부류의 것을 통해 자부심을 가지는 것
2. 동굴의 우상: 자기 혼자 생각하는 사람
3. 시장의 우상: 소문만 듣고 판단하는 사람
4. 극장의 우상: 착각 속에 빠진 사람

이런 우상, 즉 자기 자신만의 상상을 가지고 있는 사람은 진리를 파악하는 것이 어렵다. 자기 상상에 빠져 착시 속에 빠지기 쉽고, 다른 이의 의견은 귀를 기울이지 않으며, 근거를 제시해도 들을 마음조차 없기 때문이다.

지금까지 영지주의의 세 가지 특징인 은사주의와 금욕주의 그리고 상상에 대하여 살펴보았다. 정리하면, 은사주의는 교회 내에서 사제나 형제자매간의 계급화를 불러오고, 자기 자신이 직접 하나님과의 소통을 통하여 무언가를 얻으며 특별하다는 취급을 받음으로써 다른 사람들의 신앙을 무시하게 만든다. 그리고 성경을 통한 복음의 말씀으로 성령님과의 교제가 아닌 기적을 통한 직접적인 은사를 추구함으로써 올바른 복음을 인식하지 못하게 한다.

금욕주의는 예수 그리스도를 통한 죄 사함이 아닌 새벽기도나 헌금 또는 자신만의 어떤 행위를 통하여 선과 악을 나누고, 하나님께 나아가려는 행위라고 볼 수 있다. (물론 새벽기도 자체가 나쁘다는 말이 아니다. 행위로 하나님께 자신의 의를 주장한다면, 그 자세가 잘못되었다는 것이다.) 이것의 폐해는 하나님의 의를 따르는 것이 아닌 자신의 의를 내세워 전적인 하나님의 은혜를 받아들이지 못하고, 끊임없이 자신의 자아를 내세우는 데 있다.

상상(imaginary)은 믿음의 근거가 성경이고, 올바른 그리스도인이라면 성경의 근거를 바탕으로 하나님의 말씀을 믿고 들으며 받아들여야 하는데, 자신만의 우상과 상상에 갇혀 말씀을 제대로 받아들이지 못하고, 진리를 외면하게 되는 것이 문제라고 볼 수 있다.

초자연적인 현상이나 기적을 추구하는가? 직분을 가지고, 형제자매를 나누며, 다른 이의 신앙을 판단하는가? 새벽기도를 많이 하거나 헌금을 많이 하고 교회를 여럿 세워 집사나 장로의 직분을 가짐으로써 그 직분이 나의 이름을 높여 주고 천국에 갈 수 있게끔 만들어 준다고 생각하는가? 성경에 근거를 두지 않은 채, 무조건 내가 하는 행동이나 기도는 하나님의 계시를 받았다고 생각하는가? 하나님과의 소통을 하는 방법이 성경 외에 다른 것들로도 가능하다고 인식하는가? 성경에 근거를 두지 않고, 확실하지는 않지만, 나만의 어떤 상상(귀신론, 윤회사상, 진화론)으로 인해 성경의 진리를 받아들이지 못하는가? 지금 말한 것들은 모두 지금 이 시대에 우리가 접할 수 있는 영지주의의 유산이다.

그 옛날의 영지주의는 이렇게 아직도 우리에게 시대 상황에 따라 옷을 바꿔 입으며 전해져 내려와 올바른 신앙을 완성하는 데 해를 끼치고 있다. 영지주의가 존재하지 않는 완전한 진리의 지식을 갖는 것은 실질적으로 불가능하겠지만, 영지주의가 모든 이단의 근거가 됨을 파악하며 그 정체를 알고 신앙생활을 한다면, 적어도 이단에 휘둘릴 일은 없을 것이라 생각한다.

영지주의는 교묘히 교회에 들어와 예수 그리스도를 무너뜨리려고 한다. 지금도 그들은 성경으로 사람을 변화시켜야 하나, 심리학과 같은 사상으로 사람을 변화시킬 수 있다고 말하며, 세상의 과학으로 인간을 변화시킨다고 하여 기독교를 좀먹고 있다. 이러한 영지주의 사상의 바탕은 넓게는 기독교에 반대하는 문학작품들로 나타나고 마술, 최면, 참선 등을 사용해 신과 연합할 수 있다고 주장하는 여러 잡종교로도 분화한다. 그들은 과거에는 금욕으로 능력을 인정받았으나, 이제는 신과의 연합을 과학으로도 할 수 있다고 주장한다. 우리는 이 시대에 심리학과 과학으로 다가오는 영지주의를 분별해야만 한다. 또한 영지주의는 뉴에이지(New Age movement)로도 나타나고 있으며, 뉴에이지 운동의 핵심은 사람이 신이 될 수 있다는 것이다. 그 말은 불교의 사상처럼 누구나 신이라는 주장이며, 바로 범신론인 것이다. 지금 내 주위에도 그 본질은 알지 못하고, 뉴에이지 음악이나 명상을 즐기는 사람이 수없이 많다.

마지막으로 같은 복음 내의 태도에 대해서도 언급하고자 한다. 수많은 교단이 난무하는 세상에서 참된 그리스도인으로서의 올바른 태도에 대하여 말하고 싶은 것이다. 예전에 성남에서 직장이 있던 건물에만도 두 개의 교회가 있었다. 조금은 웃기면서도 서글픈 일은 두 교회가 우리나라에서 가장 크다는 같은 교단임에도 서로를 이단이라 칭했다는 것이다. 전도를 하러 다니시는 분들과 이야기를 나누어 보면, 자신의 생각과 조금만 달라도 이단이라 칭하는 경우도 종종 있었다. 그것이 정녕 그리스도인으로서 올바른 태도일까?

예수님의 죄 사함에 대한 복음의 본질이 일치한다면, 비본질적인 세례의 방식이나 예배의 다른 교리적 해석 등은 같은 그리스도인으로서 사랑으로 이해하고 감싸주어, 이단 논쟁으로 서로에 창을 겨누어서는 안 된다고 생각한다. 어거스틴은 '모든 것에는 사랑을'이라 말한 바 있는데, 그 의미는 예수님께서 우리를 사랑하셨듯이 우리도 서로 사랑하라는 말이다. 믿음, 소망, 사랑 중에 무엇이 최고란 말인가? 예수님이 무엇으로 우리를 대신하여 죽으셨단 말인가?

하나님의 이것이 없었다면, 우리는 다 지옥에 떨어질 죄인들인데 도대체 하나님의 무엇이 우리를 천국으로 인도했단 말인가? 모두가 알다시피 그것은 '사랑'이다. 형제자매가 밉고 누군가가 증오스럽게 느껴진다면, 예수님을 생각하자. 그분이 먼저 보여준 사랑을 생각해보자. 그런 깊은 사랑을 받은 내가 마음속에 미움과 증오를 키운다는 것이 과연 옳은 일일까? 이단에게는 명확하게 아니라고 말해야 하지만, 본질(복음)이 같은 형제자매들에게는 배척이 아닌 관용과 사랑의 교제가 필요할 것이다.

10. 사랑은 여기 있으니 우리가 하나님을 사랑한 것이 아니요 오직 하나님이 우리를 사랑하사 우리 죄를 위하여 화목제로 그 아들을 보내

셨음이니라

11. 사랑하는 자들아 하나님이 이같이 우리를 사랑하셨은즉 우리도 서
　　로 사랑하는 것이 마땅하도다

- 요한일서 4장

본질적인 것에는 일치를 비본질적인 것에는 자유를 모든 것에는 사랑
을…….

– 어거스틴

삼위일체: 하나님은 어떤 분이신가?

6. 또한 하나님의 말씀이 폐하여진 것 같지 않도다. 이스라엘에게서 난 그들이 다 이스라엘이 아니요

—로마서 9장

이 글을 쓰면서 가장 다루기 어려웠던 부분은 삼위일체에 관한 내용이었다. 기독론과 이어지면서 기독교의 가장 중요한 개념 중 하나에 속하는 부분인데, 실질적으로 삼위일체는 인간이 이해하는 것이 불가능하다고 할 만큼 어려운 부분이다. 그러나 내가 할 수 있는 모든 능력을 발휘하여, 이 주제를 다루어 보고자 한다.

먼저 삼위일체를 설명하기 위하여, 그 역사를 거슬러 올라가 보도록 하자. 예수님이 십자가에 못 박히신 후 복음이 전파되는 시기는 핍박의 시기였다. 이미 사도들과 속사도들이 세상을 떠난 후였기에 정통의 교리를 듣기 쉽지 않았고, 죽음에 직면하여 복음이 전파되다 보니, 훌륭한 순교자들은 많았으나, 뛰어난 지도자들을 만나기는 어려웠다. 하

지만 시간이 지나 기독교가 공인되면서 핍박이 종결된 후, 사람들이 교회당으로 자유롭게 모였는데, 핍박 시기의 여파로 사람들의 신앙에는 그 차이가 많았다. 특히 성경에서도 나와 있는 니골라당과 같이 영지주의로 하나님을 생각하는 사람들이 많았기에 살아남은 지도자들은 325년 니케아 종교회의에 모여, 참된 교리가 무엇인지 정리하게 된다. 교회의 지도자들은 니케아 종교회의를 통하여 삼위일체, 성경(사복음서), 분파들에 대해 다루었는데, 여기서 정통 교리가 정리되기 시작된다. 니케아 종교회의에서는 4대 신조를 정리하게 되는데, 이는 첫째, 니케아 신조 둘째, 아타나시우스 신조 셋째, 칼케돈 신조 넷째, 사도신조(사도신경)로서 그 핵심은 삼위일체라고 볼 수 있다.

니케아 종교회의에서 이렇게 4대 신조를 통하여 삼위일체를 설명하고, 정의하려 한 이유는 영지주의자들의 활동이 위험 수위를 넘어섰기 때문이었다. 로마의 핍박시기인 250년 동안, 앞서 다루었던 영지주의가 교회에 스며들게 되고, 영지주의자들은 어떻게 죄악된 세상에 하나님이 오실 수 있나? 반문하며 예수님이 하나님이신 것은 인정하지만, 사람이신 것을 인정할 수는 없다고 자신들의 영지주의적 관점에서 예수님을 해석하려고 했다.

삼위일체에는 영지주의적 관점뿐 아니라 여러 가지 다양한 잘못된 사상들이 끼어들게 되는데, 그 대표적인 예가 군주적 단일신론

(monachianism)이라고 할 수 있다. 이는 하나님께서는 한 분이신데, 어떻게 예수님이 하나님이 될 수 있느냐는 질문과 함께 지금까지 영향을 미치는 양자론과 양태론이라는 사상을 생겨나게 했다.

양자론이란 하나님께서 예수님을 양자로 삼으셨다는 사상인데, 이는 명백하게 삼위일체와 어긋난다. 하지만 그보다 더 큰 문제는 하나님 밑에 예수님이 있다고 생각하여, 예수님을 신이지만 저급한 존재로 취급했다는 것이다. 아리우스가 이 사상을 완성했기에 지금도 아리안주의라고 많이 지칭하는데, 진정한 그리스도인이라면, 하나님과 예수님은 삼위일체의 한 존재이시며 같은 위치에 계신 분이지, 예수님이 저급한 신이라는 개념은 받아들일 수 없을 것이다.

양태론은 하나님께서 그 형태를 바꾸어 세상에 오셨다는 것인데, 하나님께서 예수님으로 오셨다가 성령님으로 변신하였다고 설명한다. 흔히 우리가 가끔 스스로를 직장에서는 부장이자 가정에서는 아버지 그리고 교회에서는 봉사회장 등으로 설명하는 경우가 있는데, 이런 것이 양태론의 전형이라고 볼 수 있다.

정리하면, 양태론은 군주이신 하나님 한 분만 조물주로서 계신데, 성자와 성령으로 변신하는 것으로 설명할 수 있고, 양자론은 예수님은 사람이었는데, 도덕적인 삶 때문에 하나님께 양자가 되었으며, 성령은 하나님의 종이라는 식으로 설명할 수 있다.

사실 양태론은 사소한 오해에서부터 비롯된 것인데, 바로 삼위일체의 '위位'의 개념을 오해하면서 생겨난 것이다. 위라는 말은 어떻게 표현해야 되는지 문제가 되는데, 위는 라틴어로 persona라고 하며, 두 가지 의미(얼굴, 인격)가 있었다. 양태론의 아버지격인 프락세아스는 persona를 인격이 아닌 얼굴로 오해하여 양태론을 주장했다. 성부, 성자, 성령을 하나님의 마스크(얼굴)로 이해한 것이다.

그렇다면 양태론이 아닌 삼위일체의 바른 개념은 무엇일까? 분명히 삼위의 위는 세 개의 인격을 의미하는 것이다 그리고 일체는 하나의 본질을 뜻한다. 즉 하나님께서는 성부 하나님(하나님), 성자 하나님(예수님), 성령 하나님(보혜사)의 세 가지 인격을 가지고 계시나, 그 세 인격의 본질은 거룩과 같은 동일한 특징으로 설명할 수 있다. 그리고 하나님은 질서에 따라서 움직이시며, 그 질서에 따라 각기 맡으신 일을 행하시는 것이다.

우리는 성경에서 하나님의 명칭이 복수로 되어있는 경우를 찾아볼 수 있다. 하나님을 뜻하는 엘로힘이란 단어는 형태적으로는 복수형이다. 창세기에 보면 "우리가 우리의 형상대로"라고 하나님을 지칭하는 표현이 복수형으로 나와 있는데, 놀랍게도 이 단어를 받는 동사는 단수형으로 되어 있다. 주어가 복수라면 복수형 동사를, 주어가 단수라면 단수형 동사를 써야 하는데, 하나님을 지칭할 때는 분명히 주어를 복수로 썼음에도 동사는 단수를 쓴다. 이는 위에서 확인하였듯이, 하나님께서 삼위의 인격, 즉 persona를 가지신 복수의 하나님이시지만, 하나의 거룩한 속성을 가지고 계신 일체의 하나님이시기에 동사를 단수로 받게 된 것이다.

이렇게 하나님의 삼위일체를 설명할 때 분명히 성부, 성자, 성령의 하나님을 복수로 취급하지만 동사는 단수 취급을 하는데, 일반적으로 단수는 단위를 필요로 하지 않는다. 하지만 하나님을 설명하기 위해 사람들은 위(位)라는 말을 사용하여 설명하게 된다.

이 '위'라는 단어는 hypostasis(휘포스타시스, 헬라어)를 번역하여 persona(라틴어)로 설명할 수 있다. 그런데 라틴어의 경우에는 뜻이 두 가지가 되므로 이를 다시 헬라어인 hypostasis로 쓰고 이를 영어로 바꾸면 헬라어 발음을 그대로 따오게 되는데, 이 단어는 사람이 만들어 낸 단어가 아니라 성경에 쓰이는 단어다. 골로새서 3장 1절에서 "그의 영광의 본체"라는 표현이 있는데, 바로 그 본체라는 단어가 hypostasis이다. 그리고 히브리서에서도 11장 1절에서 "믿음은 바라는 것들의 실상"이라고 하는데, 실상이란 단어가 hypostasis인 것이다. 이러한 본체를 뜻하는 hypostasis, 즉 실상이라는 단어는 영어로는 property(특성)이라 쓰인다. 이는 character(성격, 특성)와는 다른 의미를 지니고 있는데, character는 드러나는 것의 묘사인 반면 property는 존재가 유일하게 가지고 있는 내적 성질로서 묘사될 수 있다.

세상에 있는 모든 존재들은 property라는 특성을 가지고 있다. 예를 들어 '우리는 사람이다'라는 말을 할 때, 여기서 '사람'은 본질이며, 사람의 특성은 그 사람만이 가지고 있는 고유한 성격이 되는 것이다. 다른 예로 믿음은 바라는 것들의 실상이라고 하는데, 믿음은 바란다는 특성을 가진다. 즉 믿음만이 가지고 있는 특성(property)은 소망이며, 믿음 안에는 항상 소망이 같이 간다.

개인적으로는 묵상을 많이 하는 부분인데, 나는 믿음의 특성이 소망이란 말을 좋아한다. 그 이유는 믿음이 있기에 하나님께 소망을 두고 산다는 것이 절실하게 와 닿기 때문이다. 어쨌든 믿음은 바란다는 특성을 가지며, 이를 통하여 우리는 인간이 믿음이라는 특성을 가지고 있기에 바라는 소망을 가질 수 있음을 알 수 있는 것이다.

이와 같이 위 단어의 어원을 통하여 우리는 하나님의 삼위가 있다는 말은 위계질서가 아니라, 특성에 있다는 것을 알 수 있으며, 이렇게 하나님의 세 가지 특성을 삼위라고 지칭한다.

먼저 성부께서는 begetting(낳는다)이라는 특성을 갖고 계신다. (그러나 특성을 가지고 하나님을 정의할 수는 없다.) 그리고 성자께서는 begotten(태어난다)이라는 특성을 갖고 계신다. 마지막으로 성령께서는 sent(보낸다)라는 특성을 가지신다. 그러나 여기서 알아야 할 것은 하나님을 특성으로 설명할 수는 있지만, 특성이 하나님이라고 할 수는 없다는 것이다. 예를 들면 '나(본인)'라는 존재는 '조휘동'이라고 할 수 있다. 그러나 '조휘동'을 '나'라고 할 수는 없는 것이다. 이는 조휘동이란 사람은 다른 사람이 있을 수도 있기 때문이다. 어떤 말로 나를 표현할 수는 있지만, 그런 표현으로 나를 나타냈다고 해서, 내가 항상 그것은 아니라는 말이다.

사실 이렇게까지 어렵게 특성을 살피는 이유는 구별하기 위함이다. (여기서 구별과 구분은 다른 뜻이다.) 구별을 하는 이유는 구별 없이는 깨달을 수 없기 때문이다. 만약 구별이 없으면, '예수님이 성부와 성자와 성령의 이름으로 세례를 주라고 하셨는가?'에 대하여 대답할 수 없다. 그리고 다니엘의 세 친구가 풀무불에 들어갔을 때 등장하는 한 인자는 누구인가에 대해 설명할 수도 없다. 하나님은 안 보이시는 분인데, 이런 경우를 설명하지 못하는 것이다. 아브라함의 기도를 들으신 분도 분명히 눈에 보이는 하나님이셨다. 그런데 하나님은 볼 수 없음을 우리는 잘 알고 있다. 즉 보이시는 분은 성자(예수님) 하나님인 것이다. 우리는 그분은 어떤 분이신가에 대한 질문을 하면서, 구별된 하나님의 모습을 보며 알아가고 설명할 수 있게 된다.

삼위일체에서의 일체라는 것은 하나라는 의미는 아니다. 이는 oneness 혹은 unity, sameness라는 말로 바꿀 수 있는데, 본질 면에서 동등하다는 뜻이다. 본질은 고유한 특성이다. 무한, 영원, 불변, 평안, 전지전능하신 하나님의 본질 면에서 성부·성자·성령의 하나님은 동일하시다. 즉, 삼위일체 하나님은 구별되는 세 가지 특성을 지니신 본질에서 동일하신 하나님이시다. 하나님은 항상 동일하게 함께 역사하시며, 성령 하나님이 우리를 감동시키시고, 성자 하나님께서 행하신 일을 기억하게 하시며, 성부 하나님을 바라볼 수 있도록 하신다. 하나님에 대한 이런 지식들은 우리의 삶을 변화시킨다.

그런 이유에서, 우리는 바르게 하나님에 대해 알기 위하여, 하나님께서 우리를 위해 스스로 아프셨음을 보이기 위하여 그리고 예수님의 본질을 알리기 위하여, 사도의 역할을 했었던 1세대들이 예수님께서 하나님이신 것을 강조했음을 알 수 있다, 마태복음 16장에서도 예수님이 하나님이시며, 하나님의 아들이라 고백하는 베드로를 만나 볼 수 있는 것이다.

13. 예수께서 가이사랴 빌립보 지방에 이르러 제자들에게 물어 가라사대 사람들이 인자를 누구라 하느냐

14. 가로되 더러는 세례 요한, 더러는 엘리야, 어떤이는 예레미야나 선지자 중의 하나라 하나이다

15. 가라사대 너희는 나를 누구라 하느냐

16. 시몬 베드로가 대답하여 가로되 주는 그리스도시요 살아계신 하나님의 아들이시니이다

17. 예수께서 대답하여 가라사대 바요나 시몬아 네가 복이 있도다 이를

네게 알게 한 이는 혈육이 아니요 하늘에 계신 내 아버지시니라

18. 또 내가 네게 이르노니 너는 베드로라 내가 이 반석 위에 내 교회를 세우리니 음부의 권세가 이기지 못하리라

19. 내가 천국 열쇠를 네게 주리니 네가 땅에서 무엇이든지 매면 하늘에서도 매일 것이요 네가 땅에서 무엇이든지 풀면 하늘에서도 풀리리라 하시고

20. 이에 제자들을 경계하사 자기가 그리스도인 것을 아무에게도 이르지 말라 하시니라

그리고 고린도후서 5장에서도 "우리가 그리스도도 육체대로 알았으나"라는 구절을 통하여 사람으로 태어나셨고, 우리도 사람이라 알았으나, 하나님이신 예수님을 강변함을 볼 수 있다.

15. 저가 모든 사람을 대신하여 죽으심은 산 자들로 하여금 다시는 저희 자신을 위하여 살지 않고 오직 저희를 대신하여 죽었다가 다시 사신 자를 위하여 살게 하려 함이니라

16. 그러므로 우리가 이제부터는 아무 사람도 육체대로 알지 아니하노라 비록 우리가 그리스도도 육체대로 알았으나 이제부터는 이같이 알지 아니하노라

가끔 예수님은 어떤 분이냐는 질문을 받게 된다. 그럴 때면 우리는 예수님의 대속과 사랑 그리고 그에 따른 예수님의 성품, 속성, 성질에

대해 이야기하게 되는데, 예수님은 하나님이시며, 사람이시라는 말은 정말로 이해하기가 어려운 것이다. 그런데 이렇게 어려운 내용을 왜 이해해야 하는 것일까? 그것은 예수님은 하나님이시며, 사람이라는 것을 통하여 우리가 예수님의 사랑과 은혜를 더 잘 이해할 수 있고, 그분의 삶을 통해 우리의 삶의 방향을 결정지을 수 있기 때문이다.

결국 우리는 하나님이시며, 사람이신 예수님이 나에게 어떤 사역을 하셨고, 어떤 영향을 끼치고 계신지 알면 알수록 진리에 대하여 더욱 깊게 그리고 넓게 알 수 있는 것이다.

삼위일체는 어렵다. 한두 번 공부해서는 설명하기도 머릿속에 그려 보기도 힘든 것이 사실이다. 그리고 삼위일체의 개념을 모른다고 해서 천국에 가지 못하는 것도 아니다. 그 이유는 우리가 천국을 갈 수 있는 것은 전적으로 하나님께서 우리를 의롭다 칭해 주시고, 우리의 죄를 예수님을 통하여 대신 사하여 주셨기에 그것을 믿음으로써 가는 것이지, 삼위일체를 알아서 가는 것은 아니기 때문이다. 삼위일체의 개념을 모른다고 해서, 지옥에 떨어진다면, 아마 이 세상에 대부분의 사람들은 천국 문의 근처에도 가지 못할 것이고, 까막눈인 우리 할머니, 할아버지들과 그 이전의 세대들도 지옥으로 갈 수밖에 없을 것이다.

본질은 예수님과 복음이다. 그리고 삼위일체는 전적으로 비본질적인 것이다. 그런데도 우리가 삼위일체를 배우는 이유는 일단 하나님을 바라보는 삶을 사는 그리스도인으로서 당연히 하나님에 대하여 알아야 하기 때문이다. 그분의 사랑을 더 잘 느끼기 위한 것이라고도 말할 수 있다. 그리고 더불어 삼위일체의 개념을 교묘하게 이용하여 비본질적인 것으로 본질적인 복음을 흠집 내어 보려는 사단의 역사로부터 자기 자신을 보호하기 위함이다.

나의 신앙은 불과 몇 년에 지나지 않지만 이렇게 게으르고, 어리석은 나도 하나님의 은혜를 알고 난 후부터는, 스스로의 신앙이 바른 것인지 끊임없이 공부하고, 되짚어보며, 지금까지 달려왔다.

하나님을 사랑하는 그리스도인이라면, 자신의 신앙을 항상 점검하며, 하나님을 알려고 노력하는 자세가 필요하다. 우리가 이 세상의 인연을 끝내고, 천국에서 하나님을 뵙는 순간에 하나님께서는 우리가 이 세상을 헛되이 보내며 살았는지, 아니면 하나님을 바라보며, 믿음을 갖고, 그에 따른 소망을 가지고 살았는지 확인하실 것이기 때문이다.

그리스도인에게 하나님은 의문부호여서는 안 되고 감탄부호여야 한다.

– 하브너

기독교와 가톨릭: 다른 길에 있는 가톨릭

12. 어떤 길은 사람의 보기에 바르나 필경은 사망의 길이니라

-잠언 14장

아주 오래 전의 이야기다. 중학교 때 교회에 나가면서, 아주 잠깐이지만 신부님이 되는 것은 어떨까 생각해본 적이 있었다. 하나님을 잘 알지는 못했지만, 하나님께 모든 것을 바치는 삶이 가치 있어 보였고, 성당을 간 것은 두어 번 정도밖에 없었지만, 신부님이나 가톨릭의 많은 상징들(천사, 마리아, 성인들)이 무언가 있어 보였다. 나중에 영세도 받고, 성당에서 봉사도 수년을 해야 가톨릭대학교에 입학원서를 넣을 수 있음을 알고는 포기해 버렸던 기억이 난다. 그 당시에 내가 다니던 고등학교는 토요일도 일요일도 없이 스파르타식으로 입시를 준비했던 학교인지라, 도무지 성당에 다닐 엄두를 낼 수 없었다.

가톨릭을 바라보면, 무언가 엄숙하다. 엄숙한 의식과 권위 있어 보이는 옷과 치장들 그리고 예배의 엄격한 순서와 사제들. 가톨릭에 몸담

지 않고, 밖에서만 바라보던 나에게 있어 그들의 모습은 개신교에 비해서 무언가 달라 보였다.

사람들은 가톨릭과 개신교(기독교)가 하나의 뿌리라고 알고 있는 경우가 있다. 또 열에 아홉의 대다수 사람들은 개신교가 가톨릭에 뿌리를 두고 종교개혁을 통하여 따로 나뉘어 나온 것이라고 아는 경우가 많다. 그것이 사실인지 로마 가톨릭에 대하여 정리하고자 한다. 먼저 로마 가톨릭과 개신교의 역사를 정리하기 위해서는 초대교회사부터 확인해봐야 하는데, 우리는 흔히 교회의 역사를 다음과 같이 분류한다.

1~6세기 초대교회사(Early Church History)

6~16세기 중세교회사(Medieval, Middle age)

16~17세기 종교개혁사(Reformation Era)

17~21세기 근세교회사(Modern Age)

초대교회사부터 어떤 일이 있었는지 정리해보도록 하자. 초대교회사의 특징이라고 한다면, 사도와 속사도 그리고 변증가들의 3단계로 나눌 수 있다.

먼저 사도는 우리가 알고 있는 유명한 신약성경 속의 인물 중에 '사도'라 일컫는 사람들이다. 대체로 예수님의 제자들과 특이한 경우로 사도 바울을 말할 수 있다. 일단 사도의 조건은 예수님의 역사에 동참하고, 부활을 경험한 사람이어야 했다. 그렇기에 예수님의 제자들은 사도의 자격을 가지고 있었고, 사도 바울은 비록 예수님의 역사를 경험하지는 못하여 사도로 일컬음 받기 힘든 상황이었지만, 나중에 회심 사건으로 인하여 예수님의 역사를 경험한 것이 성도들 사이에 인정되어 사도로 인정받게 되는 특이한 경우다. 서신서에서는 사도 바울을 멀리하는 교회의 무리들에게 특히 사도의 권위를 설명하고 내세우는데, 이는 그들이 사도 바울을 사도로서 인정하지 않았기 때문이다. 사도들은 예수님의 사역을 직접 경험하고, 말씀을 전파한 1세대 사역자들이라 할 수 있다.

사도들은 문서를 사용하지 않고, 주로 구전을 통하여 말씀을 전파했는데, 여기에는 여러 가지 이유가 있지만, 우선은 유대인들이 문서보다는 구전에 능했고(지금도 유대인들은 토라를 외우는 데 능숙하다) 사도들은 예수님의 재림이 가까웠다고 생각했기에 문서로 기록을 남길 이유가 없는 상황이었다.

그러나 시간이 지나 예수님이 부활하시고, 승천하신 지 50여 년이 지나자, 상황이 달라진다. 남은 사도들은 점점 하나씩 세상을 뜨게 되고, 예수님께서 속히 재림하리라 생각했었지만, 그러시지 않았기에 전도를 구전에만 의존하기는 힘들게 된 것이다. 이제는 속사도들의 시대가 오게 되었다.

　속사도의 대표적인 인물로는 클레멘트나 이그나티우스, 그리고 폴리캅과 헤르마스 등이 있다. 속사도는 1세대 사역자들인 사도들의 제자들이나 동역자들이었는데, 그들은 구전으로만 전해지는 복음에 한계를 느끼고, 말씀을 모아 정리하는 역할을 한다. 주로 우리가 아는 대부분의 서신서와 복음서들은 이때 속사도들에 의하여 모아지고, 편집되어 우리가 읽는 성경으로 묶이게 되었다.

　2세대인 속사도들의 일은 성경, 즉 하나님의 말씀을 모으고, 엮어 후세에게 복음을 전하는 것이었다. 이들은 로마의 박해와 순교 속에서도 묵묵히 자신의 사명을 다하여 복음을 기록하고, 엮어 후세를 위하여 일한다. 우리가 신약성경의 쓰인 연대를 보면, 대다수가 AD 50년 이후로 되어 있는데, 그 이유는 바로 위에서 언급한 사실 때문이다. 또다시 시간이 흐르면서, 이제는 조금씩 3세대 사역자들인 변증가들의 시대가 도래한다.

　영지주의와 마니교 그리고 조로아스터교와 로마의 이교 등 다른 종교를 믿던 사람들이 복음을 접하면서, 그들의 사상을 완전하게 버리지 않고, 혼합시키는 바람에 2세대 속사도들이 엮어 낸 복음 말씀들이 곡해되고, 오염되어 전파되기 시작했다.

　이에 속사도들의 제자 격인 3세대 변증가들은 복음을 정리하고 순수성을 지키기 위하여 기독교의 변증을 하기 시작한다. 그래서 우리가 삼위일체를 정리하기 위해서는 카파도키안을 접하게 되고, 은혜를 정리하기 위해서는 어거스틴을 그리고 역사를 정리하는 데는 제롬을 접하게 되는 것이다. 이들 변증가들은 영지주의와 잡종교들로부터 순수한 복음을 보존하기 위해서 각종 변론서들과 토론과 회의를 통하여 말씀을 지켜 냈고, 하나님의 역사와 함께 하려는 이들이 있었기에 지금까지 우리에게 복음이 이어질 수 있었던 것이다.

이 당시에 로마제국의 박해가 심해지면서, 교회는 점점 흩어져서 복음을 전파하게 된다. 복음은 계속 전파되었고, 각 지역의 교회들은 처음에는 박해를 피해 가정교회로 시작하지만, 점점 그 규모가 커지며, 교회당을 마련하고, 구원받은 무리들의 교회를 이루게 된다.

이렇게 규모가 커지면서 교회는 성장을 위한 운영이 필요함을 느끼게 되어 교회마다 지역의 감독을 두게 된다. 이 감독은 교회를 다스리는 감독과 장로 그리고 집사와 여러 형제자매들로 구성되어 있었다. 각 지역의 감독은 그 지역 교회의 담당자였으나, 그들의 계급이 높다거나 구별된 무리는 아니었다. 감독과 장로는 모두가 똑같은 형제였고, 단지 맡은 일이 말씀을 풀어 전하는 장로나 다스리는 장로 또는 가르치는 교사의 역할이었을 뿐이다. 즉 모든 그리스도인들은 하나님 앞에서 평등했고, 맡은 직분은 자신의 달란트에 적합 한 일이었을 뿐 높고 낮음은 없었던 하나의 교회(거듭난 이들의 무리)였던 것이다.

하지만 3세기가 넘어가면서 어떤 한 사건이 발생하게 된다. 단지 한 지역의 장로이자 감독이었을 뿐인 로마교회의 감독이 한 사건으로 인하여 힘과 권력을 얻게 되고, 타락하게 된 것이다.

조금 더 자세하게 설명하자면, AD 312년에 여러 황제(그 당시는 황제가 여러 명이었다: 동/서/정/부의 4황제) 중 한 명이었던 콘스탄틴 황제가 로마를 통합하기 위한 전쟁에서 승리하기 위하여 기독교 세력의 힘을 필요로 하면서, '불붙는 십자가의 꿈'을 꾸었다고 말하고, 전쟁에 승리한 것이다. 그로 인해 기독교는 AD 313년 밀란의 칙령에 의하여 로마에서 공인되어, 신앙의 자유를 얻게 되었다.

이때 콘스탄틴 황제는 그때까지 로마의 주 종교였던 태양신 미드라의 예배일인 일요일을 기독교의 안식일과 동일시하게 강제하였고, 미드라의 성직자들은 한순간에 기독교의 성직자들로 그 이름을 바꾸게 된다. 즉 속은 태양신을 숭배하는 미드라교인데, 겉은 기독교의 사제가 되며, 로마 교회와 뒤섞여 버리게 된 것이다. 황제는 사제들에게 법정에서의 재판 면제를 선언했고, 각종 세금과 시민의 의무도 면제하게 되면서, 로마에서의 기독교 감독은 신앙을 지키지 못하고, 급속하게 타락하고 만다. 이때부터 다른 지역의 순수성을 지키며, 복음을 전하던 지역의 교회들과 로마의 교회는 그 길을 달리하게 된다. 나중에 로마의 수도가 콘스탄티노플로 옮겨지면서, 로마의 감독은 자신의 권력을 더욱 확장하게 되고, 이미 로마 교회는 기독교가 아닌 가톨릭의 전신으로 그 모습을 드러낸다.

로마 교회는 나중에 프랑크 왕 피핀과 결탁하면서 지금의 가톨릭으로서 그 모습을 완전하게 갖추게 된다. 프랑크의 왕 피핀은 힘과 세력은 있었으나, 정통성은 없었기에 로마의 교회와 결탁하여 원하는 지역과 정통성을 공인받고, 이름을 신성로마제국이라 칭하면서, 자신의 정통성을 로마 교회를 통하여 얻으려고 했다. 로마 감독은 피핀에게 정통성을 부여하면서, 추악한 거래를 통하여 권력과 부를 얻음으로써 다른 지역의 많은 교회를 힘과 권력으로 굴복시켰다. 이때부터 로마의 감독을 팝, 즉 아버지요, 교황이라는 이름으로 다른 감독들과는 차별하여 칭하며, 가톨릭이라는 종교의 탄생을 알리게 된다.

그들은 겉모습은 예수 그리스도를 믿는 듯하다. 그러나 그 예배의 상징을 보면, 교황이 쓰고 있는 관은 바빌론의 다곤의 관인 삼중관이며, 자식을 7명 이상이나 낳은 마리아를 동정녀라 칭하며 숭배하여 본질인 예수 그리스도를 관심에서 멀어지게 만든다. 교황의 지팡이는 태양신을 상징하는 태양의 문양이 새겨져 있으며, 성경의 바벨탑에서 볼 수 있는 니므롯을 숭배하여 담무스와 세미라미스를 상징화한다. 그것은 그들의 전신이 로마의 이교였기에, 아직도 이어져 내려오는 그들만의 전통인 것이다.

가톨릭을 조금만 자세히 들여다보면, 그들의 사제의 계급화된 제도와 각종 성인들을 만들어내고, 기적을 공인하는 것은 영지주의 내의 은사주의에서 나왔음을, 그리고 가톨릭의 유명한 금욕주의 역시 영지주의의 한 특징이며, 각종 우상을 섬기는 행위를 통하여, 말로만 예수 그리스도를 믿는다 하며, 실제로는 그분의 희생을 왜곡하는 모습을 우리는 쉽게 찾아볼 수 있다.

가톨릭에서는 예수님을 통하여 구원을 받는다고 말은 하지만, 실제로는 신부에게 고해성사를 하여 예수님 외에 사람인 신부를 끼워 넣어, 그를 통해 구원을 받게 만든다. 또한 각종 십계명의 내용을 교묘히 바꾸고, 교황무오설, 즉 교황은 예수님과 같은 존재인 말씀의 대언자이니 교황의 말은 오류가 없다는 식으로 성경을 왜곡시킨다.

로마 가톨릭은 성경에도 없는 연옥의 개념을 만들어 냈고 모든 영혼들은 천국에 가기 전에 연옥에 머물러 죄를 해결해야 한다고 말한다. 연옥의 영혼들을 위하여 우리가 기부할 때, 떨어지는 돈의 소리를 듣고, 그들이 연옥에서 지내야 할 시간을 감할 수 있다고 설명하여, 그들의 탐욕을 채워줄 면죄부를 팔았다. 면죄부도 사제의 계급에 따라 나누어, 높은 계급일수록 더 많이 팔 수 있게 했다.

믿기 힘든 사실이지만, 이것은 엄연한 역사적 사실이다. 가톨릭에 다니는 것이야 본인의 종교적 자유겠지만, 그곳에서는 전통과 교리 그리고 여러 가지 상징을 통하여, 진정한 복음을 가린다는 것은 가톨릭 신자들과 이야기해보면, 명확하게 확인할 수 있는 사실이다.

오늘날 우리가 가톨릭을 로마 가톨릭이라 부르는 이유는 그들이 정당한 기독교가 아니라 로마의 이교도에서 모습만 바꿔 입었기에 그렇게 부르는 것이다. 우리는 그들의 행동을 통하여 믿음의 진위를 파악할 수 있다. 비록 로마 교회는 타락했으나, 복음의 역사는 지역의 많은 교회들을 통하여 계속 그 순수성을 유지해 나갔다.

가톨릭은 돈과 권력을 위하여 십자군 전쟁을 일으키고, 왈도파와 알비젠스 등 지역교회의 복음을 이어 받아, 순수한 복음을 유지하려던 사람들을 잡아 죽였다. 얼마나 잡아 죽였는지는 그 수를 셀 수조차 없을 정도이다. 그러는 가운데 루터와 칼빈 등 가톨릭 내부에서부터 불만을 품고, 종교개혁을 일으킨 세력과 외부에서 믿음을 유지하고 있던 복음주의자들이 등장했다. 이때서야 비로소 중세의 암흑기가 주춤해지고 드디어 개신교라는, 그때까지는 가톨릭의 박해를 피하여 수면 아래에서 조용하게 순수한 복음을 전해 오던 진정한 기독교가 다시금 세상에 그 모습을 드러낼 수 있게 된 것이다. 물론 그전에도 복음은 유지되었고, 많은 사람들이 예수 그리스도의 사랑 안에 있었다. 하지만 중세 가톨릭의 영향력에서 드디어 진정한 복음이 더욱 활발하게 활동할 수 있는 역사를 하나님께서 허락하신 것이다.

그 이후로 침례교, 장로교, 감리교, 성결교, 성공회 등 수많은 개신교 교단들이 나오게 되었다. 하지만 그들은 확연하게 성경을 기반으로 하여, 순수한 복음을 전파하려 한다는 점에서, 이교도이자 겉모습만 기독교라 할 수 있는 가톨릭과는 구별된다. 개신교에서 교단이 다르다고 하여 본질인 복음이 다르지는 않다. 침례의 중요성이나 교회의 운영방식 그리고 전도 방식에 따라 그 교단이 나누어진 것이지, 복음이 다르고, 성경이 다른 것은 아닌 것이다. 만약 성경이 다르다면, 그것은 전통적인 기독교의 교단이라 말할 수 없다. 하나님께서는 계시록을 통하여 마지막에 이렇게 말씀하셨다.

> 18. 내가 이 책의 예언의 말씀을 듣는 각인에게 증거하노니 만일 누구든지 이것들 외에 더하면 하나님이 이 책에 기록된 재앙들을 그에게 더하실 터이요
> 19. 만일 누구든지 이 책의 예언의 말씀에서 제하여 버리면 하나님이 이 책에 기록된 생명 나무와 및 거룩한 성에 참예함을 제하여 버리시리라
> – 요한계시록 22장

많은 사람들은 가톨릭과 기독교는 예수 그리스도를 믿는 같은 뿌리의 종교이고, 가톨릭에서 개신교가 나왔다고 아는 경우가 많다. 하지만 실상은 그렇지 않다. 애초부터 가톨릭은 기독교가 아니었으며, 왜

사람들이 계시록에서의 바빌론의 음녀가 가톨릭이라 말하는지를 알고 나면, 절대로 가톨릭과 기독교를 동일시할 수 없는 것이다. 가톨릭은 성경에도 나와 있는 니골라당과 같은 뿌리의 영지주의에서 나온, 처음부터 하나님의 복음을 방해하던 잘못된 세력이었다.

올바른 역사를 아는 것은 진실로 중요하다. 일본이 우리나라를 50여 년 동안 식민지로 점령했었다는 사실을 모르고, 일본을 접하는 것과 그 사실을 알고, 접하는 데는 큰 차이가 날 수밖에 없다. 하물며 우리의 영혼과 관련된 종교에 있어서라면, 그 뿌리를 명확하게 알고, 믿음의 생활을 하는 것이 중요할 것이다.

진노 아래 있는 자식과 진노의 자식 사이에는 커다란 차이가 있다.

-토마스 굿윈

*기독교와 가톨릭에 관하여 다룬 부분에 한해서는 많은 오해가 있을 수밖에 없다. 내 주변의 많은 사랑하는 지인들이 성당을 나가고, 가톨릭 교단에 몸담고 있다. 이 글을 쓰면서, 마음이 편하지 않음은 어쩔 수 없는 일이다. 나는 정말로 그분들을 아끼고 사랑하고, 이 글이 가톨릭의 역사와 잘못된 본질을 알아보려 한 것이지, 거기에서 열심히 신앙생활을 하는 분들을 폄하하려 한 것은 아님을 꼭 전하고 싶다.

지극히 개인적인 생각이지만 나는 성경 안에 모든 진리가 있다고 생각하며, 가톨릭도 조금은 다르긴 해도 성경을 공유하는 만큼 예수 그리스도의 본질을 알 수 있는 여지가 있고, 교류할 가치가 있다고 생각한다. 다만 그것은 신도의 선에서 가능한 것이며, 가톨릭의 전신과 교황제 그리고 본질을 벗어나는 것에는 동의하기 힘든 면이 있다.

　"진리가 너희를 자유케 하리라"고 말씀하신 가치를 공유하며, 사랑으로 복음을 아는 형제자매가 되기를 하나님께 간절히 기도하는 바이다.

공관복음과 요한복음:
의심에 대한 답을 주시는 하나님

16. 너희는 여호와의 책을 자세히 읽어보라 이것들이 하나도 빠진 것이
    없고 하나도 그 짝이 없는 것이 없으리니 이는 여호와의 입이 이를
    명하셨고 그의 신이 이것들을 모으셨음이라

                                                              ─이사야 34장

처음 마음을 먹고, 성경을 읽기 시작했던 때인데, 아마도 2008년 후
반이나 2009년 초쯤이었던 것 같다. 그리 오래전 일은 아닌데, 이상하
게도 아주 먼 옛 일처럼 느껴진다. 성경을 접하면서 예수님의 행적부
터 알아보고, 서신서를 읽으라는 말에 먼저 4복음서를 읽어 보기 시작
했다. 그 당시에 여러 가지 질문이 떠올랐던 기억이 난다.

모두 정확하게 기억나지는 않지만, 아직까지도 생생한 몇 가지 중 하
나는 과연 공관복음서와 요한복음서가 제대로 예수님 당시의 일을 서
술한 것이 맞는지와 왜 같은 일을 기록했는데, 서로의 기록이 다른가

이다. 어떤 사람들은 중요하지 않게 스치듯 생각하고, 넘어갈 수도 있는 문제였지만, 나는 제법 심각했었다. 같은 사건에 대한 기록이 이렇게 서로 다르다면, 과연 성경이 신뢰할 수 있는 책인가? 성경에서 말씀하시는 복음을 듣고 이해하며, 믿는 가운데 나에게 있어서 정말 중요한 것은 믿음의 근거로서의 성경의 사실성에 있었다.

물론 수년의 시간이 지난 후에 성경에 대하여 더 많이 공부하면서, 하나님의 깊은 뜻과 성경의 진리에 대해 알게 되고, 그런 의문점은 사라졌지만 그 당시의 고민은 아직도 기억에 선명히 남아있다.

공관복음서인 마태, 마가, 누가 복음과 요한복음의 내용은 조금씩 차이가 있다. 처음 성경을 접했을 때는 왜 내용이 틀린지가 마음 깊은 곳에서 제법 큰 문제였는데, 수업도 듣고 설교도 들으면서, 이제는 복음서의 겨냥하는 독자와 지향성의 차이가 예수님 당시의 일을 기록할 때 시각의 차이점을 낳았다는 것을 이해하고, 그것을 통하여 전하시려는 메시지가 있는, 더 깊은 하나님의 뜻을 바라보게 되었다.

요한복음은 예수님께서 본래 하나님의 아들로서 삼위일체 하나님의 한 분이셨지만, 처음부터 범죄한 우리 인간들을 구원하시기 위하여 대속의 희생을 치르시려 성육신하신 분으로, 우리 인간의 그리스도 되심을 나타내려는 목적을 가지고 쓰인 복음서이다. 그리고 다른 공관복음서들과는 다르게 그 독자가 디아스포라 유대인과 헬라인들이며, 예수님의 하나님이심과 그리스도임을 알리기 위하여 조금은 독특한 구성을 이루고 있다. 예를 들어 공관복음(마태, 마가, 누가)은 예수님의 사역과 생애에 초점을 맞추고 있지만, 요한복음은 구원을 위한 행적에 그 초점이 있음을 알 수 있다.

특히 요한복음은 기록의 목적을 예수님께서 하나님의 아들 그리스도이심을 믿게 하고, 구원받을 수 있도록, 말씀과 이적 중에서 특별하게 7개의 표적과 7번에 걸친 예수님의 자기 계시를 뽑아서 배열하고 있음을 알 수 있다.

그 대상이 디아스포라 유대인과 헬라인인 관계로 요한복음은 조금은 일종의 신학적 변증서의 성격을 갖고 있기도 하고, 설득의 목적을 갖고 쓰였기에 기록이 연대적 순서보다는 사건들을 중심으로 이루어져 있다. 그래서 예수님의 공생애를 중심으로 기술한 공관복음서들과는 다르게, 예수님의 가르침을 중심으로 하여 아주 길게 그 내용을 이어간다. 동시에 요한복음은 각 사건들을 사건 자체가 아닌, 이해를 위한 말씀을 시작하기 위해 도입부분으로써 사용하고 있으며, 그 말씀의 진실성을 입증하기 위한 증거자료들로 제시하고 있다.

요한복음서는 내용과 문체가 비교적 단순하고, 쉬운 형태이다. 전체적으로는 예수님께서 하나님의 아들로서 우리의 유일한 구원자가 되신다는 진리를 반복적으로 강조하면서, 그것을 입증하는 증거들은 단계적으로 하나씩 소개하는 변증서로서의 구성을 가지고 있고, 그 대상인 헬라인과 디아스포라 유대인에게 믿음을 얻을 수 있도록 맞추어져 있다.

이런 요소들로 인하여 요한복음서의 목적과 대상을 제대로 알아 공관복음서들과 요한복음서가 차이가 나는 이유와 기록의 방식이 다른지를 이해할 수 있고 아울러 요한복음의 독특성 역시 이해하게 되는 것이다.

위에서 언급한 일련의 요소들로 인하여 요한복음은 먼저 예수님께서 하나님의 아들로서 우리의 절대적인 그리스도가 되신다는 사실을 1장 1절부터 언급하고 있다.

1. 태초에 말씀이 계시니라 이 말씀이 하나님과 함께 계셨으니 이 말씀은 곧 하나님이시니라
2. 그가 태초에 하나님과 함께 계셨고
3. 만물이 그로 말미암아 지은바 되었으니 지은 것이 하나도 그가 없이는 된 것이 없느니라
4. 그 안에 생명이 있었으니 이 생명은 사람들의 빛이라
5. 빛이 어두움에 비취되 어두움이 깨닫지 못하더라
6. 하나님께로서 보내심을 받은 사람이 났으니 이름은 요한이라
7. 저가 증거하러 왔으니 곧 빛에 대하여 증거하고 모든 사람으로 자기를 인하여 믿게 하려 함이라
8. 그는 이 빛이 아니요 이 빛에 대하여 증거하러 온 자라

9. 참빛 곧 세상에 와서 각 사람에게 비취는 빛이 있었나니

10. 그가 세상에 계셨으며 세상은 그로 말미암아 지은바 되었으되 세상이 그를 알지 못하였고

11. 자기 땅에 오매 자기 백성이 영접지 아니하였으나

12. 영접하는 자 곧 그 이름을 믿는 자들에게는 하나님의 자녀가 되는 권세를 주셨으니

13. 이는 혈통으로나 육정으로나 사람의 뜻으로 나지 아니하고 오직 하나님께로서 난 자들이니라

14. 말씀이 육신이 되어 우리 가운데 거하시매 우리가 그 영광을 보니 아버지의 독생자의 영광이요 은혜와 진리가 충만하더라

15. 요한이 그에 대하여 증거하여 외쳐 가로되 내가 전에 말하기를 내 뒤에 오시는 이가 나보다 앞선 것은 나보다 먼저 계심이니라 한 것이 이 사람을 가리킴이라 하니라

16. 우리가 다 그의 충만한데서 받으니 은혜 위에 은혜러라

17. 율법은 모세로 말미암아 주신 것이요 은혜와 진리는 예수 그리스도로 말미암아 온 것이라

18. 본래 하나님을 본 사람이 없으되 아버지 품속에 있는 독생하신 하나님이 나타내셨느니라

－요한복음 1장

요한복음 1장 1절부터 우리는 삼위일체의 하나님과 예수님의 존재를 알 수 있다. 그 후에는 12장까지 예수님의 7개 표적들을 비교적 연대적 순서에 따라서 소개하면서, 서론 부분에서 제시했던 사실들을 하

나씩 입증해 나간다. 그래서 예수님의 신성, 성육신, 공생애 사역의 근본적인 목적과 하나님의 사랑, 구원과 심판, 성도의 중생과 믿음 등 예수님의 그리스도로서의 구속 사역과 관련된 내용들을 차례대로 소개한다. 그리고 이와 관련되어 있는 구약성경, 세례 요한, 예수님의 제자들과 예수님, 그리고는 성부, 성령 하나님의 증언들을 제시한다.

그 후에 요한복음서는 전체 분량의 절반 이상인 13장 1절부터 21장 25절에서 예수님의 공생애 마지막 주간인 고난 주간 한 주간 동안에 행해진 예수님의 십자가 수난과 부활과 보혜사 성령님에 관한 교훈들을 집중적으로 소개한다. 이를 통해 요한복음서의 전체 주제인 예수님이 하나님의 아들이심과 우리의 그리스도 되심을 최종적으로 강조하는 동시에 예수님의 부활 승천 후 이 땅에 남게 될 제자들의 복음 전파의 사명감을 강조한다.

일반적으로 사복음서는 예수님께서 우리의 구주가 되시는 진리의 여러 측면 중 어느 한쪽 측면들을 나누어서 집중적으로 강조한다. 그렇게 하여 함께 모여서 주 예수께서 우리의 구주이심과 예수님의 복음의 진실성을 입체적으로 확인시켜 주는 것이다.

앞에서 정리했듯이 요한복음서 역시 그 한 측면으로서 예수님께서 이 땅에 사람의 모습으로 오셔서 구속 사역을 성취하심을 나타내시며, 동시에 삼위일체의 하나님 중에 제2위 성자 하나님이심을 강조한다.

예수님께서는 이 땅에 오셔서 공생애를 사시며, 십자가의 수난을 겪으시고 부활, 승천하신 후에도 성령 강림과 교회의 설립을 주도하셨고 이 땅에서는 사람의 본성과 모습을 취하셨다. 하지만 그것은 태초 아담의 타락과 그 직후에 하나님께서 아담과 그가 대표한 모든 죄인의 구원을 위하여 인간 대신 다른 존재인 예수님을 대신 희생하는 회개를 전제로 한 구원을 이루기 위함이었다. 요한복음은 은혜의 법, 곧 구속의 법을 우리의 그리스도로서 구속 사역으로 성취하시고자 인간을 대신하는 제물이 되시고, 인간의 몸으로 성육신 하신 예수님을 기록하며, 근본적으로는 제2위의 성자 하나님이심을 강조한다.

결국 요한복음은 본래 제2위 성자 하나님이셨던 예수님께서 우리의 그리스도로서 구속사역을 담당하셨고, 그로써 예수님의 그리스도임은 절대적으로 완전하며, 궁극적으로는 예수님을 통한 우리의 구원의 복음도 절대 완전한 것임을 보여준다. 그런 일련의 이유들로 인하여 요한복음에서는 일차적으로는 예수님께서 본래 제2위의 하나님이시라는 사실, 곧 그의 신성을 입증하는 데 주력하며, 동시에 하나님이신 그분이 사람의 모습으로 성육신하신 세상의 죄를 지고 가는 어린양, 우리의 대속자, 곧 우리 구주 그리스도이심을 강조한다.

이렇게 우리는 요한복음 통하여 하나님이신 그분께서 영광의 자리를 버리시고, 비천한 사람의 모습으로 성육신하시며 죄인들을 대신하여, 십자가의 수난을 받으심으로써 구원 사역을 성취하신 것은 근본적으로는 인간들을 향한 하나님의 절대적인 사랑에 의하여 가능한 일이었음을 알 수 있는 것이다.

결론적으로 요한복음은 예수님께서 그리스도이시며, 하나님의 아들이심을 믿고, 그분의 구속의 복음을 받아들이는 자에게만 진정한 구원과 영생의 축복이 주어질 것이므로, 오직 주 예수 그리스도를 믿으라는 주제를 이방인들을 대상으로 하여 담고 있다.

앞부분으로 돌아가 본다면, 마태, 마가, 누가복음과 요한복음의 서술이 다른 것을 보고, 처음 성경을 접했을 당시에는 의문이 있었으며, 그것이 성경 전체에 대한 불신이 되어 나의 성경에 대한 확실성과 믿음을 가리고 있었다. 그 당시 나에게는 모든 믿음과 구원과 예수님의 그리스도이시고 구속의 사역이 모두 성경에 근거함을 알았던 때였고, 또 그런 이유로 성경이 예수님의 증거가 된다고 생각했다. 따라서 복음서의 내용들이 다른 것은 마음속 깊은 곳에 남들에게는 말하지 못할, 믿음에 대한 의심과 괴로움이었음을 고백한다.

때로는 성경을 공부하면서, 아는 만큼 보인다는 것이 어떤 것인지를 생각해본다. 요한복음을 공부하고, 진정으로 하나님께서 요한복음을 주신 이유를 알기까지는 어느 정도의 시간이 필요했다. 결론만 놓고 본다면, 어린아이에게 소화할 수 없는 음식은 줄 수 없듯이 그 당시 나는 너무 많은 것을 소화하려고 했었고, 또 받은 것을 소화할 만한 믿음 역시 부족하여, 인내가 필요한 시간이 아니었나 생각해본다. 하지만 분명히 하나님께서는 어느 정도의 고난과 시간이 흐른 뒤에는 반드시 알 수 있는 지혜와 시간을 허락해 주셨고, 그때는 확실히 내가 하나님께서 허락하여 주신 만큼을 소화할 수 있는 때였다.

하나님께서는 때마다 상황에 맞는 것들을 허락해 주신다. '구하라 그리하면 주실 것'이라는 믿음을 오해한 적도 있었지만, 인내와 약간의 고난은 어쩌면 하나님께서 우리 그리스도인들에게 달디 단 열매와 깨달음을 주시는 하나의 방법일지도 모른다.

꼭 요한복음을 공부하면서 느낀 것만은 아니지만, 하나님께서는 우리에게 유일한 독생자 예수 그리스도를 허락하여 주실 만큼 우리를 사랑해 주시고, 때로는 우리가 이해하지 못하고 고민에 빠져 있을 때에도 언젠가는 그 일을 허락해 주실 때가 있다는 것을 배울 수 있었다.

요한복음은 다른 복음서와는 확실히 다른 특성을 가지고 있다. 그 독특성은 요한복음이 겨냥한 독자가 기타의 다른 복음서와는 다름과 또 요한복음의 성격이 그리스도의 변증에 있다는 것에 기인함을 이제는 확실히 알고 있다. 그리고 요한복음이 다른 복음과 내용이 달랐던 것에 대하여 의문이 들긴 했었지만, 하나님께 알기를 간구하고, 기다리며 공부했을 때, 어느 순간 내가 받아들일 만한 신앙을 갖게 되었을 때, 하나님께서는 반드시 주신다는 것을 알았다.

성경은 하나님의 증거이자 말씀이다. 성경이 잘못되었다면, 하나님의 정체성도 흔들리게 되는 것이다. 그 말은 성경에 의심을 품었을 때, 우리의 믿음도 흔들릴 수밖에 없다는 것이다. 만약 나와 같은 경우를 당하여, 성경의 어느 한 부분이 미심쩍다면, 기도하고, 공부하며, 믿음으로 기다리라고 말해 주고 싶다. 하나님께서는 반드시 답을 주신다고 생각한다. 우리가 받을 만한 믿음이 되는 순간에.

의심은 미덕이자 자산이다. 자신에게 떠오르는 의심을 회피하지 말라. 그러면 의심은 비진실이라는 비곗덩어리를 잘라내는 칼이 될 것이다.

– 가렛 슈완크

2장

신앙에
눈뜨다

하나님을 바르게 바라보는 법: 하나님을 바라보다

7. 여호와께서 사무엘에게 이르시되 그 용모와 신장을 보지 말라 내가
   이미 그를 버렸노라 나의 보는 것은 사람과 같지 아니하니 사람은
   외모를 보거니와 나 여호와는 중심을 보느니라
                                              – 사무엘상 16장

    스마트폰이 생긴 후에 우리의 일상은 많은 부분이 달라졌다. 스마트폰이 쉽고 편리하며 유용한 기계임에는 틀림없지만, 때로는 나도 모르게 중독되는 부분이 있어 놀라기도 한다. 아이들도 역시 스마트폰을 쓰기 시작한 이후로 게임이나 인터넷에 중독되어 공부에 집중을 못하는 경우가 상당히 많다. 성실하고 자신의 공부를 챙길 줄 아는 아이도 스마트폰에 빠져서 정신을 차리지 못하는 경우도 종종 있는데, 그만큼 문명의 이기를 유익하게 활용하는 것이 쉽지는 않아 보인다. 누구에게나 스마트폰은 양날의 검과 같은 존재라고 느껴진다.

    바로 그런 스마트폰을 쓰면서, 기계치인 나에게 정말 유용한 앱이 하

나 있다. 바로 카카오톡인데, 아이들과 대화하기도 용의하고, 소식이 궁금했던 친구들의 근황도 알 수 있어서 참 유용하다고 생각한다. 카카오톡에는 자신만의 문구를 써 넣는 기능이 있는데, 이 글을 보고 아이들이나 상대방의 근황이 어떤지를 가늠해보기도 한다.

나는 컴퓨터는 상당히 좋아하지만, 스마트폰에는 약해서 카카오톡도 생각만큼 잘 활용하지는 못했다. 하지만 처음 앱을 깔면서, 그래도 다른 사람들처럼 나만의 문구 하나는 적어야겠다는 생각에 가끔 내가 묵상하던 'Beware lest you lose the substance by grasping at the shadow'라는 말을 적어 놓았다. 환영 또는 그림자를 붙잡으려 하다 본질을 놓치는 것을 조심하라는 문구인데, 2~3년 전에 살면서 세속적 욕망을 붙잡으려고 하다가, 본질인 예수님을 놓칠까 봐 써 놓고 묵상하던 문구였다.

살다보면, 어떻게 해서든 욕심이 생기지 않을 수 없다. 주변에 성공하는 친구들도 많고, 세속적인 욕심도 생기며, 나만 뒤떨어지는 것이 아닌가 하는 불안감도 엄습한다. 분명히 하나님께서는 믿음의 선진인 아브라함이나 이삭 그리고 야곱과 같은 이들에게 유목 생활을 명하셨다. 이 세상은 잠시 스쳐가는 곳이니, 도시와 세상에 마음을 품지 말고 하나님을 생각하며 살라는 뜻이었다. 롯이 소돔과 고모라라는 도시에 뜻을 두었을 때, 그의 말로는 비참했으며, 그의 두 딸을 통하여 모압과

암몬 족속이라는 의도치 않은 결과가 생기기도 했다. 물론 그때와 지금은 분명히 다르다. 하지만 상황이 다르다고 해서, 마음까지 다른 것은 아니기에 시대는 달라졌어도, 우리의 마음이 세상이 아닌 하나님을 향해야 함은 그리스도인으로서의 기본 덕목이라고 생각한다.

그런데 왜 나는 마음으로는 하나님의 뜻을 알고 있지만, 몸은 자꾸 세상을 향할까? 그런 이유 때문에 'Beware lest you lose the substance by grasping at the shadow'라는 문구를 묵상하곤 했었던 것이다. 덧없고 한순간에 사라져버릴 세상을 좇다가 삶의 본질이 되시는 하나님을 잊을까 두려웠던 것이다.

때로는 하나님의 놀라운 역사에 전율할 때가 있다. 나의 작은 그릇으로는 아무리 생각해봐야 답이 정해져 있는데 하나님께서는 다른 방식으로 놀라운 역사를 만들어 주시기 때문이다. 이 문구로 묵상을 무던히도 했었는데, 아이러니한 것은 2~3년이 지난 지금에 와서는 이 문구가 전혀 다른 의미로 나에게 큰 교훈을 주었다는 것이다. 그야말로 놀랍고, 중요한 메시지요, 교훈이었다. 그리고 오래전 묵상했던 그 문구가 지금의 나를 위하여 하나님께서 준비해 놓으신 것이라는 것을 깨달았을 때, 그분의 인내와 사랑에 다시금 감격을 느끼지 않을 수 없었다.

내가 교회생활을 한 것은 그리 오래되지 않았다. 복음을 알기 전에는 정말 세속적인 인간이었고 하나님과는 많이 떨어진 삶을 살았었는데, 지금으로부터 5~6년 전쯤 한 교회에서 복음을 듣고 정착하여 신앙생활을 하게 되었다. 하나님의 말씀을 배워가며 유난히 궁금한 것도 많고 배움에 욕심도 있었던지라 나름 빠르게 성경에 대하여 배우고 알아갔던 것 같다. 다행스럽게도 담임목사님은 귀찮은 질문이라도 피하시지 않고, 항상 겸손한 마음가짐으로 함께 고민하고 풀어 주어, 내가 교회에 잘 정착할 수 있도록 많은 도움을 주었다.

정말 부족하고, 하나님 앞에 서기에는 한참이나 더 배워야 할 존재인데도, 하나님께서는 교회에서 일할 수 있도록 허락하여 주셨다. 짧은 교회생활이었지만 목사님과 주위 분들의 도움에 힘입어 상담을 받던 내가 어느새 초신자들을 위한 전도상담도 맡을 수 있게 되고, 교사의 직분과 교무, 부장 등 여러 중요한 직분도 맡게 되었다. 그렇게 교회에서 일하면서, 또다시 많은 것들을 배울 수 있었던 것 역시 하나님의 큰 은혜였음을 느낀다.

그 당시에 교회에서 일을 하다 보니 여러 가지 갈등도 있었다. 예를 들면, 교회의 운영과 관련된 일이었는데, 교회학교의 교사를 맡다보니 교회학교를 어떻게 운영해야 하는지도 미숙한 나에게는 일종의 시련이 될 수 있었다. 말씀과 경험이 부족한 나는 기도와 사랑이 필요한 교회 내에서 사업체를 운영하듯 때로는 세속적인 관점으로 경영을 하려고 했다. 그리고 하나님께서 몸된 교회를 지켜주실 것이라는 믿음을 갖지 못한 채 전전긍긍하며, 교회학교를 함께 완성해 나가는 것이 아닌, 겉으로 보기에만 좋아 보이는 운영만을 생각하곤 했었다.

사실 교회는 에클레시아라는 어원을 가지고 있는데, 이 말은 흔히 우리가 교회라고 말하는 교회당을 지칭하는 것은 아니다. 성경에서는 두세 사람만 모여도 하나님께서 함께 하신다고 말씀하셨는데, '거듭난 두세 사람' 혹은 '거듭난 사람들의 모임'이 정확한 교회의 어원이라 할 수 있다. 그런데 아직 배움이 부족했던 나는 교회와 교회당조차 구분도 하지 못했고, 하나님을 바라보며 교회학교를 만들어 가야 하는데도 교회를 운영 차원에서만 생각하는 잘못을 저지르곤 했다.

그때를 돌이켜 보니, 마음이 아프다. 왜 나는 교회학교에서 하나님을 믿고, 하나님께 맡기지 않고, 스스로의 힘으로 하려고, 그렇게 노력을 했을까? 아쉬운 점이 한두 가지가 아니다. 하나님께서 말씀하신 것은 사랑과 인내였는데 교회학교에서 봉사하는 동안에 왜 내 마음속에는 조급함과 외적인 운영만이 가득 차 있었을까? 정말 교회학교 아이들에게 사랑을 많이 주지 못한 것이 너무 마음이 아파 생각하면 가슴이 먹먹해진다. 그리고 더불어 하나님 앞에서 제대로 일을 하지 못했다는 자괴감에 다시 기회가 주어진다면, 더 열심히 제대로 하나님의 일을 하리라 다짐했다. 그리고 교회에서 조금 더 열심히 봉사하겠다고 다짐했다.

그런데 바로 거기까지가 나의 그릇이었다. 하나님께서는 나에게 다른 일들을 통하여 하나님을 바로 볼 수 있고, 앞의 문구를 다른 방향으로 묵상할 수 있는 눈을 트게 해 주셨다. 여러 가지 이유로 한동안 교회에서 중요직을 맡았었는데, 어느 순간 모든 직분에서 멀어지게 된 것이다. 처음에는 마음도 아프고, 자존심도 상했다. 한 번도 주일에 빠지지 않고, 열심히 생활했는데, 그리고 언제든 주님의 일이라면, 상담이든 교회학교든 최우선시하며 교회에 봉사했는데, 하나님께서는 왜 나를 교회의 일로부터 멀어지게 하신 건지 정말 알 수 없었다. 감사하게도 여러 형제자매님들이 나에게 위로의 말을 전했는데, 아무렇지도 않은 척했지만, 실제로는 마음이 아팠고, 교회에서 내가 인정받지 못한다는 생각과 자괴감에 괴로워했다. 그래도 몇몇 분들의 위로는 정말 큰 도움이 되었고, 위로가 얼마나 교회 내에서 중요한지도 알 수 있게 되었다. 이러한 상황에서 하나님께서는 나에게 말씀하셨다.

Beware lest you lose the substance by grasping at the shadow

(환영을 붙잡으려 하다 본질을 놓치는 것을 조심하라).

이 문구를 다른 시각으로 볼 수 있게 은혜를 주셨다. 어느 순간 깨달은 것이었다. 아! 내가 진정으로 하나님을 바라보며, 교회생활을 했던 것일까? 교회의 봉사직에서 멀어지고 보니, 하나님께 더 의지하는 법을 배울 수 있게 되었고, 교회생활을 하면서, 지향했던 것들이 진정으로 하나님을 위한 것들이었는지, 아니면 다른 사람들에게 나의 신앙심을 높여 보이기 위해서였는지를 묵상하게 되었다. 나는 비록 교회학교나 전도상담을 하나님께 영광을 돌리기 위하여 했다고 말했지만, 어쩌면 교회에서 나 자신의 영광을 위해서 일했던 것은 아니었을까? 물론 아니라고 생각하지만 봉사직에서 멀어지고 하나님을 더욱 의지하게 되다보니, 교회 자체도 환영이자 그림자가 될 수 있음을 알 수 있었다.

물론 교회의 머리는 예수님이시기에 교회가 잘못될 수는 없다. 하지만 교회의 지체는 사람이기에 지체로서의 교회는 얼마든지 잘못될 수 있는 것이다. 그리고 여기서 언급한 교회가 환영이자 그림자가 될 수도 있다는 것은 예수님의 몸된 교회를 지칭하는 것이 아닌 내가 바라보는 교회상을 의미하는 것이다.

나는 이 세상과 욕심을 붙잡지 말아야 할 환영과 그림자로 보고, 교회는 잡아야 할 본질의 하나님이라고 생각했었는데, 그게 아니었다. 나의 그릇을 넘어서 하나님께서 그분의 그릇을 허락해 주시는 순간에, 비로소 내가 잘못 바라봤을 경우에 교회도 하나님의 영광을 가리는 환영이자 그림자가 될 수 있음을 깨닫게 된 것이다. 물론 교회의 머리는 예수님이시고, 교회는 그분의 몸이며, 우리 그리스도인들은 몸의 각 지체로서 교회가 곧 예수님이자 하나님이라는 것을 부정할 수 없다. 그리고 포도나무의 가지로서 우리가 교회 내에서 거듭난 그리스도인의 무리에 항상 함께 해야 함은 당연한 사실이다. 하지만 교회 내에서 본질이 되시는 하나님이 빠진 채로 직분과 자기 열심에 몰두한다면, 교회 역시 누룩이자 하나님을 바로 보지 못하게 만드는 환영이자 그림자가 될 수 있다는 것을 나는 하나님께 더욱 매달리고 의지하게 되면서 알게 되었다. 그런 사실을 알게 되니, 교회에서 어떤 직분을 맡고 봉사를 하는지는 정말 중요한 것이 아니라는 것을 알 수 있었다. 중요한 것은 어느 위치에 있든, 하나님을 위하여 일하는 그 마음인 것이다.

> 7. 여호와께서 사무엘에게 이르시되 그 용모와 신장을 보지 말라 내가
>   이미 그를 버렸노라 나의 보는 것은 사람과 같지 아니하니 사람은
>   외모를 보거니와 나 여호와는 중심을 보느니라
>
> —사무엘상 16장

하나님께서는 저마다 다른 은사를 주셨다. 어떤 사람은 말에 능하고, 어떤 사람은 운영에 능하며, 어떤 사람은 전도에 능할 수 있다. 어리석은 나는 알고는 있었지만, 이제야 하나님께서는 그 사람의 하는 일이 아닌, 주어진 일에 임하는 마음의 중심을 보시고, 평가하심을 절실하게 느끼게 되었다. 내가 어떤 직분을 맡고, 어떤 일을 하며, 어떤

위치에 있는지는 중요하지 않다. 다만 중요한 것은 그 위치에서 내가 주님께 어느 정도까지 마음을 드리며, 일할 수 있는가이다.

14. 또 어떤 사람이 타국에 갈제 그 종들을 불러 자기 소유를 맡김과 같으니

15. 각각 그 재능대로 하나에게는 금 다섯 달란트를, 하나에게는 두 달란트를, 하나에게는 한 달란트를 주고 떠났더니

16. 다섯 달란트 받은 자는 바로 가서 그것으로 장사하여 또 다섯 달란트를 남기고

17. 두 달란트를 받은 자도 그같이 하여 또 두 달란트를 남겼으되

18. 한 달란트 받은 자는 가서 땅을 파고 그 주인의 돈을 감추어 두었더니

19. 오랜 후에 그 종들의 주인이 돌아와 저희와 회개할새

20. 다섯 달란트 받았던 자는 다섯 달란트를 더 가지고 와서 가로되 주여 내게 다섯 달란트를 주셨는데 보소서 내가 또 다섯 달란트를 남겼나이다

21. 그 주인이 이르되 잘 하였도다 착하고 충성된 종아 네가 작은 일에 충성하였으매 내가 많은 것으로 네게 맡기리니 네 주인의 즐거움에 참예할지어다 하고

22. 두 달란트 받았던 자도 와서 가로되 주여 내게 두 달란트를 주셨는데 보소서 내가 또 두 달란트를 남겼나이다

23. 그 주인이 이르되 잘 하였도다 착하고 충성된 종아 네가 작은 일에 충성하였으매 내가 많은 것으로 네게 맡기리니 네 주인의 즐거움에 참예할지어다 하고

금까지 항상 있어왔다. 일단 이것에 관하여 살피려면, 기적의 정의부터 먼저 언급할 필요가 있다. 기적의 사전적 의미는 '상식을 벗어난 기이하고 놀라운 일'이다. '상식을 벗어난'이라면 다른 말로 세상, 즉 인간이 머무르는 이 세계의 법칙에 어긋난 우리가 생각하는 범위를 벗어난 일이라고도 볼 수 있을 것이다.

실제로 이렇게 세상의 물리적, 상식적 법칙들을 벗어난 기적들은 존재해 왔다. 특히 이러한 기적들을 우리는 성경에서도 많이 찾아볼 수 있다. 그런데 성경에서의 기적들은 항상 그 목적이 분명하다. 예를 들어 하나님의 일과 관련이 되어 있거나 예수님의 구원 사역을 완성하기 위함이 그 목적이라 할 수 있고, 그것의 최종 지향점은 하나님의 영광과 관련되어 있다고 볼 수 있다. 그렇다면 우리가 사는 세상에서 일어난다는 기적도 하나님의 영광과 연결된 것일까? 당연하게도 모든 기적이 하나님의 영광과 관련되어 있는 것은 아니다 도리어 어떤 기적들은 하나님의 자리를 탐내는 사단의 역사와 더 관련이 있다고 볼 수도 있다.

앞서 언급한 뉴스 같은 경우도 사자를 전도하여 전지전능하신 하나님을 알리고자 했다고 하지만, 그것이 실제로 성경적이지 않음은 누구나 알 수 있다. 사자가 하나님의 형상을 따라 만든 인간처럼 영혼이 있을 리도 없고, 실제로 길들여졌다 할지라도 그 영광이 과연 하나님에게 갈지, 그 목사님에게 갈지는 조금 더 생각해볼 문제인 것이다. 직설적으로 말하자면, 명확하게 하나님의 이름을 빌어 자신의 이름을 빛내어 보려는 한심한 행위라고 볼 수도 있는 것이다. 이와 같은 어리석은 기적을 바라는 일들은 실제로 독일에서도 일어났던 일이고, 간간히 잊을 만하면, 생기는 사건이기도 하다. 2차 세계대전 당시에는 성경을 군복에 넣고 하나님의 기적으로 총알이 비껴갈 것이라고 말하며, 빗발치는 총알이 있는 참호 밖으로 뛰어다니다가 죽은 사례도 있었다고 한다.

하나님께서는 창세기 1장 1절에 말씀으로 세상을 창조하셨다. 어떻게 만드셨는지 피조물인 나로서는 알 수 없지만, 한 가지 확실한 것은 하나님께서는 결코 우연이 아닌 확실한 물리적 법칙을 세우시고, 그 법칙 안에서 질서로서 무언가를 창조하셨다는 것이다.

창세기 1장에서 창조 첫날에 하나님께선 태초에 빛과 어둠을 만드신 후에 그들을 나누셨다고 말씀하신다. 스티븐 호킹 박사의 빅뱅이론을 보면—비록 확실하게 검증되지는 않은 이론이지만—태초에 우주가 생겨날 때 처음 생긴 것은 빛과 어둠이라고 한다.

빛과 어둠을 나누신 후 하나님께서는 그분이 만드신 법칙에 따라 이 세상의 모든 존재들을 창조하셨다. 그리고는 여섯째 날에는 우리 인간을 만드셨고, 그날 지금까지 만드신 모든 것들이 심히 보기에 좋았다고 성경에 적어 놓으셨다.

1. 태초에 하나님이 천지를 창조하시니라

2. 땅이 혼돈하고 공허하며 흑암이 깊음 위에 있고 하나님의 신은 수면에 운행하시니라

3. 하나님이 가라사대 빛이 있으라 하시매 빛이 있었고

4. 그 빛이 하나님의 보시기에 좋았더라 하나님이 빛과 어두움을 나누사

5. 빛을 낮이라 칭하시고 어두움을 밤이라 칭하시니라 저녁이 되며 아침이 되니 이는 첫째 날이니라

24. 하나님이 가라사대 땅은 생물을 그 종류대로 내되 육축과 기는 것과 땅의 짐승을 종류대로 내라 하시고(그대로 되니라)

25. 하나님이 땅의 짐승을 그 종류대로 육축을 그 종류대로 땅에 기는 모든 것을 그 종류대로 만드시니 하나님의 보시기에 좋았더라

26. 하나님이 가라사대 우리의 형상을 따라 우리의 모양대로 우리가 사람을 만들고 그로 바다의 고기와 공중의 새와 육축과 온 땅과 땅에 기는 모든 것을 다스리게 하자 하시고

27. 하나님이 자기 형상 곧 하나님의 형상대로 사람을 창조하시되 남자와 여자를 창조하시고

28. 하나님이 그들에게 복을 주시며 그들에게 이르시되 생육하고 번성하여 땅에 충만하라 땅을 정복하라 바다의 고기와 공중의 새와 땅에 움직이는 모든 생물을 다스리라 하시니라

29. 하나님이 가라사대 내가 온 지면의 씨 맺는 모든 채소와 씨 가진 열매 맺는 모든 나무를 너희에게 주노니 너희 식물이 되리라

30. 또 땅의 모든 짐승과 공중의 모든 새와 생명이 있어 땅에 기는 모든 것에게는 내가 모든 푸른 풀을 식물로 주노라 하시니 그대로 되니라

31. 하나님이 그 지으신 모든 것을 보시니 보시기에 심히 좋았더라 저녁

이 되며 아침이 되니 이는 여섯째 날이니라

-창세기 1장

우리는 이렇게 하나님께서 만드신 법칙 아래에서 창조된 피조물들과 조화를 이루며, 세상을 살아가고 있다. 만유인력의 법칙, 열역학의 법칙, 질량 보존의 법칙 등 하나님께서는 조화롭고, 순리대로 인간이 살아가게끔 이 세상의 환경을 만들어 놓으셨다. 그리스도인으로서 하나님께서 만드신 환경에 순응하며, 순리대로 사는 것은 하나님께 대한 순종이다. 그리고 그것은 피조물로서의 조물주에 대한 예의이자 의무라고 생각한다.

때론 하나님께서는 독생자 예수 그리스도를 보내실 때와 구약의 많은 상황에서, 이러한 물리적이고도 상식적인 법칙을 깨 보이시기도 하셨다. 그것은 세상의 모든 법칙이 하나님의 제어 하에 있음을 보여주시며, 천지를 창조하신 하나님의 개입이 있음을 보여주시는 것이기도 했다. 그렇게 하나님께서 인간의 범위를 넘어서 개입하시어, 상식을 벗어나는 일을 접하게 될 때, 우리는 그것을 기적이라 부른다.

하나님께서는 예수 그리스도께서 진정한 메시아임을 보여주시기 위하여 우리가 생각하고 살아왔던 기존의 법칙들을 깨 보이시며, 기적으로서 우리에게 그분을 증명해 주셨다. 오병이어의 사건이나 죽은 자를 살리셨던 것이 좋은 예라고 할 수 있을 것이다. 하지만 하나님의 법칙을 깨는 기적이 흔하거나 항상 있었던 것은 아니었고, 반드시 하나님의 영광을 나타내기 위함이라는 전제 조건이 수반되어야 했다. 그 예로 기적을 행하실 수 있음에도, 예수님께서는 일을 행치 않으셨던 성경의 기록을 볼 수가 있다.

1. 바리새인과 사두개인들이 와서 예수를 시험하여 하늘로부터 오는 표적 보이기를 청하니
2. 예수께서 대답하여 이르시되 너희가 저녁에 하늘이 붉으면 날이 좋겠다 하고
3. 아침에 하늘이 붉고 흐리면 오늘은 날이 궂겠다 하나니 너희가 날씨는 분별할 줄 알면서 시대의 표적은 분별할 수 없느냐
4. 악하고 음란한 세대가 표적을 구하나 요나의 표적 밖에는 보여 줄 표적이 없느니라 하시고 그들을 떠나 가시니라

－마태복음 16장

예수님은 세상의 법칙을 깨는 기적을 보이실 수도 있으셨지만, 기적을 보이기를 요구하는 이들에게는 요나의 표적밖에는 보여 줄 것이 없다고 말씀하시며, 일을 행치 않으셨다. 요나의 표적은 그리스도의 전형을 나타내는 사건이다. 예수님께서는 그들 앞에서 기적을 보이실 수도 있으셨지만 믿음이 적고, 잘못된 율법에 얽매여 있어 시대와 그리스도를 구별치 못하는 그들에게 기적은 아무 소용이 없음을 역설하신 것

이다. 그 당시의 제사장들과 바리새인들, 사두개인들은 예수님에 대해서 그리스도로 오신 것을 확인하려고 하기보다는 율법에 매여 예수님을 판단하고 세상에서 본인의 자리를 잃게 되지는 않을까 전전 긍긍하며, 기적을 행해보라고 요구했던 것이다. 이런 것들은 하나님의 영광을 나타내기 위한 기적이 될 수 없다.

예수님께서는 구약시대에 고난을 받는 왕으로서 그리고 이후에 영광의 왕으로서 재림하실 것이라 말씀하셨다. 다시 말해서 예수님께서 그리스도로 오심은 우리 대신 십자가에 못 박혀 수난을 받고 죽으심으로써 우리의 죄를 대속하시고, 구원의 사역을 완수하시기 위함인 것이다.

하지만 그 당시에 유대인들에게 그리스도의 표상은 너무도 세상적인 것이었다. 이미 나라를 잃은 지 오래되어 식민지 생활을 하던 그들에게 구세주는 이 세상의 왕으로서 로마의 속박에서 벗어나게 해 주는 존재를 의미했고, 그런 이유로 오병이어의 기적을 나타내셨을 때도 그들은 여러 목적으로 예수님을 왕으로 삼고자 한다.

10. 예수께서 이르시되 이 사람들로 앉게 하라 하시니 그 곳에 잔디가 많은지라 사람들이 앉으니 수가 오천 명쯤 되더라
11. 예수께서 떡을 가져 축사하신 후에 앉아있는 자들에게 나눠 주시고 물고기도 그렇게 그들의 원대로 주시니라
12. 그들이 배부른 후에 예수께서 제자들에게 이르시되 남은 조각을 거두고 버리는 것이 없게 하라 하시므로

13. 이에 거두니 보리떡 다섯 개로 먹고 남은 조각이 열두 바구니에 찼
    더라
14. 그 사람들이 예수께서 행하신 이 표적을 보고 말하되 이는 참으로
    세상에 오실 그 선지자라 하더라
15. 그러므로 예수께서 그들이 와서 자기를 억지로 붙들어 임금으로 삼
    으려는 줄 아시고 다시 혼자 산으로 떠나 가시니라

                                                        – 요한복음 6장

　　예수님께서 이 땅에 오셔서 기적을 행하신 것은, 우리가 세상에 사
는 동안 행복하게 살게 해 주시기 위해서, 또 유대인들의 독립을 성취
시켜 주시기 위함이 아니었다. 예수님께서는 우리의 죄를 대신 사하여
주시고, 우리 대신 죽으심으로 우리가 천국에 들어갈 수 있도록 허락
해 주시는 하나님의 의를 성취하시기 위하여 오신 것이다. 기적과 표적
은 예수님께서 그리스도이심을 나타내시며, 하나님의 영광을 표하기
위함이지 세상의 왕으로 군림하시기 위하여 오신 것이 아니었기에, 과
도한 기적은 필요치도 행치도 않으셨다.

　　요즘에도 많은 사람들이 기적을 찾아다니는 것을 자주 볼 수 있다.
하나님께서 우리에게 허락하여 주신 성경을 통하여 믿음으로 말미암
아 구원을 얻을 수 있지만, 그런데도 많은 사람들은 기적 그 자체에 관
심을 두며 본질적인 것은 외면하고 만다. 예수님께서는 많은 기적들을
보이셨지만, 우리는 그 기적과 표적들이 엄청나고 거대하며 무언가를

보이기 위한 것들이 아니었음을 기억해야 한다.

예수님의 기적은 항상 낮은 자들에게 향해 있었고, 그들을 위로하고 아픔을 덮어주시는 것이었다. 예수님께서는 섬김을 받으러 이 땅에 오신 분이 아니라 섬기고 낮아지기 위하여 이 땅에 오신 분이라고 말씀하셨다. 기적을 통하여 얼마든지 높아질 수도 있는 분이셨지만, 그러지 않으시며, 담담히 구원의 사역을 이루기 위하여 낮은 자들에게 기적을 보이시고, 묵묵히 본인이 그리스도이심을 증명하셨다.

우리는 성경을 통하여 기적의 목표가 자신을 높이는 것이 아니라 그리스도임을 증명하며, 하나님의 영광을 나타냄에 있기에 예수님 본인을 높이실 큰 기적은 행치도 그럴 필요도 없으셨음을 알 수 있다. 결국 예수님께서는 골고다 언덕에서 십자가에 못 박혀 돌아가셨다가 3일 만에 다시 부활하셔서, 우리에게 예수님 자신이 진정한 그리스도이심을 다시금 확인시켜 주시며, 구원을 완성하신다.

살다보면 많은 것들이 탐나고 세상에 마음을 두게 된다. 가끔 기적을 찾아다니는 사람들을 볼 때면, 예수님께서 행하신 기적과 표적이 무엇을 위한 것인지를 생각해보게 된다. 나는 예수님께서 그리스도이심을 믿고, 그분이 이루신 빛나는 구원의 사역을 감사의 마음으로 받아들이고 믿는 것, 그래서 한순간인 이 땅에서 저 세상으로 옮겼을 때 주님과 함께 영원한 천국에 들어가는 기쁨을 누리는 것이 진리요, 진정한 기적임을 믿어 의심치 않는다.

과거에도 그랬듯이, 지금도 사람들은 기적을 좇는다. 하지만 그 기적이 진정으로 하나님께서 원하시는 방향인지 그리고 그분을 위한 것인지는 깊이 생각해볼 여지가 있다. 그렇지 않을 경우 귀신을 내좇는 행사나 병을 고치는 모임 등의 기적만을 좇다가 진정한 본질인 그리스도의 사랑은 생각하지 못하는 사람들이 생기는 부작용도 있을 수 있기 때문이다.

진정한 그리스도인이라면, 하나님께서 만들어 놓으신 법칙에 순응하며, 모든 영광을 하나님께 돌리기 위해 살아가는 자세가 필요하다.

앞에 언급한 해외의 한 목사님은 과연 하나님의 법칙을 무시하면서까지 기적을 통하여 누구에게 영광을 돌리려 한 것일까? 만약 사자를 굴복시키는 기적을 일으켰다면, 그 영광은 하나님의 것이었을까 그 목사님의 것이었을까?

한때 큰돈이나 행운이 기적처럼 어느 순간 생겼으면 하고 바랐던 적이 있었다. 하지만 이제는 그것이 얼마나 잘못된 일인지 잘 알고 있다. 그리스도인의 삶의 표상은 하나님께서 정해 주신 세상의 법칙 아래 순응하면서 기도하고 구하며 인내의 삶을 사는 것이다. 그리스도인에게 진정한 기적이란 하나님께서 세우신 법칙을 벗어나 자신의 영광을 구하는 것이 아닌 하나님의 법칙 안에 순응하면서, 그 안에서 인내했을 때 무언가를 항상 주시는 하나님을 발견하는 것, 바로 그것이 기적인 것이다. 그리고 구더기보다 못한 죄인인 우리 인간들을 진정 헤아릴 수 없는 사랑으로 품으시고, 독생자 예수 그리스도를 보내시어, 천국으로 인도해 주신 그 복음이 기적 자체인 것이다.

모든 것은 자연의 법칙에 따라서 생긴다는 말이나 모든 것은 하나님의 뜻에 따라서 생긴다는 말은 같은 것이다.

– 스피노자

예수천국 불신지옥: 상황에 맞게 대처하는 지혜

28. 인자가 온 것은 섬김을 받으려 함이 아니라 도리어 섬기려 하고 자
   기 목숨을 많은 사람의 대속물로 주려 함이니라
   —마태복음 20장

예전에 나 스스로를 그리스도인이라 부르기 전에 노상에서 전도하시
는 분들을 자주 마주치곤 했었다. "예수천국 불신지옥." 그분들이 십자
가 모양으로 문구를 적어서 가지고 다니며 전도하던 내용이다. 특히나
학교에 갈 때 2호선 지하철 안에서 가끔 뵙던 분들도 있었는데, 인상
이 무척이나 근엄하셔서, 조금은 무섭기도 하고, 딱히 엮이고 싶지 않
다는 것이 그분들의 첫인상이었다. 전철 안에서 큰 목소리로 "예수천
국 불신지옥!"을 외치시는 그분들의 눈빛은 어떤 확신에 차 있었고, 믿
음 앞에서 두려움이 없다는 것을 말하고 싶은 듯 자못 결연함마저도
느낄 수 있었다.

그렇게도 헌신하며, 때로는 무섭게도 느껴졌던 그분들의 목적은 물

론, 전도다. 그리고 그분들이 당시에 시니컬하고, 무신론으로 꽉 차 있던 나의 오만한 마음을 비집고 들어와 하나님의 말씀을 전하는 것은 사실상 불가능에 가까웠을 것이다. 실제로도 정말 마음 아프지만 그분들의 노력은 나에겐 기독교에 대한 반감만을 사게 만들었을 뿐이다. 왜 그랬을까? 그분들은 정말 훌륭한 일을 하고 있던 것인데, 왜 전도보다는 사람들에게 반감과 조롱의 대상만 된 것일까? 그리고 정작 본인은 하나님을 위하여 옳은 일을 하고 있다는 생각에 사로잡혀 진정한 목적인 전도는 성공하지 못하고, 근엄하고 고압적인 인상만을 지하철에 남기며, 쓸쓸히 홀로 예수천국 불신지옥을 외치고 계셨던 것일까?

세상에는 온갖 종류의 사람들이 살고 있다. 어떤 사람은 유복한 가정에서 불편한 것 없이 평안하게 자라온 사람이 있는 반면, 어떤 사람은 고아로 태어나 많은 고생을 하며, 힘겹게 하루를 살아가는 사람도 있다. 수많은 사람들이 살아가는 이 세상에는 초등교육도 못 받은 사람부터 대학원에서 박사 과정까지 밟은 사람까지 그리고 문과에 능통한 사람이 있는 반면, 이공계에 능통한 사람 등 정말 다양한 영혼들이 있다.

살아가면서 하나님께서는 우리에게 복음을 전파하라는 사명을 주셨다. 꼭 하나님께서 주신 사명이 아니라 할지라도, 성경이 사실임을 믿으며, 예수 그리스도의 죄 사함을 믿는 그리스도인이라면, 자신이 사랑하는 지인이 지옥을 가야 하는 것을 두고 보고만 있을 사람은 없을 것이다. 즉 전도란 우리의 사명이자 의무이며, 권리이자 운명인 것이다.

전도의 지향점은 간단하다. 전도를 하는 것 그리고 이루어 내는 것이다. 바로 그 점에서 앞서 말한 노상 전도를 하시던 분에게는 나름 아쉬움이 크다.

정말로 전도가 목적이라면, 예수천국 불신지옥이라는 것을 믿지 않는 사람들에게 거부감부터 느끼게 만드는 문구를 사용할 것이 아니라, 조금 더 현명한 방법으로 사람들에게 복음을 전했으면 어땠을까 하는 아쉬움이 남는다. 물론 그분들이 그렇게 거리에 나와 전도를 하는 것 자체를 폄하하는 것은 아니다. 나보다 훌륭한 분들이고, 하나님을 생각하는 마음은 내가 따르지 못할 귀한 사역을 하시는 분들임에는 틀림이 없다. 다만 그 목적이 전도이기에 상황에 맞춰 전략적으로 지혜롭게 복음을 전하였다면, 더 나은 결과와 상급이 뒤따르지 않았을까 하는 안타까움이 남을 뿐이다.

지혜롭게 행동한다는 것은 많은 의미를 포함하는데, 그중에서 특히 상황에 맞는 언어와 전도 방법을 사용한다면, 소모되는 에너지나 결과가 훨씬 좋지 않았을까 싶다.

예를 든다면, 직접 대면하여서 전도할 때, 상대에 따라 전도 방식이 달라야 함을 말할 수도 있을 것이다. 대학교수를 상대한다면 대학교수의 언어를 사용해야 할 것이고, 노동 현장에서 노동일을 하시는 분께는 그에 맞는 그분에게 익숙한 언어를 사용하여 전도하는 것이 합당하다. 대학교수에게 수준에 맞지 않는 말을 사용하며 복음을 전한다면, 그 말이 과연 통할까? 또는 노동 현장에서 뼈가 굵은 분께 전도를 한다며 전문용어로 이해하기 힘들게 복음을 전한다면, 그것이 과연 현명한 일일까?

우리는 성경을 읽으며, 사도 바울을 자주 접하곤 한다. 그 역시 이방인의 사도이며, 평생을 전도의 사역에 바친 분이다. 사도 바울의 원래이름은 paul, 헬라어로는 paulos인데, 이 말은 라틴어인 paulus를 음역한 말이다. 우리는 흔히 사도 바울이 그 원래 이름인 '사울'을 회심한 후에 '바울'로 개명했다고 알고 있는 경우가 있는데, 이는 사실이 아니다. 원래부터 로마의 시민권자였던 사도 바울은 유대인의 히브리식 이름인 사울과 로마 시민권자로서의 바울이란 두 개의 이름을 가지고 있었다. 회심 후에 사울에서 바울로 이름을 바꾸었다고 잘못 알고 계시는 분들은 사울이라는 이름이 '큰 자'를 그리고 바울이라는 이름이 '작은 자'를 뜻한다고 말한다. 하지만 회심한 지 3년이 지난 사도행전 9장 26절에서도, 여전히 사울이라 말하는 것을 보면, 이는 사실이 아님을 알 수 있다.

26. 사울이 예루살렘에 가서 제자들을 사귀고자 하나 다 두려워하여 그
    의 제자 됨을 믿지 아니하니
27. 바나바가 데리고 사도들에게 가서 그가 길에서 어떻게 주를 본 것과
    주께서 그에게 말씀하신 일과 다메섹에서 그가 어떻게 예수의 이름
    으로 담대히 말하던 것을 말하니라
28. 사울이 제자들과 함께 있어 예루살렘에 출입하며
29. 또 주 예수의 이름으로 담대히 말하고 헬라파 유대인들과 함께 말하
    며 변론하니 그 사람들이 죽이려고 힘쓰거늘
30. 형제들이 알고 가이사랴로 데리고 내려가서 다소로 보내니라
31. 그리하여 온 유대와 갈릴리와 사마리아 교회가 평안하여 든든히 서
    가고 주를 경외함과 성령의 위로로 진행하여 수가 더 많아지니라

– 사도행전 9장

게다가 바울이라는 이름의 뜻이 '작은 자'라는 것은 맞지만, 사울이
라는 이름이 '큰 자'라는 것은 잘못된 것이다. 사울, 즉 사울로스는 히
브리식 이름인 샤울을 헬라식으로 표현한 것이고, 샤울은 '구하다'라는
뜻을 가진 히브리어 동사인 샤알에서 온 것으로 '구하여진', '간청된'이
라고 해석하는 것이 더 맞을 것이다. 어쨌든 사울 역시 회심 후 복음
을 전파하게 되면서, 히브리식 이름인 사울보다는 이방인들에게 익숙
한 바울이라는 이름을 사용하기 시작했다. 그 역시 전도를 위하여 상
황에 맞게 로마식 이름인 바울을 사용하기 시작한 것이다.

쉽게 설명한다면, 내가 유학 생활을 할 당시에 이름이 딜런(dillon)이

었는데, 한국식 이름과 영어식 이름을 같이 사용하다가, 외국인에게 뜻을 전하기 위하여 한국 이름보다는 딜런이라는 이름을 사용하게 된 것과 같다. 아무래도 한국식 이름은 그들에게 어렵고 익숙하지 않으니, 바울이란 이름을 사용하는 것이 그들에게 더 익숙하고, 오해 없이 복음을 전파하는 것에도 도움이 되었을 것이다.

이렇게 사도 바울도 자신의 이름을 바꿔 가면서 복음을 전파했고, 우리는 사도행전과 많은 서신서들을 통하여 그가 상황에 맞게 방법을 달리하며, 유대인들과 이방인들을 전도했음을 확인해볼 수 있다. 사도 바울에게 가장 중요한 것은 복음을 전하는 것이었지 그 외의 것은 중요하지 않았다. 우리는 그런 그의 마음을 고린도전서 9장을 통해서도 볼 수 있다.

20. 유대인들에게는 내가 유대인과 같이 된 것은 유대인들을 얻고자 함이요 율법 아래 있는 자들에게는 내가 율법 아래 있지 아니하나 율법 아래 있는 자 같이 된 것은 율법 아래 있는 자들을 얻고자 함이요

21. 율법 없는 자에게는 내가 하나님께는 율법 없는 자가 아니요 도리어 그리스도의 율법 아래 있는 자나 율법 없는 자와 같이 된 것은 율법 없는 자들을 얻고자 함이라

22. 약한 자들에게는 내가 약한 자와 같이 된 것은 약한 자들을 얻고자 함이요 여러 사람에게 내가 여러 모양이 된 것은 아무쪼록 몇몇 사람들을 구원코자 함이니

23. 내가 복음을 위하여 모든 것을 행함은 복음에 참예하고자 함이라
－고린도전서 9장

　세상에는 많은 사람들이 있고, 그들은 저마다의 개성과 영혼을 지닌 독립된 개체들이다. 우리 역시 진정으로 그들을 전도하고 싶다면, 그들을 존중하고 그들에게 녹아져 그들의 옷을 입고 그 수준으로 말을 전하며 사도 바울이 그랬듯이 상황에 맞게 지혜로운 전도를 행하는 것이 옳지 않을까?

　예수님께서는 성경에서 자신이 섬김을 받으려 오신 것이 아니라, 섬기러 오셨다고 말씀하셨다.

26. 너희 중에는 그렇지 아니하니 너희 중에 누구든지 크고자 하는 자는 너희를 섬기는 자가 되고
27. 너희 중에 누구든지 으뜸이 되고자 하는 자는 너희 종이 되어야 하리라
28. 인자가 온것은 섬김을 받으려 함이 아니라 도리어 섬기려 하고 자기 목숨을 많은 사람의 대속물로 주려 함이니라
－마태복음 20장

　그리고 예수님께서는 제자들의 발을 씻겨 주시며, 몸소 낮아지심을 실천하셨다. 정작 왕이신 예수님은 낮아지셨는데, 그분의 핏값으로 생

명을 얻은 우리가 왜 낮아질 수가 없단 말인가? 예수님께서 묵묵히 인간으로 낮아지셔서, 하나님의 구원 사역을 완수하시기 위하여 고통과 고난을 견디시며, 순종하여 십자가에 매달리셨듯이, 우리도 낮아져야 한다.

전도에 있어서의 기본은 낮아짐이다. 예수님께서 그러셨듯이 우리도 낮은 자세로 말씀을 전하는 데 힘써야 한다. 그분이 그러셨듯이 우리도 묵묵히 자신을 낮추고, 전도해야 하며, 상대에 맞추는 것을 부끄러운 것이 아닌 현명한 것이라 여겨야 한다. 이 세상에서 높은 지위에 있다고 천국에서도 높은 자리가 보장된 것은 아니니, 비록 자신이 높은 자리에 있다 할지라도 예수님의 희생을 생각하고, 자신보다 못하다 생각되는 이들에게도 진심으로 낮은 자세로 그 사람에 맞게 현명한 전도를 하여, 하나님께 영광을 돌릴 수 있도록 하는 것이 진정한 전도의 길일 것이다. 전도를 하나님의 일로 생각하지 않고, 자신을 높이며, 근엄하고 고압적인 태도로 임한다면, 그 어느 누구에게 복음을 전할 수 있단 말인가?

예수님께서 낮고 겸손한 마음으로 자신을 낮추셔서 제자들의 발을 씻겨주셨듯이, 우리도 그분처럼 낮고 겸손한 마음가짐으로 나의 주장을 일방적으로 전하는 것이 아닌 상대를 인정하며, 진심으로 위하는 마음가짐으로 복음을 전하는 태도가 필요한 시대라고 생각한다. 복음은 하나님께서 거저 주신 선물이지, 우리가 어떤 행위와 노력으로 얻은 것이 아니다.

1. 그는 허물과 죄로 죽었던 너희를 살리셨도다
2. 그때에 너희는 그 가운데서 행하여 이 세상 풍조를 따르고 공중의 권세 잡은 자를 따랐으니 곧 지금 불순종의 아들들 가운데서 역사하는 영이라
3. 전에는 우리도 다 그 가운데서 우리 육체의 욕심을 따라 지내며 육체와 마음의 원하는 것을 하여 다른 이들과 같이 본질상 진노의 자녀이었더니
4. 긍휼이 풍성하신 하나님이 우리를 사랑하신 그 큰 사랑을 인하여
5. 허물로 죽은 우리를 그리스도와 함께 살리셨고(너희는 은혜로 구원을 받은 것이라)
6. 또 함께 일으키사 그리스도 예수 안에서 함께 하늘에 앉히시니
7. 이는 그리스도 예수 안에서 우리에게 자비하심으로써 그 은혜의 지극히 풍성함을 오는 여러 세대에 나타내려 하심이라
8. 너희는 그 은혜에 의하여 믿음으로 말미암아 구원을 받았으니 이것은 너희에게서 난 것이 아니요 하나님의 선물이라
9. 행위에서 난 것이 아니니 이는 누구든지 자랑하지 못하게 함이라
10. 우리는 그가 만드신 바라 그리스도 예수 안에서 선한 일을 위하여 지으심을 받은 자니 이 일은 하나님이 전에 예비하사 우리로 그 가운데서 행하게 하려 하심이니라

－에베소서 2장

그러니 이렇게 감사한 선물을 받은 우리가 무언가 먼저 복음을 아는 자가 되었다고, 높은 위치에서 가르치듯이 전도할 이유는 없는 것이다. 그저 감사로써 영혼을 불쌍하게 여기는 마음을 가지고, 하나님의 영광을 위하여 낮은 자세로 상황에 맞는 지혜로운 전도를 하는 것이 바른 전도의 태도라고 할 수 있을 것이다.

삶이란 우리의 인생 앞에 어떤 일이 생기느냐에 따라 결정되는 것이 아니라 우리가 어떤 태도를 취하느냐에 따라 결정되는 것이다.

– 존 호머 밀스

회개: 되돌아갈 수 있는 용기

8. 그러므로 회개에 합당한 열매를 맺고

－마태복음 3장

예수님께서 골고다 언덕을 올라가신다. 그분의 등에는 나무로 만든 큰 십자가가 걸쳐져 있고, 한발 한발 내딛는 발걸음에서는 천근만근의 무게감이 느껴진다. 땀이 송골하게 맺힌 그분의 얼굴은 담담하다. 묵묵히 순종하는 것이 진정한 사랑을 성취하고, 구속의 사역을 완성하시는 것임을 이미 알고 계시기에, 벌레만도 못한 인간들이 조롱하고, 침을 뱉어도 그들에게 저주의 말을 퍼부으시지 않고, 도리어 그들의 영혼을 걱정하며, 가야 할 길을 걷고 계신다. 로마 군병들의 채찍질로 인하여 다 헤어진 몸에서는 핏물이 배어 나오며, 땀과 뒤섞여 그 아픔이 더하다. 하지만 언덕에 올라가서 못 박히실 고통에 비하면 이것은 아무것도 아닐 것이다. 하나님의 아들이시자 성자 하나님이시기에 얼마든지 말 한마디로 이 모든 상황들을 뒤엎을 수 있지만, 그렇게 하신다면,

이 세상의 모든 인간들이 지옥에 가야 한다는 것을 알고 계시기에 입을 닫고, 조용히 본인의 사역을 수행하신다. 인간들은 숭고한 그분의 사랑은 아는지 모르는지 웃고 떠들며, 자신들의 조물주를 비웃고 있다. 예수님이 십자가에 못 박히신 후에, 남겨질 헤어진 옷과 몇 가지 물품만이 그들에게는 유일한 관심거리일 뿐이다.

-예수님을 묵상하며

예수님께서는 우리를 위하여 십자가에 대신 못 박히셨다. 그분께서 우리의 죄를 대속해 주셨기에 하나님께서는 이제 우리의 죄를 더 이상 죄로 보지 않으시며, 믿음을 통해 천국에 갈 수 있는 길을 열어 주셨다. 우리는 스스로 얼마나 죄가 많은 인간인지 깨닫는 순간에 비로소 낮아짐을 경험할 수 있다. 그리고 자신이 낮아지는 순간에 죄를 깨닫고, 회개를 통하여 하나님 앞에서 자신의 본 모습을 바라볼 수 있게 된다. 예수 그리스도께서 나를 위하여 대신 죽어 주셨음을 믿음으로써 하나님 앞에 면죄부를 얻게 되는 것이다.

대속은 사랑이다. 그분의 피와 눈물로 이루어진 값진 선물이며, 우리에게 있어서는 지옥에서 천국으로 갈 수 있는 한 줄기 빛과 같은 구원의 손길이다. 이제 예수 그리스도를 믿음으로써 우리는 하나님 앞에 나의 죄가 사함 받았음을 알고, 성령님을 받아들여 하나님께서 바라시는 그리스도인으로 살아가야 한다. 우리를 위하여 목숨을 버리신 그분의 뜻이 이러한데, 그 뜻을 따라 하나님과 동행하는 삶을 살아야 한다는 것은 당연한 일이다. 이제 구원받은 그리스도인으로서 우리는 하나님 앞에서 죄를 짓지 않고, 그분을 위하여 살아가겠다고 다짐한다.

하지만 비록 우리가 예수님의 사랑은 알고 있지만, 그리고 죄를 더 이상 짓는 것이 하나님 앞에 옳지 못하다는 것을 알고는 있지만, 과연 죄를 짓지 않고 이 세상을 살아갈 수 있을까? 그럴 수는 없다. 우리는 거듭났다 하더라도 매일같이 죄를 지으며 산다. 사람들을 미워하고, 질투하며, 때로는 거짓말도 하면서 끊임없이 죄를 짓는다.

한 번 거듭난 사람이라면, 이제 죄가 하나님과 그 사람의 관계를 떨어뜨려 놓을 수는 없을 것이다. 예수님의 보혈로써 거듭난 사람은 이미 하나님의 소유이며, 하나님과의 끈으로 이어진 거듭난 사람에게 더 이상 관계의 단절은 있을 수 없는 것이다. 그것은 하나님과 영원히 구원의 끈으로 연결되어 있는 것과 같다. 하지만 아무리 끈으로 연결되어 있다고 해도, 그것이 끊어질 수는 없어도 멀어질 수는 있다는 것을 우리는 명심해야 한다. 하나님께서 싫어하시는 죄를 짓고, 그리스도인의 모습에서 멀어짐으로써 점점 하나님과의 관계에서 멀어질 수 있는 것이다.

죄는 행하면 행할수록 그 무게가 가벼워지는 속성이 있다. 한 번의 거짓말은 우리를 괴롭게 하지만 두 번, 세 번 거듭되는 거짓말은 우리의 양심을 무디게 만든다. 그리고 죄의 무게에서 무디어짐은 곧 하나님과의 관계가 멀어짐을 의미한다.

죄성을 가지고 태어난 사람이기에 죄를 지을 수밖에 없는 것은 당연한 일이다. 하지만 동시에 우리는 그리스도인으로서 하나님과의 관계가 멀어져서는 안 된다는 것도 잘 알고 있다. 그렇다면 죄를 아예 안 지을 수도 없고, 그리스도인으로서 살고자 하는데, 도대체 어떻게 해야 한다는 것인가?

그 해답은 바로 회개에 있다. 회개는 우리에게 두 번의 모습으로 다가온다. 처음에는 죄를 깨닫고, 회개하는 모습으로서 거듭남을 위한 낮아지는 단계를 실현하는 형태로 찾아온다. 그리고 두 번째 회개는 일상의 생활에서 그리스도인으로 살아가면서 찾아오는 것이다.

회개는 돌이킴이다. 하지만 단순한 돌이킴이 아니다. 그냥 돌이켜서 잘못했다고 말하는 것은 자백일 뿐이다. 범죄자가 자백한다고 해서 자신이 저지른 죄를 후회한다는 것은 아니다. 자백은 말 그대로 고백이며, 그리스도인에게 필요한 것은 자백이 아니라 회개임을 잊지 말아야 한다. 이스라엘 민족들은 구약시대 때에 회개하는 모습을 보일 때마다 옷을 찢고, 머리를 풀며, 아픔을 표현했다. 회개란 말 그대로 옷을 찢고, 마음을 찢는 행위이다. 옷과 마음을 찢어서 내가 다시는 그런 일을 행치 않겠다는 것을 하나님 앞에 보이는 것이다. 그냥 자백하고, 돌이키는 것에서 끝나는 것이 아니라, 완전하게 옷과 마음을 찢어 하나님 앞에서 이전의 마음은 다 찢어서 없애버리고, 새로운 마음으로 나아겠다는 모습을 보이는 것이 회개인 것이다. 회개의 진정한 모습을 아는 것은 그리스도인에게 대단히 중요한 일이다.

이 시대에 교회는 매일같이 회개하는 모습을 보인다. 하지만 그것은 회개가 아니라 자백일 뿐이다. 그저 본인의 죄를 자백하며, 반복하여 죄를 짓고는 또 자백한다. 진정한 회개란 이전에 죄를 지었던 마음을 찢는 것이다. 찢어서 버리고, 다시는 그런 마음을 갖지 않는 것이며, 죄를 짓지 않겠다는 마음으로 잘못되었던 행동의 방향을 완전히 돌이켜 하나님 앞에서 그 죄를 반복하지 않는 것이다.

하나님께 자신의 죄를 자백만 하고, 반복하여 지속적으로 죄를 짓는다면, 그게 그리스도인의 삶에서 어떤 의미가 있을까? 우리는 완전한 회개의 의미를 숙지해야만 한다. 완전히 돌이켜야 하며, 죄를 짓는 것이 얼마나 하나님 앞에 잘못인지 알아야 한다. 그리고 온전히 회개하는 삶을 이루며 살아나갈 때 우리에게는 그리스도인의 향기라는 선물이 주어진다. 그리스도인의 향기를 이룬다는 것은 얼마나 시간이 오래 걸릴지 아무도 모르며, 너무도 상대적인 개념이다. 하지만 분명한 것은 진정으로 회개하고, 하나님을 따르는 삶을 살았을 때 그 사람에게는 그리스도의 향기가 묻어나며, 기품과 고귀함마저 느낄 수 있게 된다는 것이다.

하나님을 따르는 삶을 사는 사람은 하나님의 속성을 닮아가게 된다. 이 세상을 사는데 하나님께서 그리스도인에게 진정으로 원하시는 삶은 무엇일까? 우리는 그것이 무엇인지 잘 알고 있다. 그리스도인은 하나님께서 원하시는 삶을 살기 위하여 끊임없이 진정한 회개를 이루어야 한다. 그리고 회개를 통하여 조금씩 자신의 삶을 하나님께 가까워지도록 만들어야 한다. 그것이 곧 성화의 과정인 것이다. 회개 없이 성화의 과정은 있을 수 없다. 끊임없이 회개하여 조금씩 죄를 줄여 나갈 때 성화의 과정이 이루어지며, 우리는 그런 삶 속에서 하나님의 은혜와 사랑을 또 다른 차원으로 접할 수 있게 되는 것이다.

하나님의 사랑은 차원이 있다. 처음에 접하는 사랑이 전부가 아니다. 접하면 접할수록 그 사랑은 끝이 없으며, 깊이와 차원이 다름을 우리는 경험해볼 수 있다.

회개란 나쁜 것이 아니다. 죄를 향한 길을 걸어가다가 돌이켜 하나님의 원하시는 길로 삶의 방향을 바꾸는 것과 같다. 우리는 회개라는 예수님의 말을 여러 차원으로 반드시 명심해야만 한다. 그리고 그분의 뜻을 따라 살아야 한다.

진정한 그리스도인으로서 매일같이 회개하는 삶을 추구해야 한다. 그리고 죄를 멀리 하며, 끊임없이 하나님 앞에 돌이키는 회개를 이루어 내야만 한다. 어느 순간에 그것을 이루는 사람에게서는 그리스도의 향기가 나기 시작할 것이며, 자신은 알 수 없지만, 주변의 형제와 자매들은 그 사람을 통하여 그리스도인의 삶을 배우게 될 것이다. 그리고 이 세상 짧은 여정을 끝내고 하나님 앞에 서게 될 때 그분께 열심히 주어진 삶을 살았노라고 말할 수 있을 것이다.

회개는 과거의 잘못된 행동에 대한 마음속에서 우러나오는 슬픔이며, 우리의 온힘을 다해 하나님의 법을 따르기로 한 성실한 결심이며 노력이다.

– 존 로크

그리스도인으로서 세상을 사는 자세: 세상에서 살아가며

> 29. 네가 자기 사업에 근실한 사람을 보았느냐 이러한 사람은 왕 앞에
> 설 것이요 천한 자 앞에 서지 아니하리라
>
> —잠언 22장

예전에 교회에 다니는 한 학생과 이야기를 나눈 적이 있었다. 직접 가르치던 학생은 아니었지만, 나름 열심히 교회에 나오던 학생이었는데, 너무 공부를 하지 않아 고등학교에 입학하기도 애매한 상태였다. 일단은 학생으로서의 본분은 공부라고 생각했기에 이야기도 들어보고 공부도 도울 겸 해서 상담을 하게 되었다. 상담을 하면서 조금은 안타까운 사실을 접하게 되었는데, 그 학생의 생각을 듣고 무척이나 놀라게 되었다.

먼저 학생의 입장을 들어보니 신앙과 그리스도인의 삶에 대하여 너무도 잘못된 생각을 가지고 있었는데, 안타까운 것은 그 주변에 있는

사람들이 모두 비슷한 생각을 하고 있었기에 그것이 잘못된 생각이라는 것을 고쳐 줄 사람이 없었다. 그 생각은 무엇이었을까? 무엇이 이 학생으로 하여금 공부에 소홀하고 학교보다는 PC방으로 향하고, 놀게 만든 것일까?

일단 나는 그 학생에게 자신의 본분에 대하여 이야기했다. 학생의 본분은 공부인데 공부를 하지 않으면, 자신의 일에 소홀한 것이고 나중에 그로 인해 불이익을 받을 수도 있다고 말했다. 그러자 그 학생의 입에서 나온 말은 곧 예수님이 오실 텐데 공부는 해서 뭐하냐는 것이었다. 예수님께서 곧 오실 것 같으니, 자신은 그저 하고 싶은 것을 하다가 성인이 되어도 아르바이트나 하면서 교회생활을 하겠노라고 말했다. 극단적인 경우 같지만 실제로는 안타깝게도 교회에 만연히 퍼져있는 학생들의 태도다.

그 학생은 자신이 거듭난 사람이기에 세상에는 큰 미련이 없으며, 세상에서는 이렇게 살다가 주님이 오시면 천국에서 살겠노라 주장하는 것이다. 그리고 주변 분들도 그 학생의 문제를 논할 때 하나님께 맡기라는 말로 다독일 뿐 그저 하나님께 모든 것을 맡기면 그분께서 때가 되면 아이를 바르게 인도해 주실 거라는 말씀으로 학생을 그저 하나님께만 맡기고 있었다. 틀린 말씀은 아니다. 학생의 모든 것, 우리 아이들의 모든 것을 모두 하나님께 맡기는 것은 옳은 일이고 당연한 것이다. 하지만 무언가가 잘못되었다. 확실히 잘못되었다.

문득 정신을 차리고 주변을 보니, 교회의 아이들은 대부분이 성적이 저조한 상태였고, 최상위권을 유지하는 예외의 경우도 있었지만 일반적으로 공부도 잘하고 예의 바른 학생들은 안타깝게도 교회의 아이들 보다는 그냥 세상적인 일반 가정의 아이들이었다. 도대체 어떻게 이런 일이 생긴 것일까? 하나님께서 분명히 교회의 아이들과 함께 해 주실 텐데 왜 아이들의 상태가 이런 것일까? 나는 그에 대하여 그리스도인의 자세를 묵상해보며, 문제를 확인하고 답을 구해보고자 한다.

일단 두 가지로 나누어 이 문제를 이야기해보고 싶다. 첫 번째는 예수님께서 오실 날에 관한 것이고, 두 번째는 그리스도인의 삶의 자세에 관한 것이다.

먼저 예수님께서는 분명히 이 세상에 다시 오시리라고 약속하셨다. 그리스도인으로서 그 약속에 의지하여 삶을 사는 것은 당연한 일이고 올바른 믿음이라 할 수 있다. 하지만 여기에서 함정은 절대 예수님께서는 언제 오시는지에 대한 답은 주시지 않았다는 것이다. 실제로 초대교회의 사도들은 자신들이 살아있는 동안에 예수님께서 재림하실 것을 믿었다. 그리고 로마의 박해 동안 300여 년이 넘는 기간을 도망다니며, 복음을 전파하던 이들도 예수님께서 곧 오실 것이라는 절박함 속에서 믿음을 갖고, 그 모진 고난을 이겨내었다. 사해 사본의 주인공

들인 쿰란 공동체 역시 비슷한 생각을 가지고 살아가던 예수님 당시의 사람들이었고, 중세로 넘어와 종교개혁을 일으킨 많은 믿음의 선진들도 자신의 시대에 예수님께서 재림하실 것을 믿었으며 지금 이 순간에도 많은 사람들이 자신이 사는 동안에 예수님께서 재림하실 것임을 믿고 있다. 그리고 예수님께서는 말씀하셨다.

32. 무화과나무의 비유를 배우라 그 가지가 연하여지고 잎사귀를 내면 여름이 가까운 줄을 아나니
33. 이와 같이 너희도 이 모든 일을 보거든 인자가 가까이 곧 문 앞에 이른 줄 알라
34. 내가 진실로 너희에게 말하노니 이 세대가 지나가기 전에 이 일이 다 이루리라
35. 천지는 없어지겠으나 내 말은 없어지지 아니하리라
36. 그러나 그날과 그때는 아무도 모르나니 하늘의 천사들도, 아들도 모르고 오직 아버지만 아시느니라
37. 노아의 때와 같이 인자의 임함도 그러하리라

−마태복음 24장

그날은 아무도 모른다. 오직 하나님만 알고 계시는 날인 것이다. 그러기에 징조를 보고, 언제 즈음에 오실지 정도는 예측할 수 있겠지만, 내가 살아있는 동안에 오실지 아니면 죽고 나서 오실지는 아무도 알 수 없는 것이다. 이렇게 하나님께서 언제 오실지 모르는데, 오실 그분

만을 기다리며, 세상에서 자신이 해야 할 일들은 옆으로 제쳐 놓고, 하고 싶은 것만 하며, 사는 것이 과연 옳은 것일까?

이에 대한 주제는 두 번째로 이어져, 그리스도인의 삶의 태도와 연결될 수 있다.

우리는 이 세상을 살면서, 하나님을 향한다. 즉 한 발은 하나님께 그리고 필연적으로 한 발은 세상에 담그고 있는 것이다. 이것은 비단 우리뿐만이 아니라 모든 성경 속의 인물들 역시 마찬가지였다. 그렇다면 우리는 성경 속의 인물들을 살펴보면서 이 세상을 살아가는 그리스도인의 참된 자세를 확인해볼 수 있다. 우선 중요한 것은 하나님께서 쓰신 사람들에 관한 것이다. 우리는 성경을 통해서 하나님께서 쓰신 사람들의 공통점을 하나 발견할 수 있다. 그들은 모두 자신의 일에 충실했다는 점이다. 요셉은 노예로서 그리고 총리로서, 다윗은 목동으로서, 다니엘은 궁정의 학생에서 총리의 자리에서까지, 엘리야는 제사장의 시종으로서 아브라함과 이삭 그리고 야곱은 가축을 기르는 유목민으로서, 어느 누구하나 하나님이 쓰신 인물 중에 게으르고, 자신의 일에 힘쓰지 않았던 사람은 없었다.

그리스도인으로서 하나님께 쓰임을 받고 싶지 않은 사람은 없을 것이다. 만약 나는 천국만 가면 되고, 쓰임 받는 것이 귀찮아서 싫다고 한다면, 그 사람은 하나님의 사랑과 자신의 믿음을 다시 검증해볼 것을 추천한다. 정말로 비할 데 없이 큰 하나님의 은혜를 받은 그리스도인이라면, 하나님께 조금의 쓰임이라도 받고자 함은 당연한 일이다. 그리고 하나님께서는 성경 속의 인물들을 통하여 자신의 일에 충실한 사람들을 사용하심을 우리는 알 수 있다. 게으르고 어리석은 종이 하나님께 어떻게 쓰임 받을 수 있단 말인가? 물론 하나님께서는 그러한 사람도 때에 따라 들어 쓰시기는 하지만, 아무래도 게으르고 자신의 일에 충실하지 못한 사람을 들어 쓰시는 것은 극히 예외적인 경우에 속할 것이다. 우리는 그리스도인으로 쓰임 받기 위하여 항상 자신의 일에 최선을 다하며 갈고 닦아 준비해야 한다. 모세는 40여 년 간 이집트의 왕자로 세상의 많은 지식을 얻고 성실하게 생활했기에 나중에 하나님께 쓰임 받을 수 있었다.

17. 하나님이 아브라함에게 약속하신 때가 가까우매 이스라엘 백성이 애굽에서 번성하여 많아졌더니
18. 요셉을 알지 못하는 새 임금이 애굽 왕위에 오르매
19. 그가 우리 족속에게 궤계를 써서 조상들을 괴롭게 하여 그 어린아이들을 내어버려 살지 못하게 하려 할새
20. 그때에 모세가 났는데 하나님 보시기에 아름다운지라 그 부친의 집에서 석 달을 길리우더니
21. 버리운 후에 바로의 딸이 가져다가 자기 아들로 기르매
22. 모세가 애굽 사람의 학술을 다 배워 그 말과 행사가 능하더라

23. 나이 사십이 되매 그 형제 이스라엘 자손을 돌아볼 생각이 나더니
-사도행전 7장

비록 모세가 자신이 쓰임 받을 수 있겠다고 생각한 때가, 하나님께서 예비하신 때가 아니었기에 광야에서 40년이 더 지난 후에야 하나님의 일을 시작하게 되었지만, 모세 역시 역사적으로 왕자로서 차기 파라오의 자리를 이어받을 준비가 되었을 만큼 자신의 일에 충실하고, 말과 행사가 능한 사람이었다.

우리는 이렇게 성경 속의 인물들을 보면서, 그리스도인으로서 한 발을 이 세상에 담고 있기에 하나님의 쓰임을 받기 위해서는 항상 부지런히 세상에서의 자신의 역할에 충실하고, 열심히 공부하여 준비되어 있어야 함을 배울 수 있다.

조금만 생각해봐도 평생을 아무것도 배운 것 없고, 게으르게 생활하여 아는 것이라고는 거의 없는 사람과 매사 모든 일에 충실하여 많은 일에 능통하고, 사회적으로도 인정받는 두 그리스도인이 있다면, 누가 더 하나님 앞에 쓰임 받을 기회를 더 많이 가질 수 있을 것인가? 나는 잘나고 못났음을 논하는 것이 아니다. 물론 하나님께서는 할 줄 아는 일이 없는 사람도 그 마음의 중심을 보시고 쓰심을 익히 잘 알고 있다. 하지만 중요한 것은 준비가 되어 있는지 아닌지의 차이인 것이다.

정말로 하나님을 사랑하는 그리스도인이라면, 현재의 자신의 일에

충실하여 언제든지 하나님께서 자신을 쓰시길 원하실 때 '나를 쓰소서'라고 말할 수 있는 상태가 되어 있어야 한다. 그것이 진정한 그리스도인의 삶의 자세이며, 잠시 스쳐가는 이 세상에서 우리가 해야 할 몫인 것이다.

학생 시절에 주님을 알았다면, 최선을 다하여 공부함이 옳다. 공부하여 친구들에게 인정받는 성실한 학생으로서 바로 설 때 전도도 더 쉽고, 많이 할 수 있다. 불량하고 게으른 학생에게 누가 자신의 영혼을 맡기며, 그를 통하여 어떻게 전도가 될 수 있단 말인가? 아마도 게으른 사람의 친구는 너나 먼저 똑바로 살라는 말부터 할 것이다.

성인이 되어서 거듭남을 경험했다면, 지금 있는 위치에서부터 그리스도인의 자세에 임하면 된다. 청소하는 것이 직업이라면, 남들이 보지 않는 곳도 더 꼼꼼하고, 성실하게 임하여 사람들 앞에 믿을 만한 사람임을 보여, 그리스도인은 바른 사람임을 알리는 것이 앞으로 잃은 영혼을 바르게 인도하는 데 도움이 될 것이다. 그리고 하는 일이 사업이라면 거짓 없이 정직한 자세로 임하여 성경에서 말씀하시고 원하시는 모습을 보일 때 그 사람 역시 그리스도인으로서 모범을 보여 많은 사람들을 전도할 수 있고, 하나님께 칭찬받는 종으로 그리고 아들로서 상급을 받을 수 있을 것이다.

세상 사람들이 보기에 그리스도인의 삶은 고단하다. 남들이 다 노는 주일에 교회에 나가 하나님을 위하여 예배드리고 찬양하며, 봉사해야 하고, 남들에게 고개 숙여 말씀 한 번 들어 볼 것을 권유해야 하며, 참으로 융통성 없고, 답답한 사람들로 비춰지기 십상이다. 하지만 우리가 자신의 일에 충실한 그리스도인이라면, 그들의 시각은 긍정적으로 바뀌어 매사에 열심이며, 남을 위하여 희생할 줄 아는 그리스도인으로 우리를 인식할 것이다. 그리고 시간이 지나 그들이 우리의 삶의 태도를 보고 교회에 나오게 된다면, 주일에 교회에 나가는 것이 시간을 버리는 것이 아니라 진정한 교제와 하나님의 은혜를 느낄 수 있는 기쁨이라는 것을 알게 될 것이다. 그리고 남들에게 말씀 한 번 들어보라고 고개 숙이는 것이 하나님의 사랑을 깨달았기에 가능한 것이고 그에 따른 큰 상급과 은혜가 있을 것임을 알게 되어, 우리를 이해하고 나아가 형제자매가 될 수도 있다.

자신이 그리스도인이라 믿는가? 그렇다면 일단 지금 바로 이 순간부터 자신의 일에 충실해야 한다. 학생이라면 공부에, 직장인이라면 직장에, 장사를 하는 사람이라면 장사에, 성실하게 자신의 일에 임할 때, 하나님께서도 그 사람에게 상급을 쌓을 기회를 허락해 주실 것이다. 모든 것을 하나님께 맡긴다는 것은 하나님을 전적으로 의지한다는 바른 삶의 자세이다. 그러나 진정한 그리스도인의 삶의 자세에는 세상을 살면서, 하나님께 맡길 부분과 자신이 하나님을 위하여 해야 하는 일도 있음을 명확하게 구분하는 것도 포함된다. 바른 그리스도인의 삶에 임하는 자세는 성실하고, 자신의 일에 충실한 모습을 보여드리는 것에서 시작해야 함을 나는 확신한다.

다시 한 번 강조하면, 하나님께 전적으로 모든 것을 맡기는 것은 옳은 일이지만 그리스도인으로서의 자신이 해야 할 몫도 있음을 잊지 말고, 현재 해야 할 일들을 파악하고, 최선을 다하는 삶을 살아야 한다는 것이다.

공부하자. 그리고 성공하자. 그리스도인이 세상에서 성공하는 것은 죄악이 아니라 하나님의 축복이자 은혜다.

그리스도인은 땅속 깊숙이 풍성하게 저장되어 있는 광석과 같은 존재가 되어야 한다.

– 리차드 십스

그리스도인의 교제: 교회에서 살아가며

8. 주께서 너희를 우리 주 예수 그리스도의 날에 책망할 것이 없는 자
로 끝까지 견고케 하시리라

– 고린도전서 1장

예수님께서는 포도나무로 자신을 비유하시며, 우리 그리스도인들이
교회와 교제 안에 있어야 함을 강조하셨다. 여기서 교회라는 것은 교
회당을 의미하는 것이 아닌, 구원받은 사람들의 무리를 일컫는 말이
다. 예수님의 보혈로 죄 사함을 받은 그리스도인은 반드시 구원받은
사람들의 무리에 머물러 있어야 한다.

간혹 낮아짐을 경험하고, 예수님을 받아들인 사람들 중에서 복음을
받아들이면, 모든 것이 끝이 나는 것으로 착각하는 경우가 있다. 사실
이것은 정말 큰 오해인데, 그 이유는 우리가 복음을 듣고, 거듭난 것은
영어로 born again, 즉 다시 태어났다는 의미이며, 다시 태어나는 순간
우리는 아기와 같은 신앙을 가지고, 신앙적 유아인 그리스도인으로 다

시 태어남을 의미하기 때문이다. 사람은 이 세상에 태어나면, 반드시 부모와 주변 사람들의 보살핌이 필요한 법이다. 누구나 한 사람으로서 제 몫을 하기까지는 실로 오랜 시간이 걸린다. 누워서 젖을 빨고, 어느 순간 기어 다니며, 밥을 먹을 수 있게 되고, 이제는 걷고 뛰며, 학문을 습득하고, 관계와 소통을 배운다. 이 과정은 누구에게나 적용되는 것이며, 사람이라면 당연히 거쳐야 할 일종의 통과의례라고도 볼 수 있다.

그리스도인의 신앙 역시 다르지 않다. 처음 거듭났을 때에는 세상의 지식으로 인하여 많은 것을 알고 있다고 생각할 수도 있지만, 실제로 성경을 공부하고, 교회와 교제 안에 거하다 보면, 세상의 지식과 하나님의 지식은 큰 차이가 있음을 알게 되고, 하나님을 배워 나감으로써 신앙의 성장이 필요하다는 것을 알 수 있게 된다. 우리는 거듭난 무리, 즉 교회 안에서 말씀과 교제를 통하여 성장을 추구해야 하는 것이다.

성경의 말씀은 우리에게 하나님의 지식과 올바른 삶의 자세를 가르쳐 주고, 거듭난 무리 안에서의 교제는 우리에게 책과 같은 지식과 경험, 합력하여 선을 이루라는 하나님의 말씀을 직접 경험할 수 있는 기회를 제공한다. 우리는 이런 경험과 말씀, 하나님의 선으로 합력을 이루는 과정 모두를 말씀과 책 그리고 교제를 통하여 얻을 수 있다.

책은 어떻게 인류의 역사에서 아주 중요한 위치를 차지하게 된 것일까? 이 세상의 모든 사람들은 책을 통하여 지식을 배운다. 책이란 것은 수년 또는 수십 년에 걸쳐 저자가 경험하고 배웠던 지식들을 정리하여 알기 쉽게 쓴 것을 말한다. 우리는 책을 통하여 수년 또는 수십 년의 축적된 지식을 빠른 시간에 습득할 수 있고, 이를 통하여 더 빠른 발전을 이루어 낼 수 있다.

나는 그리스도인의 교제를 책과 같다고 생각한다. 아니 오히려 책보다 소통과 동질감을 고취시킬 수 있는 한 차원 높은 형태의 지식의 집합소라 생각한다. 우리는 교제를 통하여 나보다 앞서 거듭난 사람들의 지혜를 습득할 수 있고, 앞으로 내가 처할 상황을 미리 알 수 있으며, 그에 대한 올바른 대처 방법 역시 습득할 수 있다. 사람으로서 가질 수밖에 없는 공통된 경험을 서로 공유함으로써 올바른 그리스도인으로 성장할 수 있는 기틀을 마련할 수 있다.

가끔 혼자서도 성경을 통하여 충분히 성장할 수 있다고 말하는 분들을 보곤 한다. 그럴 수도 있다. 하지만 그런 상황에 있어서는 여러 가지 부작용이 생길 수 있는데, 일단 자신의 관점에서만 성경을 바라보다 보니, 시야가 좁아지고, 하나님의 뜻을 왜곡되게 받아들일 여지도 있다. 그리고 무엇보다도 그리스도인이라면, 하나님께서 하신 말씀을 따라야 함이 옳은데, 우리는 하나님께서는 하나님의 무리 안에서 합력하여 그분의 선한 뜻을 이루고, 포도나무에 붙어 있으라고 말씀하셨음을 잊지 말아야 한다. 우리가 거듭난 그리스도인의 무리 안에 머물러 교제를 할 때에, 우리는 하나님과 함께하는 것이고, 더불어 신앙의 성장을 위한 지식도 공급받을 수 있으며, 형제들과의 소통을 통하여 사랑을 배우고 힘을 얻을 수 있다.

우리는 흔히 교제를 통하여 간증을 하기도 한다. 간증이란 자신의 신앙생활에서 얻은 것들을 다른 이들과 공유하는 것인데, 간증을 통하여 우리는 경험을 나누어 신앙의 성장을 끌어낼 수 있고, 혹시라도 죄가 있다면, 죄를 고백함으로써 다른 형제에게 위로와 힘을 얻고, 다음에 그런 죄를 또다시 짓지 않을 수 있는 의지와 마음가짐을 얻을 수 있다.

간증은 반드시 진솔해야 하며, 자신을 내세우는 것이 아닌 드러냄이 되어야 한다. 우리는 모두 똑같은 그리스도인인데, 내세울 것이 무엇이 있을까? 자신을 내세우는 간증을 하는 것은 하나님 앞에서 자신을 높임으로써 부끄러운 일임을 알아야 하지만, 내 자신의 치부를 드러내어, 다시는 그런 죄를 짓지 않을 수 있는 여지를 마련하는 것은 신앙의 성장을 이루는 것이지 부끄러운 것이 아니다.

하나님을 바라보며, 성장할 수 있는 올바른 교제를 만들어 가는 것은 교회의 직분자들 몫이라 할 수 있다. 교회 내에서 올바른 신앙을 가진 사람들이 올바른 교제를 이끌 때에는 교회에 큰 성장을 가져오고, 복음의 활발한 전파가 이루어진다. 하지만 바르게 하나님을 바라보지 못하고 봉사와 자신을 내세우는 것에 급급한 직분자들이 교회를 이끌 때에 그 교회의 힘은 꺾일 수밖에 없다. 어떤 이들은 교회의 머리는 예수님이니, 모두 예수님께서 잘 이끌어 주실 것이라 말하기도 한다. 하지만 교회의 머리가 예수님이신 것은 맞지만, 그 지체는 우리 그리스도인이고, 몸된 교회가 바른 방향을 가도록 하는 것은 지체인 그리스도인의 몫인 만큼 우리가 잘하지 못했을 때 교회도 누룩이 되며, 하나님 앞에 바른 길을 가지 못할 경우도 있음을 인지해야 한다.

교회에서는 온전히 하나님만 바라볼 줄 알아야 한다. 교회를 세상처럼 생각하여 운영하려고 해서는 안 된다. 올바른 직분자들은 반드시 성경적이어야 한다. 성경적이라는 것은 어려운 말이 아니다. 서로 사랑하라는 말씀을 지키고 하나님만을 바라보면 되는 것이다. 형제를 사랑하는데, 내가 그 앞에 높아질 이유가 없고, 형제를 사랑하는데, 내가 그 앞에서 험담과 질책으로 실족시킬 일도 없으며, 형제를 사랑하는데 인내하며 기다려 주지 않을 이유가 없다. 그리고 하나님만 바라보는데, 기도와 간구로 교회를 이끌지 않을 수 없고, 하나님만 바라보는데, 세상적인 방법으로 이끌 수 없으며, 하나님만 바라보는데, 성령 충만하지 않을 수 없는 것이다.

교회는 올바른 마음가짐의 직분자들이 올바른 교회관을 가지고 운영될 때 그 성도들 역시 올바른 교제와 하나님을 바라보는 법을 배우고 신앙의 성장을 이루어 낼 수 있다. 만약 교제와 사랑이 없고, 파가 갈라지며, 복음의 전파가 없다면, 그리고 궁극적으로 성도들의 신앙이 성장하지 않는다면, 빨리 회개하고 돌이켜야 한다. 먼저 사랑으로 품고 인내하며, 성도들 간의 교제를 장려하여 올바른 말씀을 전하려고 노력해야 한다. 교회의 직분자들이 올바른 교제를 인도할 때 성도들의 신앙에 성령 충만함과 성장이 있고, 이를 통하여 교회는 일심으로 하나님만을 바라보며, 합력하여 선을 이루어 낼 수 있다.

형식적인 간증과 반복되는 사랑 없는 교제는 전적으로 무의미하고 교회에 누룩이 된다. 만약 어느 누구도 진심으로 신앙의 간증을 꺼리며, 서로 사랑하지 않고, 비방하는 교회라면 이미 누룩이 퍼졌다고 생각해야 한다. 누룩은 어디에나 있고 언제나 있을 수 있는 것이다. 도려내면 된다. 어려운 일이 아닌 것이다. 하지만 모든 그리스도인들은 순종을 배우고, 따라야 하기에 그 일을 성도들이 아래에서 위로 이루어낼 수는 없는 법이다. 그것은 직분자들과 교회를 이끄는 사람들이 해야 할 몫이다. 그런 이유에서 직분자들부터 올바른 마음으로 하나님을 바라보는 것이 중요한 것이다.

직분자들은 성도들보다 두 배는 더 기도하고, 두 배는 더 성경을 읽으며, 두 배는 더 하나님을 생각해야 한다. 직분자들이 태만하고, 자신을 내세우는 데에만 급급하며, 하나님과의 소통을 보여주지 못한다면,

그것은 잘못된 태도이며, 하나님께서는 반드시 주신 달란트에 대한 결과를 요구하신 다는 것을 우리는 잊지 말아야 한다.

교회는 성도들의 무리이며, 성도들의 신앙을 키우는 곳이다. 서로 나누고 의지하며 하나님께 나아가는 곳이다. 올바른 교제에는 낮아짐과 사랑 그리고 하나님의 말씀이 함께 함을 잊지 말아야 하며, 진정으로 자신을 드러내어 모든 성도들과 공유하고, 그것을 선으로 승화시킬 수 있도록 해야 한다. 때로는 그것을 이루어 내는 것이 불가능하고, 어렵다고 느낄 수도 있다. 하지만 교회 밖의 세상이 얼마나 치열하고 삭막한가? 그런 세상에서도 열심히 살아가는데, 하나님께서 함께 해 주시는 교회에서 하나님의 뜻을 이루어 교회를 만들어 나가는 것이 무엇이 어렵겠는가?

거룩한 하나님과의 친교가 사람들 사이에서 '거룩함'을 이룰 수 있다. 거룩함이란 하나님과의 사귐에서 오는 유쾌한 속성이다. 거짓은 거짓으로, 성심은 성심으로 보답된다. 상대방의 성심을 바라거든 이쪽에서도 성심을 표하라.

-토마스 만

기도와 열매: 세상을 살며 하나님께 받는 선물

16. 항상 기뻐하라
17. 쉬지 말고 기도하라
18. 범사에 감사하라 이는 그리스도 예수 안에서 너희를 향하신 하나님
    의 뜻이니라

－데살로니가전서 5장

그리스도인이라면 누구나 항상 하나님께 기도한다. 우리는 하루 중 많은 기도를 하며 주님과 소통하려 한다. 처음 그리스도인이 되었을 때 기도는 나에게 쉽지 않은 것이었다. 고작해야 자기 전에 한 번 정도 기도하는 것이 다였으니 지금 생각해도 부끄럽기 짝이 없던 신앙이었다. 하루에 세 끼 식사를 꼬박 하면서 한 번의 식사에 한 번만 기도해도 세 번이거늘 고작 하루를 마무리하며 한 번만 기도를 하다니. 고백컨대, 그 기도도 군대에서 너무 힘든 나머지 매일 한 번씩 기도할 테니 무사히 제대하게 해달라고 하나님께 간청하는 중에 생겨난 일종의 습

관이었을 뿐 진정으로 주님과의 소통은 아니었다고 생각한다.

어느 정도의 신앙적 성장이 필요했던 시간이 지나고, 하나님과의 관계에 대해서 더 많은 생각을 하게 되면서, 조금씩 기도의 횟수는 많아져 갔다. 언젠가부터는 아침에 일어나서 기도로 하루를 시작하고, 아침 점심 저녁식사 때 감사의 기도를 드리며, 일이 있을 때마다 항상 기도를 드리다 보니, 이제는 제법 하루에 기도하는 횟수도 많아진 것 같다.

기도에 대해 묵상을 하다 보니, 기도 횟수와 깊이도 신앙의 성장에 따라 달라짐을 확인할 수가 있었다. 지금도 너무도 부족한 신앙이긴 하지만, 처음 기도를 했을 때는 정말 부끄럽게도 이것저것 세상에서 하나님께 원하는 것만이 가득이었는데, 하나님께서는 이 세상에 맘을 두지 말라 말씀하시려는지 내 한 몸의 안위에 맞춰져 있었던 그런 나의 기도들을 들어 주지 않으셨다.

시간이 흐르면서 성경을 읽고, 말씀을 접하며, 하루하루 주님을 더 깊이 묵상하다 보니, 하나님께서는 감사하게도 내게 신앙이 성장할 수 있는 기회를 허락해 주셨고, 나의 기도도 달라졌다. 어린아이처럼 매일 많은 것들을 달라고 떼쓰며, 주지 않으시는 하나님을 원망했던 기도가 어느덧 이해와 감사의 기도로 바뀐 것이다.

한참이나 부족한 내 자신을 돌이켜 보니, 왜 하나님께서 나에게 많은 것들을 허락지 않으셨는지 이해할 수가 있었다. 사실 그 많은 것을 다 허락해 주셨다면, 나는 하나님께 붙어있지 못하고 세상의 죄악에서 아직도 허덕이고 있었을 것에 틀림없었고, 하나님께서 나의 기도를 들어주시지 않은 것은 진정으로 나를 사랑하셨기에 그러셨다는 것을 알 수 있었다. 그런 사실을 알게 되니, 이제는 하루의 기도가 감사의 기도로 바뀌어 감을 알 수 있다.

이제 나의 기도는 하루의 시작을 감사하는 기도부터 시작하여 소중한 식사를 허락해 주심에 감사하고, 일할 수 있는 즐거움을 허락해 주심에 감사하고, 가족들이 하루 동안 건강하게 지냄도 감사하고, 기도를 통하여 내 마음 하나 가득 하나님과 성령님이 인도해 주심에 감사한다. 또 하루를 무사하게 잘 마무리하게 해 주심에 감사의 기도로 하나님과 소통하며 잠이 든다.

예수님께서는 '구하라. 그리하면 주실 것'이라고 말씀하셨고, 우리가 하나님께 필요한 것을 구하는 것은 너무나 당연하고 중요한 것이라고 생각한다. 하지만 이미 하나님께서 허락해 주신 것을 생각해보고, 그 수를 세어본다면, 정말 허락해 주신 많은 것들이 모두 큰 은혜이며, 나의 기도들은 기쁨과 감사의 기도가 될 수 있음을 알 수 있다.

돌이켜보면, 하나님께서는 항상 더디 주신다. 무언가 원하는 것이 있을 때 바로 당장 허락해 주셨던 적이 거의 없지 않았나 싶다. 하지만 너무나 감사하게도 하나님께서는 많은 것들을 실제로 주셨고, 때로는 더 좋은 것을, 때로는 그에 상응할 수 있는 것들을 허락해 주셨음을 많은 시간이 지나서야 알 수 있었다.

언젠가 사도행전 7장을 읽으며, 스데반 집사가 너무도 허망하게 순교했다고 생각했던 적이 있었다. 왜 하나님께서는 충분히 능력이 있었던 스데반 집사를 쓰지 않으시고, 순교를 하게 내버려 두셨을까. 한때 이런 생각이 들었다. 하지만 시간이 흐른 후에 하나님의 깊은 뜻을 알게 된 후에야 스데반 집사의 순교가 사도행전의 7장 한 장을 구성하여, 지금의 우리에게 많은 말씀을 전해 주고, 또 그 스데반의 순교가 바울이라는 지금 나에게까지 복음을 전파할 수 있게 만든, 사도를 탄생하게 했던, 하나님의 큰 역사였음을 알 수 있었다. 스데반은 비록 많은 일을 하지 못하고, 초기 기독교의 첫 순교자로 사도행전 7장에 기록되었지만, 그의 밀알과도 같은 희생은 곧 사도 바울의 탄생으로 이어져 지금의 나에게까지 영향을 미쳤다. 나는 스데반 집사가 의미 없이 죽었다고 아쉬워했지만, 하나님께서는 그를 한 알의 겨자씨처럼 쓰셨고, 그의 순교는 큰 나무가 되어 많은 그리스도인들이 앉아 쉬어 가는 가지가 되었던 것이다.

31. 또 비유를 베풀어 가라사대 천국은 마치 사람이 자기 밭에 갖다 심은 겨자씨 한 알 같으니
32. 이는 모든 씨보다 작은 것이로되 자란 후에는 나물보다 커서 나무가

되매 공중의 새들이 와서 그 가지에 깃들이느니라

　　　　　　　　　　　　　　　　　　　－마태복음 13장

　하나님께서 스데반에게 역사하신 것처럼 그분은 다양한 방법으로 우리에게 응답하시며, 내가 하나님의 그러한 깊은 뜻을 모두 알 수는 없다. 다만 기도하고 간구하며, 인내한다면 스데반과 같은 의미 있는 무언가를 주실 것을 믿고 있으며, 맛있는 열매를 얻기 위해선 때와 인내가 필요하다는 것을 이제는 잘 알고 있다. 그 열매의 때는 인간인 나로서는 우매하기에 알 수 없다. 하지만 하나님께서는 모든 것을 알고 계시기에 적당히 우리가 먹을 수 있는 열매로 그것이 익어 우리 입에 맞을 때까지 기다림과 인내를 먼저 주신다. 나는 하나님께서 좋은 것만을 주시고 싶어 하심을 잘 알고 있다. 그분이 나를 얼마나 사랑하시는지 그리고 거듭난 우리 형제들을 얼마나 아끼시고, 사랑하며, 주시고 싶어 하시는지 잘 알고 있다.

　그러기에 오늘도 나는 기도한다.

　'하나님 제가 제 아들에게 좋지 않은 것을 허락지 아니하듯이 하나님께서도 어리석은 저를 너무도 사랑하시기에 그러하심을 잘 알고 있습니다. 하지만 때가 되면, 제가 먹고 탈나지 않게 잘 익은 열매가 된다면, 그때는 주님께서 그것을 허락해 주실 것임을 잘 알고 있습니다.

제게 기다리는 인내와 항상 많은 것을 주시는 것에 감사할 줄 아는 마음을 허락해 주시고, 주님께서 허락하시지 않는 것에는 미련을 두지 말며, 짧은 세상이지만 온전히 전도와 기도에 힘쓰고, 주님만을 바라보고 살아갈 수 있도록 인도하여 주시옵소서.'

범사에 감사하라는 말씀을 안 기쁨은 진실로 오랫동안 구하던 것을 응답받은 만큼 깊은 떨림과 감동이었음을 기억한다.

잘 기도한 자는 잘 배운 자요, 많이 기도한 자는 많이 운 자이다.

– 루터

기도와 응답: 하나님과 소통하는 법

22. 너희가 기도할 때에 무엇이든지 믿고 구하는 것은 다 받으리라 하시
   니라

-마태복음 21장

  가만히 묵상해보면, 지금 내가 사는 집은 그동안 하나님께 간구하
고, 기도해 왔던 모든 조건을 가지고 있다. 몇 년 전부터 하나님께 우
리 가정의 형편상 필요했던 것을 기도로 간구해 왔었는데, 어느 순간
문득 하나님께서 기도 응답을 해 주신 것을 묵상해보니, 그 안에 바로
지금의 집이 있었다. 사실 그렇게 기도했었는데도, 막상 이루어진 후 1
년이 지날 때까지 기도응답을 받았음을 깨닫지 못했던 것이다.

  집이 7층이다 보니, 아침에 일어나면, 바로 앞에 하천이 흐르는데 그
곳에서 백로와 여러 종류의 새들이 노는 것을 볼 수 있다. 하천이 크
지는 않아도 제법 눈을 만족시켜줄 정도는 되고, 옆의 산책로는 잘 정
비되어 있어 실질적으로 많이 사용하지는 않지만, 나름 만족스럽다. 어

른들을 모시고 살기에 평수도 넉넉하며, 직장과도 가까워서 생활에 용이하다. 물론 내 명의의 집은 아니다. 하지만 어차피 우리 부부는 앞으로 우리 명의로 집을 사지는 않기로 결정했기에, 정말 과분할 정도로 만족스러운 집이고 내 마음도 흡족하다. 아무래도 집을 사는 것은 이 세상에 너무 마음을 두는 것 같아서, 우리 부부는 앞으로도 사지는 말고, 남의 집이라도 마음에 드는 곳에서 편하게 살자고 결정했다.

아침에 일어나서 기도 후에 묵상을 잠시 하다가, 집 밖의 풍경을 보고, 하나님께서 주신 큰 선물을 다시 한 번 되새겨보게 되었다. 집을 허락하여 주신 것에 감사드리다 보니, 지금까지 허락해 주신 많은 것들에 감사하게 된다. 정말 힘든 시기를 여러 번 겪었는데, 이제는 넘치게 많은 것을 허락해 주시는 나의 학원 사업과 항상 부족하지도 넘치지도 않게 적절하게 필요한 만큼을 공급해 주시는 자매의 약국, 그리고 무엇보다도 우리 부부에게 허락하신 것 중에서 가장 큰 가치를 지닌 아들 용우까지, 하나님께서 나에게 주신 것들은 넘칠 정도로 많아서, 그 은혜에 마음이 떨려오는 것을 느끼곤 한다. 물론 하나님은 물질이나 인생에 큰 가치가 된 용우만을 허락해 주신 것은 아니다.

하나님께서는 내가 이 세상에 너무 빠지지 않도록 항상 적절한 징계를 내려주시며, 고난을 허락해 주신다. 그리고 때로는 내 스스로 너무 열심이거나 나 자신에게 영광을 돌리려 할 때 하나님을 바라보라고,

큰 시련을 내려 주시기도 한다. 그 시련을 통하여 나는 또다시 깨닫고 감사한다. 시련은 시련이 아니며, 하나님께서 나의 귀에 하나님을 돌아보라고 소리치시는 것임을 잘 알고 있기 때문이다. 시련을 통하여 비로소 나는 하나님을 쳐다보고 올바른 신앙의 길이 무엇인지를 제대로 바라볼 수 있게 된다.

가난도 부귀도 시련도 행복도 고통도 즐거움도 모두가 하나님의 은혜이다. 그리고 그 모든 것들은 돌이켜보면, 내가 하나님께 기도했던 것들에 대한 응답이었다. 응답의 방향이 항상 세속적으로 즐거운 것들만은 아니었음에 또한 감사한다. 고난을 통하여 성장함을 깨닫는다는 것이 정말 어려웠는데, 하나님께서 주신 선물로 말미암아 진정한 사랑과 은혜가 고난일 수도 있다는 더 높은 차원의 은혜를 알게 된 것이다. 그분의 방법이 아니라면, 나 같은 어리석은 인간은 절대 알지 못했을 것이다. 고백하건대 하나님께서는 보시기에 나에게 많은 것을 허락해 주셨다.

그렇다고 모든 것을 허락해 주신 것은 아니다. 보시기에 필요한 것들을 허락해 주신 것이다. 예를 들어 아들인 용우가 장난감을 사고 싶다고 해서 매일 원하는 장난감을 사줄 수는 없듯이 하나님 보시기에 어리석은 내가 하나님께 필요한 것들을 간구한다 해서 모든 것들을 주시지는 않는다는 것이다. 하지만 하나님께서 내가 간구한 납득할 수 있는 것들은 거의 모두 허락해 주셨음을 나는 감사한다. 언젠가 한 번은 이렇게 많은 것을 허락해 주신 것에 대하여 간증했을 때 오해를 산 적이 있었다. 나를 오해하신 형제님께서는 내가 부유하고 넉넉함을 자랑하는 것으로 생각하셨던 것 같다. 물론 나의 부족한 표현 때문에 일어난 일이지만 한참을 따로 설명하여 오해를 풀어야 했었던 기억이 있다.

나는 사실 크게 한 번 사업에 실패한 경험이 있다. 어린 나이에 제법 큰 성공을 했었고, 나이에 비해서 많은 것을 가지고 있다고 생각했던 적이 있었다. 너무 세속적이어서 하나님께서 나의 마음에 함께 하실 공간도 여유도 없었던 시절이었다. 하지만 놀랍게도 하나님께서는 사랑으로 나를 치셨다. 그때 하나님께서 나를 크게 치시지 않으셨다면, 나는 아직도 하나님의 은혜 밖에서 세상의 헛된 것들만을 좇으며 살고 있었을 것이다. 기존의 사업 외에 다른 일을 더 하다 보니, 새로 시작한 일에 집중하다가 기존에 탄탄했던 사업들이 소홀해졌고, 한 해, 두 해, 정신없이 살다 보니, 정신을 차렸을 때, 나는 바닥까지 떨어져 있었다. 생각도 못하게 바닥까지 떨어졌을 때, 하나님을 보게 되었고, 하나님을 찾게 되었다. 그리고 복음을 다시 듣고 정리하여 하나님 앞에 내 인생을 바치기로 결심했다.

시간이 흘러서 하나님께서는 많은 것을 회복해 주셨다. 예전 정도는 아니지만 어떻게 본다면 예전보다 더 커질 수 있도록 나에게 비전을 보여 주시고, 많은 좋은 사람들을 붙여주셨다. 하나님께서는 나에게 고난을 선물로 주셨고, 그 고난은 이 세상의 어느 물질적인 것보다 더 가치가 있었다. 내가 하나님의 사랑을 깨닫고, 그 안에 머무를 수 있게 되었으며, 고난을 통하여 성숙해지고, 세상을 더 넓게 보는 법을 배웠으니, 하나님께서 허락해 주신 고난은 실로 가장 큰 선물이요, 은혜이다. 그때 고난의 여파로 지금도 버는 돈의 절반 정도는 대출을 갚는데 쓰고 있다. 헌금을 내고 필요한 지출을 하고 나면, 정말 생활비가 많이 모자란다. 아마도 모든 지출 후에 남은 생활비를 비교해보면, 나를 오해했던 형제님이 버시는 금액의 절반도 못 미쳤을 것이다. 나는 부자여서 풍족하다고 간증한 것이 아니라, 고난과 성공 그리고 사랑을 이해할 수 있도록 허락해 주신 하나님의 은혜가 나에게는 너무도 많은 것들이며, 풍족한 것이었음을 간증했던 것이다.

사람들은 항상 자신이 보고 싶은 것들만 보는 경향이 있다. 나 역시 세상에 미쳐서 살 때는 내가 보고 싶은 것들만 보며 살았다. 하지만 지금은 바라보는 시각이 달라졌음을 알 수 있다. 나에게 시선을 맞추지 않고, 하나님에 맞출 때 비로소 그분의 사랑과 은혜를 볼 수 있었다. 그것은 정말 너무도 큰 은혜와 사랑이라서 어떻게 표현할 수조차 없는 것이다. 우리는 우리의 것에만 시선을 맞추었을 때, 하나님께서 기도를 들어 주지 않으신다고 느끼게 된다. 반면에 하나님께 시선을 맞춘다면, 그때야 비로소 하나님께서 내가 원하는 모든 것을 허락해 주셨음을 알 수 있게 된다. 그리스도인은 깨어나야만 한다. 시선을 자신에 맞추는 것이 아니라, 하나님께 맞출 때 그분의 사랑과 많은 것들을 허락해 주심을 알고 깨어날 수 있다.

많은 사람들은 저마다 사물을 보는 시각이 다르다. 반 정도 남은 물컵을 바라볼 때 어떤 이는 반밖에 안 남았다고 생각하지만, 또 어떤 이는 반이나 남았다고 생각한다. 이제 하나님께서 기도의 응답이 없다고 생각되면, 우리의 시선을 하나님께 맞추어 보자. 그렇다면 조금씩 그분이 주신 많은 것들이 생각나게 될 것이다.

우리는 복권에 당첨되면, 헌금도 많이 하고, 그 돈을 주님을 위하여 쓸 수 있을 텐데 왜 나에게는 그런 것을 허락해 주시지 않을까 하고 생각할 때가 있다. 그 이유는 바라보는 시각 자체가 나의 관점이기 때문이다. 하나님의 시각으로 맞추어 보면, 지금도 열심히 생활하여 번 돈으로 얼마든지 헌금을 낼 수 있고, 남을 도울 수 있다. 하나님께서는 돈의 액수를 보시지 않고, 마음을 보신다. 과부의 두 렙돈이 얼마나 큰 가치가 있는지 우리는 잘 알고 있지 않은가? 만약 하나님께서 우리에게 복권을 허락해 주신다면, 그 돈으로 무엇이 생길까? 과연 하나님을 위해서만 그 돈을 쓸까? 적어도 나에게 그 돈은 죄의 씨앗이 될 것임을 잘 알고 있다. 돈이 거저 생긴 것임에도 나는 오만해 질 것이며,

그 돈은 여기 저기 죄를 잉태하게 될 것임이 분명하다.

만약 기도의 응답이 없다고 생각된다면, 하나님과 시선을 맞추어 보자. 그리고 하나님과 동행한다면, 우리의 생각이 얼마나 유아적이고, 어리석었는가를 알게 될 것이다. 그것이 합당한 것이라면, 단언컨대 그분은 주신다. 나는 아직도 여전히 낮고 어리석은 인간이지만, 적어도 그 사실은 알고 경험했기에 기도의 응답받았음을 확신하고, 범사에 감사하는 법을 배우게 된 것이다.

이렇게 기도 응답을 받고 감사할 때 한 가지 주의해야 할 점이 있다. 그것은 반드시 하나님과 시선을 맞추어야 한다는 것이다. 특히 교회 내에서 일할 때 더욱 필요한 자세이다. 우리는 교회에서 일을 하다가 결정을 내릴 일이 있을 때 항상 하나님께 기도하면서 일을 시작하곤 한다. 그런데 때로는 하나님께서 기도하신 것에 대한 응답을 내려 주었다고 착각하며, 내 마음대로 일을 진행할 수도 있음을 주의해야 한다.

가령 교회 내에서 우리가 결정할 일이 생겼다고 생각해보자. 한 임원이 모든 형제들을 모아 놓고 말한다. "제가 기도하는 가운데 하나님께 응답을 받았습니다. 그러니 이렇게 일을 진행하면 될 것 같고, 그게 하나님의 뜻입니다." 정말로 그게 하나님께서 기도에 응답하신 것일까? 그게 하나님의 뜻인 것인가, 아니면 임원의 뜻인 것인가? 과연 하나님께서는 어떻게 그 임원에게 응답하신 것일까? 꿈에 나타나셔서 계시해 주신 것인지, 아니면 직접 귀에 속삭여 주신 것인지 알 수 없다. 한 번은 성경을 펴 보았더니, 이런 구절이 나오더라며, 응답받았다고 말씀하시고는, 일을 진행하시던 형제님을 본 적도 있다. 그것은 점을 치는 것이다. 하나님께서 정말로 싫어하시는 일을 하나님의 일에 적용하고 있는 것이다. 그렇다면 교회 내에서 일을 하는데 어떻게 해야 기도응답을 받는 것일까?

나는 그에 대한 답으로 철저하게 성경적이어야 한다고 생각한다. 기도응답을 직접계시를 통하여 받는 사람은 거의 없다. 우리는 어느 정도의 시간이 지난 후에야 결과물을 통하여 기도응답을 받았음을 확인할 수 있는 것이지 바로 그 자리에서 기도응답의 확신을 받을 수는 없는 것이다. 그래서 가급적 끊임없이 기도하고 성경의 말씀과 예를 살펴보며 교회의 일을 진행시켜야 한다. 그리고 조금 더 명확하게 하나님의 뜻을 구하기 위하여 형제자매들과 의견을 나누고, 교제를 해야만 한다. 성경적이라는 것은 성경을 통한 예를 보고, 그에 합당하게 교제를 하며, 기도로서 일을 진행하는 것을 의미한다. 어떤 한 사람이 기도응답 받았다고 일을 정해버린다면, 그것은 진정으로 하나님께 응답받은 것이 아닌 본인의 착각일 확률이 더 높다. 사도행전에서 일곱 집사를 세울 때나 사도를 뽑을 때, 그리고 교회를 운영할 때 성경에서는 항상 성도들의 말에 귀를 기울였다. 교회는 예수님의 몸된 지체이기에 유기적으로 잘 돌아가기 위하여 각 지체인 형제와 자매들의 말에 귀 기울일 필요가 있는 것이다. 그렇게 형제자매들의 말에 귀를 기울일 때 비로소 하나님께서 각 그리스도인들의 마음에 성령님을 통하여 일을 하시며, 그 안에서 하나님께서 원하시는 방향으로 교회가 나아갈 수 있는 것이다. 그리고 시간이 지나 돌이켜 보면, 기도의 응답을 이미 받았음을 확인할 수 있을 것이다.

한 사람의 기도응답을 받았다는 착각은 교회 전체를 둔하고, 잘못된 방향으로 나가게 만들 수 있다. 물론 직분에 따라 결단을 내려야 할 상황도 있다. 그럴 때 역시 기도하고 교제를 해야 한다. 바른 결정을 위하여 마음을 모으는 교제는 부끄러운 것도, 리더십이 부족한 것도 아니다. 우리는 모두가 지체임을 잊지 말아야 한다. 각 지체는 자신의 일이 정해져 있음을 잘 알고 있다. 하지만 그 일은 반드시 다른 지체와 유기적으로 연결되어 있음을 기억해야 하며, 하나님께서는 한 사람을 통하여 교회를 만들어 가시는 것이 아니라 모든 지체를 사용하심을 잊지 말고, 교제를 통하여 기도응답을 받아야 한다. 그것이 교회 내에서의 바른 기도응답에 대한 자세일 것이다.

하나님께 기도하자. 모든 것에 대하여 기도하고, 간구하자. 그렇다면 그분은 반드시 기도에 응답하여 주실 것이다. 그것이 내가 원하는 방향일 수도, 그렇지 않을 수도 있다. 하지만 확실한 것은 시간이 지난 후에 되돌아보았을 때, 기도의 응답이 나에게 나쁜 영향을 끼치는 방향으로는 향하지 않았음을 확인할 수 있다는 것이다. 내가 아들인 용우를 사랑하듯이 하나님께서는 우리를 사랑하신다. 지금이라도 기억을 돌이켜 기도 응답을 받은 것들에 대하여 생각해보자. 그리고 하나님께서는 고난도, 행복도 모두 우리를 위하여 사용하심을 기억하자. 더불어 교회에서 일할 때는 철저하게 성경적으로 하여, 기도응답에 대한 착각을 하지 않는 것이 중요하다. 우리는 기도응답을 받았다고 착각을 하며, 여기저기 스스로 심판자의 위치가 되어 형제를 판단하고, 상처를 주며, 교회를 하나님의 뜻이 아닌 자신의 뜻대로 운영하려는 그리스도인이 되어서는 안 된다. 하나님과 시선을 맞추자. 그리고 그분과 동행하자. 그것은 진실로 아름다운 그리스도인의 기도응답이며, 하나님과 동행하는 것을 마음으로부터 느낄 수 있는 한 걸음이 될 것이다.

기도하지 않고 성공했다면 성공한 그것 때문에 망한다.

– 스펄전

천국을 상상하다:
하늘에서 살며 하나님께 받을 선물

11. 또 너희에게 이르노니 동서로부터 많은 사람이 이르러 아브라함과
    이삭과 야곱과 함께 천국에 앉으려니와

    –마태복음 8장

얼마 전 '인터스텔라'라는 영화를 보게 되었다. 영화는 영화로 보는
만큼 별 생각 없이 보았는데, 의외로 재미있고, 그 안에서 하나님을 다
시금 생각해볼 수 있는 계기가 되었다.

어떤 상황에 놓였을 때 사람마다 받아들이는 기분과 대처는 다르기
마련이다. 음모론에 빠져있는 사람에게 모든 것은 음모의 일환으로 보
일 수도 있고, 종교에 심취해 있다면, 그 대상이 모두 종교와 관련되어
보일 수도 있는 것이다. 그래서 나는 어떤 사물을 볼 때 사람들이 그
것을 바라보는 다양한 관점을 존중하려 노력한다. 그리고 그 사람이
사물을 관찰하는 자세를 바라본다. 그 이유는 사물을 관찰하는 자세

에서 그 사람의 사상과 성격 그리고 바라보는 관점이 보이기 때문이다. 성경 내에서의 일화를 봤을 때도 역시 우리는 다양한 관점으로 그 사건을 보고 받아들일 수 있다. 예를 들어 돌아온 탕자의 경우를 봐도 혹자는 탕자가 하나님의 곁을 떠났으나, 회개하고 돌아온 우리 자신의 모습임을 집중하는 반면에, 어떤 사람은 탕자의 형이 탕자를 못마땅하게 생각하여 불만을 터트리는 것에 초점을 맞추어 유대인과 이방인의 상황을 설명하기도 한다. 이러한 관점의 차이는 실로 다양하다.

'인티스텔라'라는 영화도 다르지 않다. 어떤 이들은 이 영화가 뉴에이지 사상을 가지고 있고 '컨택트'라는 조디 포스터가 주연을 했던 영화에 이은 또 다른 악한 영향을 미치려는 영화라고 말한다. 또 어떤 이들은 이 영화에서 우주의 신비와 놀라움을 발견하고 과학적인 요소들에 자신의 관심을 집중하기도 한다. 그렇다면 나는 어떨까? 나는 '인터스텔라'를 아주 흥미 있게 봤는데, 그 이유는 과학적인 이론을 통하여 우주와 시간을 다룬 영화였기에 거기서 하나님의 법칙과 적용을 이해해볼 수 있는 계기가 되었기 때문이다.

이 세상은 하나님께서 만드신 법칙에 의하여 움직이고 있다. 시간과 중력 그리고 차원과 우주, 이 모든 것들은 인간의 머리로는 사실 이해하기 힘든 것들이다. 중력과 시간. 아는 것 같기도 하지만 조금만 깊이 들여다보면, 우리가 아는 것은 실제로 극히 작은 일부에 지나지 않으며, 사실상 우리는 그것들을 모른다. 중력이 무엇인지는 대충 설명할 수 있겠지만 중력과 시간이 이 세상에 미치는 영향과 만유인력의 법칙 또는 시간과 빛의 상대성 이론을 얼마나 깊이 이해할 수 있을 것인가? 그런 점에서 '인터스텔라'의 과학적 지식과 적용은 나에게 하나님의 법칙을 생각해볼 수 있는 계기를 만들어 주었다. 예를 들어, 예전부터 생각하고 있던 것이긴 했지만, 어떻게 하나님께서 우리의 과거의 행적과 현재의 행적 그리고 앞으로 있을 모든 일들을 알 수 있으실까와 같은 주제에 대하여 생각해볼 수 있는 것이다.

실제로 시간은 과학적 이론에 의하면, 태초에 빅뱅이 생긴 후에야 생겨난 존재이다. 과학에서 빅뱅 이전에는 시간이 없었다는 것에 대해서는 일반적인 사람들은 이해하기 힘든 영역이다. 어쨌든 시간이라는 것 역시 하나님께서 만드신 하나의 법칙이며, 그분께서는 시간에 영향을 받지 않는다.

우리 인간이야 선과 면의 1차원, 2차원을 넘어선 공간의 3차원적 존재이지만 하나님께서는 시간이 더해진 4차원을 초월하시는 분이라는 말이다. 시간을 초월하시는 분이시기에 그분은 과거, 현재, 미래의 우리 모습들을 모두 보실 수 있고, 아실 수 있는 것이다. 조금만 더 쉽게 생각해본다면, 2차원의 존재인 개미가 책상을 기어가고 있다고 생각해 보자. 개미는 3차원적 존재가 아니기에 자신의 앞에서 흘러나온 물 때문에 조금 후에는 앞으로 지날 수 없음을 알 수가 없다. 하지만 인간은 개미보다 한 차원 높은 공간적 존재이기에 책상 위에 흘러나온 물이 있어, 개미가 그곳을 지나가지 못할 것임을 이미 알고 있다. 그래서 개미에게 물이 있음을 인식시켜주려 하지만, 개미의 입장에서는 물이 있음을 알고 있는 인간이 이해될 수 있는 존재는 아닌 것이다.

여기에 몇 차원을 더하여 하나님과 인간의 관계를 생각해보자. 인간은 공간적 존재이지만 시간에 매어 있는 존재라 시간을 넘나들 수는 없다. 하지만 하나님께서는 시간을 초월하신 존재이시기에 마치 개미가 책상 위에 있는 것을 보는 인간들처럼 인간들의 과거, 현재, 미래를 모두 아시고 준비하실 수 있다. 조금 더 자세하게 말하고 싶지만 지면상 본 주제로 넘어가기로 한다.

'인터스텔라'에서 주인공이 블랙홀에 갇혔을 때, 그는 자신과 딸의 과거 일들을 한 공간에서 모두 볼 수 있는 경험을 하게 된다. 영화를 본 사람들이라면 알 수 있겠지만, 나에게는 그 장면이 감동적인 부분이었고, 하나님을 조금 더 생각하며, 나의 행동을 점검해볼 수 있는 계기가 되었다. '아, 하나님께서도 시간을 넘어서 나의 과거의 행동과 현재의 행동 그리고 미래의 행동을 한순간에 모두 확인하고 계시는구나' 하고 느끼는 그 순간에 항상 하나님께서 나를 주시하시고 계심을 이해할 수 있었고, 그분의 주시가 나에 대한 관심이자 사랑이라는 것도 역시 큰 은혜로 다가왔다.

　우리가 이 세상의 모든 것들을 다 알고 이해할 필요는 없다. 사실 불가능하기도 한 것이다. 다만 어떤 기회가 왔을 때, 나의 상황을 보는 관점을 하나님께 맞추고, 그것을 통하여 조금이라도 그분을 이해할 수 있는 기회를 얻게 되는 것은 하나님과의 관계와 신앙의 성장에서 아주 중요한 요소가 될 수 있다. 영화에서 우주에 대하여 많은 묘사가 있는데, 나는 그것을 이 세상의 낮은 수준의 물리적 세계를 떠나 전능하신 하나님께서 만드신 세계를 탐구하는 것으로 받아들였고, 곧 우리 인간의 지식수준과 경외로운 하나님의 차원 사이에는 어마어마한 간격이 있음을 알게 되었다. 우주는 전부 묘사할 수 없을 정도로 거대하고 복합적인 것이다. 영화에서 한 행성에서는 중력의 차이로 인하여 그곳에서 1시간 머무르는 것이 지구에서는 7년을 머무는 것과 같다는 평소에는 이해하기 힘든 상대성 이론을 보면서, 나는 하나님의 법칙이 눈에 보이는 것보다 훨씬 복잡하고 놀라운 것임을 알 수 있었고, 시간 역시 절대적으로 고정되어 있는 대상이 아니라 하나님의 법칙 아래서 늘어날 수도 줄어들 수도 또 초월할 수도 있는 존재임을 알게 되었다. 우주는 경이롭다. 우주란 외적인 물리적 우주만이 존재하는 것이 아니다. 우리 내면에도 우주가 있음을 우리는 알고 있고, 어떤 시인은 풀잎의 이슬 한 방울에도 우주가 있음을 노래하기도 했다. 이렇게 식물과 동물 그리고 심지어는 우리 인간의 내면에도 자아라는 이름의 우주가 있는 것이다.

우리 내면에 있는 자아 또는 의식이라 칭하는 우주는 우리가 존재하는 모든 것의 토대이자 영혼이라고 할 수 있다. 예전에는 세상에 있는 눈에 보이는 물질이 유일한 현실이고, 의식적인 것들(생각, 관념, 영혼)이 그저 생각/의식(뇌)으로부터 만들어진 헛것이라고 믿었던 나 같은 사람들이 영적 우주의 본성에 대해 얼마나 눈이 멀었는지를 이해하게 되면서, 나는 '내가 눈이 멀었다가, 지금은 보게 되었다'라는 요한복음 9장 25절 말씀의 진정한 의미를 새롭게 깨닫게 되었다.

> 24. 이에 저희가 소경 되었던 사람을 두 번째 불러 이르되 너는 영광을 하나님께 돌리라 우리는 저 사람이 죄인인줄 아노라
> 25. 대답하되 그가 죄인인지 내가 알지 못하나 한 가지 아는 것은 내가 소경으로 있다가 지금 보는 그것이니이다
> – 요한복음 9장

예수님께 고침 받은 소경이 뜨게 된 것은 단지 눈만이 아니었다. 그는 소경에서 눈을 뜸과 동시에 예수님에 대하여 눈을 뜨게 되었고, 곧 자신의 영혼과 자아의 우주에 대하여 눈을 뜰 수 있었던 것이다.

이렇게 한 영화를 통하여, 나는 과학적으로 하나님을 조금이나마 이

해해보려 노력해보았고, 실제적 세상에 존재하는 외적 우주가 아닌 내 마음속에 의식이라는 이름으로 존재하는 영혼이라는 내적 우주에 대하여도 생각해볼 수 있는 기회를 얻게 되었다. 그러면서 동시에 천국에 대하여 상상해보려는 시도도 해보았다. 사실 천국에 대해서는 하나님께서 비밀로 남겨 두신 것이기에 알 방법은 없다. 다만 나의 내적 자아, 즉 내적의식을 생각해보건대 천국이 어쩌면 물리적인면도 중요하지만 내적인 평화와 사랑을 한 축으로 구성될 수 있으리라는 생각이 들게 되어, 천국을 상상해보는 단계까지 오게 된 것이다.

쉽게 말해서, 내면의 자아가 평온할 때 진정한 천국은 그것에 있을 수 있다는 것과 실제로 우리가 죽어서 갈 외적(물리적)천국을 한 번 고찰해보고 싶다는 것이다. 여기에서는 하나님께서 우리에게 주실 물리적 천국(외적)은 성경 구절로 대체하고, 내적인 천국에 대해서만 언급하고자 한다.

> 9. 일곱 대접을 가지고 마지막 일곱 재앙을 담은 일곱 천사중 하나가 나아와서 내게 말하여 가로되 이리 오라 내가 신부 곧 어린양의 아내를 네게 보이리라 하고
> 10. 성령으로 나를 데리고 크고 높은 산으로 올라가 하나님께로부터 하늘에서 내려오는 거룩한 성 예루살렘을 보이니
> 11. 하나님의 영광이 있으매 그 성의 빛이 지극히 귀한 보석 같고 벽옥과 수정 같이 맑더라

12. 크고 높은 성곽이 있고 열 두 문이 있는데 문에 열 두 천사가 있고 그 문들 위에 이름을 썼으니 이스라엘 자손 열 두 지파의 이름들이라

13. 동편에 세 문, 북편에 세 문, 남편에 세 문, 서편에 세 문이니

14. 그 성에 성곽은 열 두 기초석이 있고 그 위에 어린양의 십 이 사도의 열 두 이름이 있더라

15. 내게 말하는 자가 그 성과 그 문들과 성곽을 척량하려고 금 갈대를 가졌더라

16. 그 성은 네모가 반듯하여 장광이 같은지라 그 갈대로 그 성을 척량하니 일만 이천 스다디온이요 장과 광과 고가 같더라

17. 그 성곽을 척량하매 일백 사십 사 규빗이니 사람의 척량 곧 천사의 척량이라

18. 그 성곽은 벽옥으로 쌓였고 그 성은 정금인데 맑은 유리 같더라

19. 그 성의 성곽의 기초석은 각색 보석으로 꾸몄는데 첫째 기초석은 벽옥이요 둘째는 남보석이요 세째는 옥수요 네째는 녹보석이요

20. 다섯째는 홍마노요 여섯째는 홍보석이요 일곱째는 황옥이요 여덟째는 녹옥이요 아홉째는 담황옥이요 열째는 비취옥이요 열한째는 청옥이요 열두째는 자정이라

21. 그 열 두 문은 열 두 진주니 문마다 한 진주요 성의 길은 맑은 유리 같은 정금이더라

22. 성안에 성전을 내가 보지 못하였으니 이는 주 하나님 곧 전능하신 이와 및 어린양이 그 성전이심이라

23. 그 성은 해나 달의 비침이 쓸데 없으니 이는 하나님의 영광이 비취고 어린양이 그 등이 되심이라

24. 만국이 그 빛 가운데로 다니고 땅의 왕들이 자기 영광을 가지고 그

리로 들어오리라

25. 성문들을 낮에 도무지 닫지 아니하리니 거기는 밤이 없음이라

26. 사람들이 만국의 영광과 존귀를 가지고 그리로 들어오겠고

27. 무엇이든지 속된 것이나 가증한 일 또는 거짓말하는 자는 결코 그리
로 들어오지 못하되 오직 어린양의 생명책에 기록된 자들뿐이라

– 요한계시록: 천국의 모습(새 예루살렘)

위의 구절로 물리적 천국의 모습을 확인해보았다면, 이제 내적인 천
국을 상상해보도록 하자.

그리스도인으로서의 우리의 진정한 내면의 자아는 완전히 자유롭
다. 그 이유는 이미 하나님께서 우리의 모든 죄를 사하여 주셨기에, 죄
가 속죄된 자아는 평온 그 자체일 수밖에 없는 상태이기 때문이다. 그
자아는 과거에 행한 일들 때문에 위축되거나 체면이 손상되는 일이 없
으며, 신분이나 지위를 염려하지 않는다. 세속적인 세상을 두려워할 필
요가 없다는 것을 잘 알기 때문에 명성, 재산, 업적 등을 통하여 자아
를 구축할 필요를 느끼지도 않는다.

이것은 우리 모두가 반드시 알고 회복해야 할 그리고 어느 누군가는
하나님의 약속으로 인하여 이미 회복한 진정한 영적 자아이다. 지금
이 순간 그리스도인으로서 우리 안에 살고 있는 존재가 바로 자유로운
영적 자아이며, 하나님은 사실상 우리가 이러한 존재가 되기를 진정

바라고 있다. 참다운 영적 자아에 가까이 이를 수 있는 방법은 사랑과 연민을 실천하는 것이다. 우리에게는 우리를 관찰하고 살펴보는 하나님이 계시다. 우리에게 진정한 평화를 약속해 주시는 하나님께 마음을 열면, 이 세상에서 우리의 삶을 도와주려고 기다리는 많은 것들을 볼 수 있다.

하나님께 사랑받지 못할 사람은 아무도 없다. 우리 모두는 그분의 깊은 관심을 받고 있고, 보살핌을 받고 있다. 이 사실이 더 이상 비밀로 남아서는 안 된다고 믿기에 우리는 전도를 하며, 다른 이들도 하나님의 손길 아래 영적 자아의 평온을 맛보길 원하는 것이다.

나는 내가 경험했던 수십 년간의 세상의 생활과 인간관계를 통해 배운 많은 것들이, 근본적으로 하나님께서 보여 주신 내적인 자아의 평온과는 상당히 모순되는 것임을 명백히 알 수 있었다. 세상의 것들을 버리고 하나님의 조건 없는 무한한 사랑의 은총을 느낄 때 하나님과 대화하고 소통한다는 것이 우리가 상상할 수 있는 최고의 경험인 동시에 가장 자연스러운 경험이라는 것을 알 수 있다. 왜냐하면 하나님은 언제나 전지하고 전능하며, 인격적인 모습으로 그리고 조건 없는 사랑의 모습으로 우리와 소통하시기 때문이다.

이제 절반 정도의 인생을 살았다고 생각하지만, 사실 언제 하나님께서 나를 부르실지 알 수는 없다. 다만 나의 존재의 가치는 그분과 함께

함에 있었고, 그분께서 복음을 통하여 정체성의 마지막 한 조각을 채워 주시는 순간 나는 천국을 볼 수 있게 되었다. 이제는 천국이 내 안에 있음을 믿어 의심치 않는다. 우리는 거듭남으로 하나님 앞에 자신의 자아를 내어 놓고, 하나님과 소통할 때 비로소 진정한 내적 천국을 맛볼 수 있는 것이다.

나는 내 눈앞에 항상 천국과 지옥 둘 다를 있게 하고 싶다. 매일 이 둘을 생각해본다는 것은 모든 사람들을 이성적이고 신앙적으로 만든다고 생각한다.

– 존 웨슬리

고집 쎈 그릇: 하나님을 거부하는 사람들

15. 하나님이 세상을 이처럼 사랑하사 독생자를 주셨으니 이는 저를 믿
는 자마다 멸망치 않고 영생을 얻게 하려 하심이니라

– 요한복음 3장

나는 자아를 가진 모난 그릇(bowl)이다. 다른 그릇들에 비해서 음식
을 품을 넉넉한 공간을 갖지 못하고 태어난 나는 항상 무언가가 남들
보다 못하고, 다르다는 생각에 존재 자체가 불만스럽다. 나의 주둥이
는 뾰족하고, 길며, 여타 그릇들과는 다르게 보기 싫은 손잡이가 달
려 있어, 이상하게 스스로가 다른 그릇들과 어울릴 수 없게끔 스스
로 벽을 쳐 나가곤 한다.

왜 태어났을까? 항상 스스로 의문을 품어 보곤 했다. 한 번은 어느
그릇이 나에게 이런 말을 한 적이 있었다.

"네가 그렇게 생긴 것은 다 그 쓰임이 있기 때문일 거야. 너무 실망
하지 마."

실망하지 말라고? 그래, 그 그릇은 나를 이해하는 척했지만, 실상은 나의 상태를 인정하고 동정한 것이었다. 화가 치민다. 그렇다 나는 마음이 꼬인 그릇이다.

나를 만들었을지도 모르는 누군가에게 항상 불만이 가득하다. 왜 나를 만들었을까? 쓰지도 않을 것을 왜 만들었을까? 어차피 누가 날 만들었는지는 그다지 중요치 않다. 그저 내가 존재하고 생각한다는 것만으로도 충분할 뿐 거기까지 생각해볼 만한 여유는 내게 없다. 다른 그릇들의 놀림을 감당하고, 하루하루 세상을 살아가는 것으로도 사실 벅차다.

차라리 태어나지 않았으면 좋았을 것을.

그릇들은 눈이 없다. 느낄 수 있고 자아는 있어도 누가 나를 쓰는지 알 수는 없다. 눈이 없으니 알 수가 있나. 하지만 왠지 느낄 수는 있다. 내가 저절로 생기지는 않았을 테니까.

아! 간혹 자신들이 저절로 생겨났다고 생각하는 그릇들도 있다. 그들은 태초에 흙이라는, 더 나아가서 원자와 분자 단계의 물질이 아주 희박한 확률로 조합되었다고 한다. 그래서 그릇 모양의 자아를 가진 우리가 생겨났다고들 한다. 자아를 갖게 된 것은 일종의 우연이라고 말하며, 그 후에 우리는 진화하게 되었고, 가끔 우리가 누군가에게 사용되는 듯한 느낌을 받는 것은 일종의 종교적 망상이라고 말한다.

어느 정도는 동의한다. 이성적이고 합리적으로 보이는 의견이지 않은가? 사실 그 사상에 대한 정확하고 깊은 지식은 없지만, 그냥 있어 보이고, 수박 겉핥기식이라도 약간이나마 아는 척하면서 그것에 대해 이야기하면 많은 지식이 있는 그릇처럼 보인다. 그리고 그것이 나의 부족한 부분을 채워주는 듯해서 기분이 좋아진다.

내가 그 사상에 대해 실질적인 확실한 지식이 없음은 사실 그다지 중요하지 않다. 그런 것까지 알기에는 사실 먹고 살기에도 바쁘지 않은가. 그런 말은 그저 조금 지나가는 듯 살짝만 이야기해 줘도 남들이 보기에는 이미 충분히 유식해보일 테니, 그만하면 충분하다.

하긴 아무래도 누군가가 우리를 쓰기 위해서 만들어 놓았다는 것보다는 누가 들어도 훨씬 일리 있는 이야기가 아닌가? 그릇을 만든 누군가가 있다는 것이 가당키나 한 일인가 말이다.

우연하게 만들어진 우리는 진화도 한다. 물론 그 진화의 좋지 못한 예가 바로 나 자신이긴 하지만. 예쁘고 품을 공간도 넉넉한 하얀 그릇들도 많은데, 나는 잘못 진화했다. 색도 별로고 생긴 것도 이상하니까. 어떤 그릇들은 이대로 살다가 깨지면, 그냥 모든 것이 끝난다고 말한다. 너무 허무하다. 정말 이대로 깨지게 된다면, 모두 끝나는 것이 맞을까?

나는 생각하는데, 그리고 존재하는데, 이 순간 나는 분명히 살아

있는 자아 그 자체인데, 내가 깨지는 순간 모든 것이 끝난다니. 만약 이렇게 내가 깨져서 모든 것이 그대로 의미 없어진다면, 저 밖에 있는 동물들이나 다른 나무나 물고기들과 내가 다른 점이 무엇이란 말인가?

조금 이상하다. 무언가 있는 것 같다. 하지만 나보다 많이 아는 이들이 그렇다니 그냥 그런가 한다.

언젠가 나처럼 주둥이가 뾰족하고, 손잡이가 달린 이상하게 생긴 그릇이 쓰일 날이 있을까? 글쎄, 잘 모르겠다.

어디선가 들은 적이 있다. 모든 그릇은 전부 자기만의 쓰임을 위해 태어난 소중한 존재라고. 그리고 그릇들을 만든 누군가가 있고, 그는 정말로 그릇들을 아끼며, 자식처럼 사랑한다고 한다. 자신이 만든 그릇이기에 더럽고 깨진 부분이 있어도 사랑으로 고쳐주며 품어주는 그런 이라고 한다. 마음이 따뜻해지는 이야기지만, 나는 그것이 동화라고 생각한다. 이렇게 각박하고 살기 힘든 세상에서 나를 품어 줄 누군가가 있다는 것은 믿을 수 없는 일이다.

진화된 그릇의 하나로 죽으면 끝이다. 죽고 나서도 다시 사랑받으며 쓰인다는 것은 있을 수 없는 일이다. 믿을 수 없는 일이고, 마음이 좁고 빡빡한 나로서는 믿고 싶지도 않다. 나는 마음속 상처는 깊지만 그래도 자존심 하나는 지킬 줄 아는 고집 센 그릇이니까.

나는 세상 사람들 모두가 모난 그릇이라 생각했다. 때로는 잘 생기고, 인격도 훌륭하며, 하나님을 잘 섬기고, 성도들도 섬길 줄 아는 형제가 있다고 해도 그 사람이 진정한 그리스도인이라면, 본인 스스로 항상 쓰임 받고 잘난 그릇과 같다고 생각하지는 않을 것이다. 그 이유는 간단하다. 우리가 의롭다고 하나님께 칭함을 받게 된 것은 우리가 정말로 의롭기 때문이 아니라 하나님께서 그렇다 칭해 주셨기 때문이고, 예수 그리스도의 사랑으로 말미암아 이루어진 일이기 때문이기에, 우리는 내세울 것이 하나도 없는 존재라는 것을 그리스도인들은 잘 알고 있는 것이다.

우리가 거듭나기 위해서는 일단 하나님 앞에 자신의 죄를 자각함이 있어야 한다. 그 후에는 죄에 대한 회개가 이루어지고 거듭남이 있으며, 거듭남에 따른 성화가 뒤따르게 된다. 그리스도인이라면 당연히 이러한 단계를 거치는 것이 마땅하기에 먼저 하나님 앞에 자신의 존재가 얼마나 미약하고, 죄덩어리인지를 느낄 수밖에 없다. 그렇게 자신이 작고 한심한 존재라는 것을 아는 그리스도인이 자신을 내세우는 것은 이율배반적인 행동이 되는 것이다.

물론 그리스도인들이 항상 죽어지내며, 하나님 앞에서 고개를 못 들고 다녀야 하는 것은 아니다. 하지만 예수님께서 그러하셨듯이 우리도 낮아질 때 진정으로 높아짐을 배울 수 있다.

11. 너희 중에 큰 자는 너희를 섬기는 자가 되어야 하리라
12. 누구든지 자기를 높이는 자는 낮아지고 누구든지 자기를 낮추는 자
    는 높아지리라

-마태복음 23장

우리가 스스로를 낮추고, 하나님 앞에 그리고 사랑하는 형제자매들 앞에 섰을 때, 하나님께서는 우리를 높여주시고, 동행하여 주신다. 결국 그리스도인은 겸손의 진정한 의미를 깨닫게 되고, 낮은 자세를 취하며, 인자함을 지니고 사는 것이 세상에서 지는 것이 아니라, 승리하는 것이라는 것을 배울 수 있다.

흔히 그리스도인들은 자신이 높아졌다고 생각할 때, 하나님께서 징계를 주시지는 않을까 걱정하는 경우가 있다. 하지만 먼저 알아야 할 것은 하나님께서는 사랑의 하나님이시지, 징계의 하나님이 아니란 것이다. 그분이 누구신가? 우리의 모든 죄를 사랑으로 감싸주신 분이 아니던가? 그분은 우리가 죄를 지을 때마다 뒤통수를 때려주기 위해 호시탐탐 노리고 있는 분이 아니다. 사랑과 인내로서 우리가 그분을 알기를 원하며, 그분 안에 머물기를 원하시는 분이다. 어느 부모가 자식을 때리기 위하여 매사를 감시하고 주시한단 말인가? 하나님께서는 사랑의 하나님이시라는 것을 우리는 잊지 말아야 한다.

우리가 비록 모난 그릇이지만, 그래서 하나님을 제대로 알지 못하고,

그분을 조롱하며, 끔찍한 죄를 짓기도 하지만, 하나님께서는 사랑과 눈물로 우리가 돌아오기를 기다리신다.

> 24. 너는 나를 위하여 돈으로 향품을 사지 아니하며 희생의 기름으로 나를 흡족케 아니하고 네 죄 짐으로 나를 수고롭게 하며 네 죄악으로 나를 괴롭게 하였느니라
> 25. 나 곧 나는 나를 위하여 네 허물을 도말하는 자니 네 죄를 기억지 아니하리라
>
> — 이사야 43장

하나님께서는 우리를 위하여 우리의 모든 죄를 탕감해 주셨다. 하지만 하나님께서는 우리를 진심으로 사랑하시기에 "나! 곧 나!는 나!를 위하여 네 허물을 도말하시며, 네 죄를 기억하시지 않으시리라"고 말씀하셨다. 우리를 사랑하시기에, 우리가 지옥 가는 것이 너무도 가슴이 아프시기에, 하나님 스스로를 위하여 우리의 죄를 독생자 예수 그리스도를 통하여 사하여 주신 분이 바로 하나님이신 것이다.

인생은 하나님을 찾아가는 과정이다. 우리는 모두가 모난 그릇으로서 각자의 인생이 주어진다. 자신의 일생을 살아가면서, 하나님을 선택할지 여부는 자신의 몫이다. 고집 센 그릇으로 남아 종국에는 깨어지는 것도, 자신을 만드신 분을 찾고 그분을 위한 인생을 살아 영원한 생명을 얻는 것도, 모두가 자신의 선택이자 몫인 것이다. 다만 확실한

것은 하나님 앞에 우리가 서게 되었을 때, 자신의 선택을 무르거나 어떤 변명도 할 수는 없다는 것이다. 하나님께서는 이미 모두에게 충분한 기회를 허락하셨기 때문이다.

자신의 인생을 무언가에 사용했는지에 따른 확실한 상벌이 있을 것이다. 우리는 많은 시간과 하나님을 알 수 있는 기회를 제공받았고, 그에 따른 책임 역시 본인의 몫이다. 일단 하나님을 알 수 있는 기회를 받지 못한 어린 영혼들이나 옛 선조들은 하나님의 일이시니 그분께 맡기고, 지금은 나 자신의 믿음을 확인하며, 그분과 소통하는 것이 필요하다. 고집 센 그릇으로 남지 말고, 사랑받는 그릇으로 남는 그리스도인이 되어야 한다. 그분의 사랑을 외면하며, 인생을 낭비하지 말아야 한다.

아직도 하나님을 선택하지 않았다면, 늦지 않았다. 그분을 믿고, 그분의 길을 가면 되는 것이다. 하나님께서는 인내와 사랑으로 우리를 기다려 주시는 분임을 잊지 말아야 한다. 하지만 더불어 인내의 시간은 언제나 한정되어 있다는 것 역시 잊지 말아야 한다.

고난을 통하여 내가 배운 것들:
고난은 하나님께서 주시는 선물

10. 나의 가는 길을 오직 그가 아시나니 그가 나를 단련하신 후에는 내가 정금 같이 나오리라

—욥기 23장

세상을 살면서 힘들 때 그리고 고통스러울 때 나는 하나님께 기도하곤 한다. 그리고 때로는 이렇게 말씀드려 보기도 한다.

'하나님 제가 저도 모르는 어떤 잘못을 저질렀나요? 분명히 모든 고통과 고난은 나의 잘못과 나의 죄로부터 비롯되는 것을 알고 있습니다. 하지만 너무 힘들어요. 큰 고난들이 이렇게 닥치니 어리석은 저로서는 하나님께서 징계로서 이 일에 개입하신 건 아닌지 모르겠습니다. 혹시 하나님께서 직접 개입하실 정도로 제가 잘못한 건가요?'

인생은 롤러코스터와 같다는 생각이 든다. 올라갔다가 떨어졌다가, 즐겁다가 무섭다가, 도무지 종잡기 힘들다. 하긴 평평한 길만 계속 반

복된다면, 인생이 무슨 큰 의미가 있을까 싶기도 하다.

고난 중에 있을 때 나는 하나님을 원망도 해보고, 떼도 써보며, 그분을 의지하여 울기도 한다. 그렇게 한바탕 마음을 쏟고 나면 항상 그 끝은 묵상과 기도로 향하게 된다. 하나님께서는 그런 묵상과 기도 가운데 다음과 같은 생각을 허락해 주신 적이 있다. 바로 C.S. 루이스의 글 중 하나인 "하나님은 기쁨을 통해 속삭이시고 양심을 통해 말씀하시며 고통을 통해 소리치신다. 고통은 귀먹은 세상을 깨우는 하나님의 확성기다"라는 말이다.

항상 기쁘고, 항상 행복했다면, 범사에 감사는 하겠지만, 내가 정말로 절실하게 하나님을 찾았을까? 그리고 고통을 통한 신앙의 성장이 가능했을까? 돌이켜보면, 사실 나의 모든 고통은 모두 나의 죄로부터 시작한다. 욕심과 탐욕, 거짓말과 게으름. 그런 나만의 죄들로 인하여 나온 결과가 고통과 고난일진대, 나는 왜 하나님께 내가 저지른 죄로 인한 나의 고통을 돌아보지 않으신다고, 떼를 쓰고 원망하는 걸까?

하지만 자비로우신 하나님께서는 그런 어린아이의 투정과도 같은 나의 어리석은 행동에도 항상 답을 허락해 주신다.

고통이 없다면, 내가 하나님을 찾고 도움을 요청했을까? 고통이 있기에 절실한 마음을 갖고 하나님께 매달리는 것이다. 그러므로 고통은 고난과 아픔이 아닌 하나님의 은혜인 것이다. 우리는 고통을 통하여 성장하고 배운다. 고통과 고난이 없는 성장은 철없음을 동반하는 법이다. 신앙도 다르지 않다고 생각한다. 항상 신앙에는 위기가 있고 고난이 뒤따른다. 시간이 지나고 보면, 아무것도 아닌 일인데도 아픔이 있는 그 당시에는 큰 고통을 느끼며 우리는 하나님을 찾고 도움을 요청하곤 한다. 생각해보면, 그런 하나님을 찾고 구함이 있고 고난이 존재하기에 우리의 신앙도 성장하며 배워 앞으로 나아갈 수 있는 것이다.

처음 복음을 듣고, 하나님께서 나의 죄를 사하여 주심을 알았을 때 나는 회개했다. 회개하고 마음을 돌이켜 주님께 향함은 인생을 바꾸어 놓았고, 요한복음에서 8장 32절에서 하나님께서 "진리가 너희를 자유케 하리라" 하신 말씀이 나에게도 적용되어 너무나 행복했다. 앞으로도 행복만이 내 인생에 펼쳐질 것이라는 어리석고도 막연한 생각만 하고 있었다. 하지만 하나님께서는 교회에서 그리스도인들도 세상 사람들처럼 똑같이 죄를 지을 수 있음을 보여주심으로써 구원은 끝이 아니라 앞으로 이루어 나가야 할 신앙의 시작임을 확인 시켜주셨다.

아프고 실망하고 고민할 때 하나님께서는 회개 다음에 신앙의 성장을 위해서는 사랑이 있어야 함을 형제자매와의 갈등의 고난을 통하여 가르쳐 주셨다. 고린도전서 13장을 통하여 그리스도인에게 가장 중요한 것이 사랑임을 말씀해 주셨다.

1. 내가 사람의 방언과 천사의 말을 할지라도 사랑이 없으면 소리나는 구리와 울리는 꽹과리가 되고

2. 내가 예언하는 능이 있어 모든 비밀과 모든 지식을 알고 또 산을 옮길 만한 모든 믿음이 있을지라도 사랑이 없으면 내가 아무 것도 아니요

3. 내가 내게 있는 모든 것으로 구제하고 또 내 몸을 불사르게 내어줄지라도 사랑이 없으면 내게 아무 유익이 없느니라

4. 사랑은 오래 참고 사랑은 온유하며 투기하는 자가 되지 아니하며 사랑은 자랑하지 아니하며 교만하지 아니하며

5. 무례히 행치 아니하며 자기의 유익을 구치 아니하며 성내지 아니하며 악한 것을 생각지 아니하며

6. 불의를 기뻐하지 아니하며 진리와 함께 기뻐하고

7. 모든 것을 참으며 모든 것을 믿으며 모든 것을 바라며 모든 것을 견디느니라

8. 사랑은 언제까지든지 떨어지지 아니하나 예언도 폐하고 방언도 그치고 지식도 폐하리라

9. 우리가 부분적으로 알고 부분적으로 예언하니

10. 온전한 것이 올 때에는 부분적으로 하던 것이 폐하리라

11. 내가 어렸을 때에는 말하는 것이 어린아이와 같고 깨닫는 것이 어린아이와 같고 생각하는 것이 어린아이와 같다가 장성한 사람이 되어서는 어린아이의 일을 버렸노라

12. 우리가 이제는 거울로 보는 것 같이 희미하나 그때에는 얼굴과 얼굴을 대하여 볼 것이요 이제는 내가 부분적으로 아나 그때에는 주께서 나를 아신 것 같이 내가 온전히 알리라

13. 그런즉 믿음, 소망, 사랑 이 세 가지는 항상 있을 것인데 그중에 제일
은 사랑이라

- 고린도전서 13장

요한일서 4장을 통하여 형제자매를 사랑하는 것이 허다한 허물을
덮고, 예수님께서 먼저 우리에게 실천해보이신 사랑 그 자체임을 알려
주셨다.

7. 사랑하는 자들아 우리가 서로 사랑하자 사랑은 하나님께 속한 것이
니 사랑하는 자마다 하나님께로 나서 하나님을 알고
8. 사랑하지 아니하는 자는 하나님을 알지 못하나니 이는 하나님은 사
랑이심이라
9. 하나님의 사랑이 우리에게 이렇게 나타난바 되었으니 하나님이 자
기의 독생자를 세상에 보내심은 저로 말미암아 우리를 살리려 하심
이니라
10. 사랑은 여기 있으니 우리가 하나님을 사랑한 것이 아니요 오직 하나
님이 우리를 사랑하사 우리 죄를 위하여 화목제로 그 아들을 보내
셨음이니라
11. 사랑하는 자들아 하나님이 이같이 우리를 사랑하셨은즉 우리도 서
로 사랑하는 것이 마땅하도다
12. 어느 때나 하나님을 본 사람이 없으되 만일 우리가 서로 사랑하면
하나님이 우리 안에 거하시고 그의 사랑이 우리 안에 온전히 이루
느니라

13. 그의 성령을 우리에게 주시므로 우리가 그 안에 거하고 그가 우리 안에 거하시는 줄을 아느니라

14. 아버지가 아들을 세상의 구주로 보내신 것을 우리가 보았고 또 증거하노니

15. 누구든지 예수를 하나님의 아들이라 시인하면 하나님이 저 안에 거하시고 저도 하나님 안에 거하느니라

16. 하나님이 우리를 사랑하시는 사랑을 우리가 알고 믿었노니 하나님은 사랑이시라 사랑 안에 거하는 자는 하나님 안에 거하고 하나님도 그 안에 거하시느니라

17. 이로써 사랑이 우리에게 온전히 이룬 것은 우리로 심판 날에 담대함을 가지게 하려 함이니 주의 어떠하심과 같이 우리도 세상에서 그러하니라

18. 사랑 안에 두려움이 없고 온전한 사랑이 두려움을 내어 쫓나니 두려움에는 형벌이 있음이라 두려워하는 자는 사랑 안에서 온전히 이루지 못하였느니라

19. 우리가 사랑함은 그가 먼저 우리를 사랑하셨음이라

20. 누구든지 하나님을 사랑하노라 하고 그 형제를 미워하면 이는 거짓말하는 자니 보는 바 그 형제를 사랑치 아니하는 자가 보지 못하는 바 하나님을 사랑할 수 없느니라

21. 우리가 이 계명을 주께 받았나니 하나님을 사랑하는 자는 또한 그 형제를 사랑할지니라

－요한일서 4장

나는 회개를 통하여 우리가 거듭나고, 그 후에는 서로 사랑하는 방

법을 알게 된다는 것을 고난 중에 배우게 되었다. 물론 신앙의 성장이 여기서 끝나는 것은 아니었다. 그 후에도 많은 성장이 있지만, 회개와 사랑 이후에 겪은 다음 단계의 성장은 바로 겸손이었다.

정말 많이 아팠다. 열심히 교회생활을 했다고 생각했는데, 남들이 나를 교회 안에서 판단하고 정죄하는 모습을 봤을 때 정말 죽을 듯이 아팠고 괴로웠다. 예수님의 몸된 교회이기에 하나가 되어야만 하는데도 그렇지 못한 모습을 보였고, 아마도 한때 하나님 앞에서 옳다고 생각하여 마음먹고 했던 행동들이 형제자매들에게는 교만하고 잘못된 믿음을 가지고 있었던 것처럼 보였던 것 같았다. 믿었던 형제에게 배신당했을 때 사랑을 실천하는 것은 정말로 내 그릇으로는 할 수 없는 일 같았다. 나의 그릇은 사랑을 담을 만하지 못했고, 그릇이라고 말하기에도 부끄러운 것이었다. 하지만 그 과정에서도 하나님께서는 나에게 그분의 그릇을 빌리는 법을 가르쳐 주셨고, 비로소 나의 그릇이 아닌 그분의 그릇을 통하여 고난을 통한 또 다른 열매인 겸손을 배우게 되었다.

나는 신앙의 성장은 있을지언정 아직도 여리고 약한 영혼이다. 하지만 하나님께서는 고통을 통하여 배울 수 있는 열매들을 알 수 있게 해주셨고, 확실하게 내가 배운 신앙의 성장과 관련된 열매가 있다면, 그것은 회개를 통한 거듭남과 하나님과 형제자매의 사랑 그리고 교회에서 하나 될 수 있게 해 주시는 겸손함이었다.

물론 나는 완전히 낮아질 수는 없다. 아직도 내 안에는 내가 살아있으며, 그리스도와 함께 못 박히지 못한 못난 자아들이 남아있음을 고백한다. 하지만 그래도 하나님께서는 고난을 통하여 나에게 겸손을 알게 해 주셨고, 그 은혜로 인하여 적어도 겸손하려고 애쓰는 법이나마 배워가고 있다.

세상을 사는 것은 아픔과 함께하는 것이며, 고통 그 자체라고 생각한다. 하지만 하나님께서는 기쁨을 통해 나에게 천국을 속삭이시고, 양심을 통해 죄에 대하여 말씀하시며, 고통을 통해 열매를 맺으라 소리치신다. 고통은 귀머거리인 나를 깨우시는 하나님의 확성기이며, 그분의 은혜인 것이다.

그분의 길을 간다는 것은:
고난은 그리스도의 길을 따라가는 것

29. 그리스도를 위하여 너희에게 은혜를 주신 것은 다만 그를 믿을 뿐
아니라 또한 그를 위하여 고난도 받게 하심이라

－빌립보서 1장

고난은 그분의 길을 따라가는 것(찬양)

그분의 길을 간다는 것은 때론 한 치 앞도 어둠이 막막한

그때도 여전히 숨 쉬고 있는 주 소원으로

내 소망 채우는 것

그분의 길을 간다는 것은 때론 감당 못할 승리의 기쁨

그때도 여전히 변함이 없는 주 겸손함으로

내 욕심 버리는 것

때론 너무 힘에 겨워 가끔씩 뒤돌아보고플 때마다

늘 언제나 변함없이 날 붙드시고 함께 가시는 주님

그분의 길을 간다는 것은 때론 감당 못할 승리의 기쁨

그때도 여전히 변함이 없는 주 겸손함으로

내 욕심 버리는 것

어느 날 전도 상담 일정이 잡혀 있는 날이 있었다. 상담을 해야 하는 상황이었는데, 쉽지는 않은 상태였고 몸의 컨디션도 좋지 않아서 마음이 편치 않았다. 걸어가면서 생각을 정리해보려고 조용한 찬양을 들었는데, 그때 '그분의 길을 간다는 것을'이라는 찬양이 흘러 나왔다. 개인적으로 좋아하는 찬양이었는데, 찬양을 듣는 순간 나도 모르게 눈물이 흘러 내렸다. 몸이 아파서도, 일정이 많이 잡혀 힘들어서도, 그 어떤 이유도 아니었다. 그냥 순전히 그리스도인으로서 그분의 길을 내가 걸어야 한다는 것을 느끼는 순간 예수님의 고통과 외로움이 절실하게 느껴져 흘러내린 눈물이었다.

예수님께서는 공생애를 시작하시며, 자신이 우리 인간들의 죄를 위하여 대신 죽어야 함을 알고 계셨다. 인간의 몸을 입고 계셨기에 얼마나 억울하고 겁이 나셨을까. 예수님께서는 정말 한 치 앞도 어둠이 막막한 세상을 느끼셨을 것이다. 사람들이 예수님의 뜻과 하실 일을 알았다면, 그나마 사역을 완수하시는 데 덜 외로우셨을 텐데, 자신의 사랑하는 제자인 베드로조차 자신을 부인할 것임을 이미 알고 계셨고, 또 다른 제자인 가룟 유다는 자신을 팔게 될 것도 그분은 알고 계셨다. 하지만 예수님께서는 묵묵히 하나님의 구원의 사역에 순종하시며 동참하셨다. 어느 누구도 예수님의 고난과 외로움을 이해할 수 없었지만 그분은 순순히 하나님의 뜻을 순종하여 우리 인간에게 그리고 나에게 조용히 순결한 생명을 내어 주셨다.

그리스도인으로서 그분을 따르며, 그분의 소원이 무엇인지 우리는 잘 알고 있다. 소중한 하나의 영혼이라도 건져 내서 하나님의 사랑에 보답하는 것, 그것이 우리를 위하여 목숨을 내어 주신 하나님의 은혜에 보답할 수 있는 최소한의 우리 사명일 것이다. 그리고 그것은 주의 소원이자 우리의 소망이기도 하다. 그분의 길을 따라간다는 것은 때론 한 치 앞도 어둠이 막막한 것이다. 하지만 여전히 우리 마음속에 성령님의 힘으로 살아 숨 쉬고 있는 주 소원으로 내 소망을 채우는 것 또한 그분을 길을 가는 것이다.

하지만 때로는 이 세상이 너무 힘들어서 그분의 뜻을 따름에 힘겨워하는 우리의 모습을 볼 수가 있다. 세상에 한 발을 담고 살다보니, 이유 없이 나를 미워하는 사람들과 기독교인으로 산다는 이유로 배척하는 모습들 그리고 돈과 생활에 대한 염려들, 심지어는 교회 내에서도 인간관계에서 실패와 좌절을 겪고 무릎을 꿇고 마는 경우도 있다. 힘에 겨워 가끔씩 삶을 뒤돌아보면, 언제나 변함없이 날 붙드시고, 나 대신 채찍에 맞아주시며, 못 박히신 예수님께서 나와 함께 걸어 오셨음을 느낄 수 있다. 나는 그분을 위하여 일을 하고 있다고 생각했었는데, 실제로는 한 발, 한 발 가엾은 영혼들을 위하여 힘겹게 발을 내딛는 그분의 등에 올라타서, 아픈 척 힘든 척 엄살을 부리고 있었던 것이다.

뒤돌아보면, 그분께서는 항상 나와 함께하셨다. 함께하시지 않으셨다면, 지금의 나는 이 자리에 없고, 세상의 탐욕과 욕심에 찌들어 하루하루 꺼져가는 생명을 안고 사는 어느 한 불쌍한 영혼만이 있었을 것이다. 예수님께서는 늘 함께 동행해 주신다. 어리석은 나만이 그분을 힘들게 하고, 그분의 등 위에 타고 있음을 몰랐을 뿐 그분의 사랑은 그런 것이었다.

함께 동행하며, 그분의 길을 간다는 것은 정말 감당하지 못할 승리의 기쁨을 안겨 준다. 이 세상에서는 패배한 듯 보이지만, 이 세상에서는 어리석게 보이지만, 이 세상에서는 조롱과 비웃음을 당하지만, 이 세상에서는 온갖 오해와 모함을 당하지만, 그분의 길을 간다는 것은 실로 감당하지 못할 승리의 기쁨을 맛보게 해 준다.

나를 통하여 거듭난 형제자매들을 보며, 그들이 가족에게 그리고 친구에게 예수님의 희생을 전하고, 복음을 전하여 천국에서 함께 웃으며, 이야기할 거리가 늘어나고, 하나님의 상급이 내 앞에 약속될 때, 나는 진정으로 세상에서는 느낄 수 없는 승리의 기쁨을 느낄 수 있다. 하지만 그런 신앙의 성장과 기쁨 속에서도 항상 자신의 자리를 지키고, 겸손하여 순종하는 자세는 너무도 중요하다. 그 이유는 예수님께서 그렇게 하셨고, 우리는 그분의 길을 따라가는 그리스도인이기 때문이다. 예수님께서는 피조물인 인간 앞에 낮아지셨고 겸손하셨다. 그분은 아프고 병든 사람들을 어루만져 주셨으며, 사랑으로 모든 인간의 죄를 덮어 주셨다. 그분의 길을 가는 그리스도인으로서 우리는 여전히 변함없는 주의 겸손함으로 내 욕심을 버리고 낮아지는 자세가 필요하다.

예수님께서는 그 앞에 엄청난 고난과 오해 그리고 십자가의 형벌이 놓여 있었지만, 묵묵히 하나님의 말씀에 순종하셨다.

36. 이에 예수께서 제자들과 함께 겟세마네라 하는 곳에 이르러 제자들에게 이르시되 내가 저기 가서 기도할 동안에 너희는 여기 앉아있으라 하시고
37. 베드로와 세베대의 두 아들을 데리고 가실쌔 고민하고 슬퍼하사
38. 이에 말씀하시되 내 마음이 심히 고민하여 죽게 되었으니 너희는 여기 머물러 나와 함께 깨어 있으라 하시고
39. 조금 나아가사 얼굴을 땅에 대시고 엎드려 기도하여 가라사대 내 아버지여 만일 할만하시거든 이 잔을 내게서 지나가게 하옵소서 그러

나 나의 원대로 마옵시고 아버지의 원대로 하옵소서 하시고

40. 제자들에게 오사 그 자는 것을 보시고 베드로에게 말씀하시되 너희
가 나와 함께 한 시 동안도 이렇게 깨어 있을 수 없더냐

41. 시험에 들지 않게 깨어 있어 기도하라 마음에는 원이로되 육신이 약
하도다 하시고

42. 다시 두 번째 나아가 기도하여 가라사대 내 아버지여 만일 내가 마
시지 않고는 이 잔이 내게서 지나갈 수 없거든 아버지의 원대로 되
기를 원하나이다 하시고

43. 다시 오사 보신즉 저희가 자니 이는 저희 눈이 피곤함일러라

44. 또 저희를 두시고 나아가 세 번째 동일한 말씀으로 기도하신 후

45. 이에 제자들에게 오사 이르시되 이제는 자고 쉬라 보라 때가 가까왔
으니 인자가 죄인의 손에 팔리우느니라

46. 일어나라 함께 가자 보라 나를 파는 자가 가까이 왔느니라

–마태복음 26장

우리는 그분을 보고 배우며, 그분의 길을 따른다. 예수님께서 하나님
의 말씀에 순종하셨듯이, 우리도 역시 그리스도인으로서 성경의 말씀
에 순종하고 교회를 위하여 봉사하여야 마땅하다. 때로는 교회에서
내 생각과는 다른 어떤 의견이나 모함이 있을지라도, 마땅히 순종하는
모습이 그리스도인에게는 필요하다. 옳고 그름을 판단하는 자는 내가
아니라 하나님이시기 때문이다.

실로 하나님의 예리하심은 사람의 중심을 보고, 그 사람의 심령을

감찰하신다. 진정한 그리스도인이라면 하나님께 의지하고 그분의 판단에 의지하여 순종하는 모습이 필요한 것이다. 혹시라도 세상이든 교회든 옳지 못한 모습으로 내게 무언가를 요구하고 부당한 처우를 한다고 생각하는가? 그렇다면 그것은 내 생각일 뿐이다. 나는 재판관이 아니며, 판단을 기다리는 입장의 힘없는 한 영혼일 뿐이다. 판단과 징계는 하나님의 몫으로 돌리자. 만약 어떤 일들이 옳지 않게 실행되었다면, 하나님께서는 그 일에 두 손을 놓고 지켜만 보시지 않을 것이다. 하나님의 역사를 위하여 그분은 움직이실 것이다. 시간이 지나고 보면, 모든 일들이 선명하게 보일 수 있다. 자신이 옳은지 남이 옳은지 각 심령을 감찰하시고, 중심을 보시는 하나님께서 판단하여 주실 것이다. 결과가 나오기까지는 하나님 앞에서 두 눈을 감고 순종하는 모습이 필요하다. 예수님께서는 일어날 일들을 아시고 순종하셨으나, 우리는 한 치 앞도 내다볼 수 없는 인간이다. 그리스도인이라면 마음속 모든 것들을 내려놓되, 그분을 향한 마음만은 두 손에 꼭 쥐고, 그분의 길을 따라가는 자세를 취해야 한다. 그것이 순종인 것이다. 판단과 결과는 하나님께 맡겨 놓자. 그리고 나의 마음속 모든 것을 내려놓고, 그분께서 원하시는 그분의 길을 순종으로 따라가자. 하나님께서는 그런 순종하는 모습의 우리에게 언젠가는 큰 위로를 건네주실 것이다.

물론 모든 것이 하나님을 향해 옳은 일인지 구별하는 자세는 필요하다. 북한에서 김일성이 하나님을 위한 일이라고 말하며 전쟁을 일으키라고 했을 때 그런 말을 순종한다는 것은 실로 판단과 구별조차 이해하지 못하는 어리석은 것이다. 하지만 일단 하나님의 일이라 생각된다면, 나의 생각과 판단은 접고 그분의 길을 따라 순종하는 자세를 취한다면 하나님께서는 그런 우리를 반드시 기억해 주실 것이다.

그분의 길을 간다는 것은 때론 한 치 앞도 보이지 않는 어둠이 막막한 세상을 느낄 수도 있다. 하지만 그때도 여전히 숨 쉬고 있는 주 소원으로 내 소망을 채우는 것, 그것이 바로 순종이며 그분의 길을 가는 것이다.

그분의 길을 간다는 것은 때론 감당하지 못할 승리의 기쁨을 주기도 한다. 하지만 그때도 여전히 마음을 다스려 변함이 없는 겸손함으로 내 욕심을 버리는 것. 그것이 바로 나를 십자가에 못 박고 주님의 길을 가는 것이다.

때론 너무 힘에 겨워 가끔씩 뒤돌아보고플 때마다 늘, 언제나, 변함없이 날 붙드시고 함께 가시는 주님이 계신다.

그분의 길을 간다는 것은 때론 감당하지 못할 승리의 기쁨이며, 그때도 여전히 순종과 변함이 없는 주 겸손함으로 내 욕심 버리는 것이다.

그리스도와 함께 못 박히다: 내가 죽어야 사는 진리

20. 내가 그리스도와 함께 십자가에 못 박혔나니 그런즉 이제는 내가 산 것이 아니요 오직 내 안에 그리스도께서 사신 것이라 이제 내가 육체 가운데 사는 것은 나를 사랑하사 나를 위하여 자기 몸을 버리신 하나님의 아들을 믿는 믿음 안에서 사는 것이라

– 갈라디아서 2장

1. 세상에서

급한 약속이 있었다. 시간이 부족하다보니 제 시간에 도착해야 한다는 강박증이 다시금 나를 감싸고 있었다. 급한 마음에 평소보다는 조금 빠르게 차를 몰고 있는데, 바로 앞에 어떤 차 한 대가 너무도 느리게 가는 것이 아닌가? 조금씩 짜증이 밀려오기 시작했다. 1차선 외길이다 보니, 추월도 여의치 않고 그냥 마음만 급해서 발만 동동 구르고 있었다. 5분을 그렇게 짜증과 치미는 분노로 운전을 하다가 마침내 차선이 넓어지면서 앞 차를 추월하게 되었다. 추월을 하면서, 나도 모르

게 앞길을 막던 운전자를 노려봤는데, 아주머니 한 분이 운전을 하면서 아이가 둘이나 타고 있어서 정신없어 하는 것을 볼 수 있었다. 그리고 나와 눈이 마주치자 더욱 당황해 하며, 어쩔 줄을 몰라 하는 것이다. 정말 평소에는 생각조차도 하기 힘든 행동인데 왜 그랬을까 하는 생각과 함께 순간적으로 미안한 생각이 덜컥 들고 말았다. 아무리 시간이 모자라도 내가 그렇게 상대방을 노려보고, 화를 낼 만한 사람은 아닌데. 마음속에서 후회가 밀려들며, 하나님 앞에서 또다시 죄를 짓고 말았다는 생각이 들어서 아직도 나는 갈 길이 멀었다 싶었다.

2. 교회에서

나는 사실 교회에서는 초신자나 다름없다. 어려서부터 교회를 다니기는 했지만 지금의 교회에 정착한 것은 불과 5년 정도밖에 안 되니, 수십 년을 다니신 분들이 많으신 교회에서 아직도 초신자임에 틀림없다. 그런데 그런 신앙심도 깊지 못하고, 생각도 짧은 내가 교회 내에서 많은 쓰임을 받게 되었다. 감히 하나님께서 나를 좋게 여기시고 쓰시려 하신다는 말은 하지 못할 것 같고, 어쩌면 내가 하는 일이 교육과 관련되어 있으며, 학창시절부터 약간의 강박적인 성격이 있는 탓에 모든 일을 확실하게 알고 넘어가야 하는 것이 교회 내에서 큰 역할을 맡을 수 있게 이끄신 것 같다. 고등학교 때부터 그날의 일을 끝내지 못하면, 잠을 자지 못할 정도로 강박증이 있었고, 지금도 일을 할 때면 책상에 메모지가 수십 장이 쌓여 있어서, 확실하게 그날 일을 다 끝내지 못하면, 찝찝하여 견딜 수가 없다. 교회 내에서도 나의 신앙이 바른 것임을 확인하고자 짧은 시간 동안 치열하게 공부했던 것이 좋은 평가를 받아 신앙의 기간이 짧았는데도 중책이 주어졌는지도 모른다.

어쨌든 중책이 주어지자 직분이 없을 때는 알지 못했던 많은 것들이 눈에 보이기 시작했다. 이유 없이 나를 견제하는 형제자매들이 나타나기 시작했고 정작 당사자인 나는 듣지도 보지도 못한 이상한 유언비어가 교회에 나돌았다. 다시 고백하건대, 나의 신앙은 깊지 못하며, 아직 배울 점들이 너무도 많았다. 나는 그분들을 찾아가서 왜 그런 말씀을 하셨는지 확인하고, 논쟁하여 나의 잘못이 없음을 확인하고, 이겼다고 생각했다. 그리고 다시는 그런 일이 없을 것이라 생각하며, 스스로 잘못이 없음을 입증한 것에 뿌듯해 하곤 했다.

세상을 살다보니 많은 사람들을 접하게 된다. 그리고 전도할 때면, 가끔 듣는 소리가 있다. 기독교는 왜 사람을 죄인 만드느냐는 것이 바로 그것이다. 죄인임을 인정해야 예수님을 만날 수 있기에 우리가 죄인임을 강변하지만, 도리어 어떤 이들은 사람을 이유 없이 죄인으로 만든다며, 말씀 듣기를 거부한다. 예수님께서는 우리의 죄를 대신하여 채찍에 맞으시고, 귀하신 피를 흘리셨다. 그런데 우리는 우리가 무슨 죄가 있냐고 항변하며, 예수님을 저리 가라고 밀쳐내곤 한다. 이것은 비단 믿지 않는 사람들에게만 국한된 내용이 아니다. 그리스도인도 다르지 않다. 예수님께서는 우리 대신 십자가에 못 박히시며, 우리 대신 죽어주셨다. 하지만 성경에서는 예수님만이 십자가에 못 박히셨다고 말하는 것이 아니라 우리도 역시 예수님과 함께 못 박혔음을 말한다.

> 23. 또 무리에게 이르시되 아무든지 나를 따라 오려거든 자기를 부인하고 날마다 제 십자가를 지고 나를 좇을 것이니라
> 24. 누구든지 제 목숨을 구원코자 하면 잃을 것이요 누구든지 나를 위하여 제 목숨을 잃으면 구원하리라
> – 누가복음 9장

> 20. 내가 그리스도와 함께 십자가에 못 박혔나니 그런즉 이제는 내가 산 것이 아니요 오직 내 안에 그리스도께서 사신 것이라 이제 내가 육체 가운데 사는 것은 나를 사랑하사 나를 위하여 자기 몸을 버리신 하나님의 아들을 믿는 믿음 안에서 사는 것이라
> – 갈라디아서 2장 20절

십자가에 못 박힌 것은 단지 예수님만이 아니라 우리 역시 함께 못 박힌 것이다. 예수님께서는 구원을 받은 그리스도인이라면 자기를 부인하라고 말씀하셨다. 그리고 날마다 제 십자가를 지고, 예수님을 좇으라고 명령하셨다. 갈라디아서에서도 역시 사도 바울은 자신이 예수

님과 함께 십자가에 못 박히어, 이제 자신은 죽고 없음을 말하고 있다.

그리스도인으로 산다는 것은 자기 자신을 죽이며, 사는 것을 의미한다. 자신의 감정을 다스리고 분을 참으며, 하나님께서 명하신 일을 순종으로 묵묵히 행하는 삶, 그것이 그리스도인의 삶인 것이다. 글을 시작할 때 세상에서의 나의 모습과 교회에서의 나의 모습을 돌아보며, 과연 내가 그리스도인으로서 올바른 삶을 살고 있는지 확인해보고자 했다. 누구나 억울한 상황에서는 화가 나고 해명하고 싶으며 상대를 논리적으로 굴복하고 싶어 한다. 하지만 그것은 올바른 그리스도인의 모습이 아니다. 올바른 그리스도인의 모습은 세속적으로 봤을 때는 너무도 어리석고, 아둔한 삶이어야 한다. 그들은 끊임없이 자신을 죽이고 하나님만을 바라보며 살아야 하며, 억울한 일이 있다고 해서 그것을 세속적인 방법으로 해결하려고 하지 말아야 한다.

나는 교회에서 억울한 일이 있을 때 세속적인 방법으로 그것을 해결하려고 했다. 그리고 논리적으로 납득시켰다고 생각했으며, 그것이 나의 승리라 생각한 적이 있었다. 하지만 그것은 나의 완벽한 패배라고 볼 수 있다. 그 이유는 나는 그리스도인으로서 내 자신을 십자가에 못 박지 못했기 때문이다. 그리고 덤으로 논리적으로 이겼다고 생각했던 상대에게 마음의 상처만을 주게 되었다. 상처는 반드시 증오로서 부메랑처럼 나에게 되돌아왔다. 이긴 것은 이긴 것이 아니다. 내가 스스로 내 자신을 죽여야 진리가 보인다. 나의 분노를 죽이고, 하나님이 주신 방법을 따라 그분과 시선을 맞추어 세상을 살아갈 때 진정한 승리가 우리에게 주어질 수 있다.

십자가에 예수님과 함께 못 박힌다는 것은 이 세상을 나의 의지대로 살지 않겠다는 약속이다. 우리는 지금까지 성경을 통하여 세상의 방법들과는 너무도 차원이 틀린 하나님의 일들을 경험할 수 있었다. 죄를 해결하시는 그분의 은혜와 진리, 그리고 사랑을 기억해보자. 그렇게 하나님의 사랑을 경험하고 구원을 경험한 그리스도인이라면, 이제는 그분과 함께 십자가에 못 박히어 자기 자신을 죽이는 법을 배워야 한다. 그렇게 할 때 놀랍게도 우리는 분노와 증오 그리고 많은 사단의 역사에서 벗어나게 되며 상대를 이해하고 포용할 줄 아는 하나님의 진리를 볼 수 있게 된다. 내가 죽어야 진실로 살아서 하나님의 사랑을 경험할 수 있게 되는 것이다.

그 과정은 아마도 오랜 시간을 필요로 할 것이다. 큰 고난과 고통 그리고 참기 힘든 억울함을 경험할 수밖에 없다. 세상의 방법이 아니기에 오해를 받을 여지도 크고 손가락질 받을 수도 있다. 하루에도 몇 번씩 억울함과 괴로움에 가슴을 부여잡고 눈물을 흘릴 수도 있다. 하지만 한 가지만 기억하도록 하자. 우리는 그리스도인이며 하나님과 동행하는 사람들이다. 우리는 예수님과 함께 십자가에 못 박혀서 자기 자신을 버리고 하나님과 동행하는 길을 택했기에 더 이상 외롭지 않다. 우리가 외로움을 느끼는 것은 우리의 시선을 사람들에게 맞추었기 때문이며 우리의 시선이 하나님을 향할 때 우리는 더 이상 외로울 수가 없다. 하나님께서 우리와 함께 해 주시는데 무엇이 억울하고 무엇이 외로울 수가 있을까? 물론 정말 힘든 과정임에 틀림없다. 하지만 하나님께서는 그리스도인이라면 누구나 거듭남을 체험한 후에 성화와 영화의 단계를 이루어야 한다고 말씀하셨다. 그것이 우리가 그리스도인으로서 나아가야 할 길이다. 그렇게 묵묵하게 하나님의 길을 나아갈 때 어느 순간 이 세상을 끝내고, 하나님과 천국에서 함께할 때, 그분은 우리의 눈물을 닦아 주시며, 수고하였노라고 잘 참고 잘 인내하였노라고 우리를 위로해 주실 것이다.

세상은 생각보다 길지 않다. 하나님께서는 이 땅에서 인내한 우리 그리스도인들을 기다리고 계시다. 그분만을 바라보며, 그리스도와 함께 십자가를 지도록 하자. 그리고 나 자신을 예수님과 함께 십자가에 못 박아 내 안에 그리스도께서 사실 수 있도록 하자. "이제 내가 육체 가운데 사는 것은 나를 사랑하사 나를 위하여 자기 몸을 버리신 하나님의 아들을 믿는 믿음 안에서 사는 것이라"는 말씀을 기억하도록 하자.

십자가를 지지 않는 자에게는 면류관이 없다.

– 퀼스

섬김: 우리가 배워야 하는 것들

28. 인자가 온 것은 섬김을 받으려 함이 아니라 도리어 섬기려 하고 자
    기 목숨을 많은 사람의 대속물로 주려 함이니라

    –마태복음 20장

누가복음 9장에서 제자들은 예수님을 뒤로하고 서로 논쟁을 벌인다.

46. 제자 중에서 누가 크냐 하는 변론이 일어나니
47. 예수께서 그 마음에 변론하는 것을 아시고 어린아이 하나를 데려다
    가 자기 곁에 세우시고
48. 저희에게 이르시되 누구든지 내 이름으로 이 어린아이를 영접하면
    곧 나를 영접함이요 또 누구든지 나를 영접하면 곧 나 보내신 이를
    영접함이라 너희 모든 사람 중에 가장 작은 그이가 큰 자니라

    –누가복음 9장

싸움의 원인은 누가 큰지에 대한 것이었다. 이 당시만 해도 제자들은

예수님께서 유대인의 왕으로서 오신 것이라 생각했고, 이 세상의 왕이자 대속을 완수하러 오셨음을 알지 못했다. 그래서 그들은 정권을 잡은 후, 누가 어떤 자리에 앉을 것인가에 관하여 서로 논쟁을 벌였던 것이다. 그들은 예수님의 제자였고, 사귐과 교제를 나누던 사도들이었다. 그런 그들에게 어떻게 이런 싸움이 생기게 되었을까? 우리는 사단이 사귐과 교제에 끼어들었음을 잘 알고 있다.

사람들은 참으로 다양하다. 어떤 이는 유능하고, 어떤 이는 무능하며, 어떤 이는 부지런하지만, 어떤 이는 게으르다. 이렇게 다양한 사람들이 예수님을 영접하고, 형제자매로서 교제를 하다 보면 불화가 생기기 마련이다. 그리고 불화가 생기게 된다면, 사람들의 다양성으로 인하여 힘을 가진 사람과 그렇지 않은 사람으로 나뉘게 된다.

인간의 특성 중 하나가 경쟁이기에 같은 그리스도인의 공동체 내에서도 힘의 논리는 나타날 수 있다. 이 모든 불화와 힘의 논리는 가장 예의 바른 모습으로 일어날 수도 있고, 가장 경건한 모습으로 일어날 수도 있다. 그리고 최악의 경우에는 불행하게도 하나님의 방법이 아닌 죄악의 모습을 입은 채로 일어날 수도 있다.

중요한 것은 어디에선가 틀림없이 누가 제일 크냐는 생각은 그리스도인의 교제에서 흔히 나타날 수 있다는 사실이다. 교제에서 그러한 일들이 발생했을 때, 먼저 알아야 할 것은 그리스도인은 자신만이 옳다고 주장하는 세속적인 싸움은 절대 지양해야 한다는 것이다. 자기를 남과 비교하여 남을 판단하고 심판함으로써 자기가 옳다는 것을 내세우는 것은 남을 심판하는 것은 같은 행동이다. 이 세상에 심판관은 단 한 분 하나님뿐이신데, 감히 내가 무엇이라고 심판관이 되어 형제를 심판한단 말인가? 하나님께서는 분명히 형제를 비판하지 말라고 말씀하셨다.

그렇다면 어떻게 행동하는 것이 올바른 그리스도인의 불화에 대한 태도라고 말할 수 있을까? 나는 그것을 섬김이라고 정의 내리며 답을 구하려 한다. 섬김은 여러 가지 의미를 가질 수 있다. 하나님을 섬기고, 부모님을 섬기며, 형제와 자매를 섬기는 것. 그것은 그리스도인의 기본적 미덕에 해당한다. 우리는 섬기는 대상과 불화를 일으켜서는 안 된다. 분명히 섬기는 대상과 불화를 일으킬 수는 있지만 그것이 잘못된 일이라는 것을 잘 알고 있다. 어느 누가 하나님과, 부모님 그리고 형제들과 불화를 일으키길 원하겠는가?

그렇다면 섬기기 위하여 우리는 어떤 것을 배우고 알아야 할까? 첫째, 우리는 섬기기 위하여 입을 조심해야 한다. 기본적으로 자신의 악한 생각은 모두 입을 통하여 나오며, 그리스도인은 입을 잘 통제할 때 악을 통제하고, 사단의 개입을 막을 수 있음을 알 수 있다. 악한 생각이 들 때는 아예 말을 하지 않는 것도 하나의 방법이 될 수 있다. 가끔은 말을 삼갈 때 참음에 따른 울분이 생길 수도 있는데, 그럴 때 우리에게 필요한 것이 하나님께 전적으로 의지하고 하나님 앞에 나의 죄를 고백하는 것이다. 분명히 하나님께서는 우리가 그분께 의지할 때 우리의 분을 삭혀주시며, 나의 죄를 고백할 때 상대방을 이해할 수 있는 관용을 허락해 주실 것이다.

우리는 교제할 때도 말을 삼가는 법을 배워야 한다. 여기서의 말을 삼가는 법이란 가슴 속에 독과 같은 마음을 품은 것들을 말하는 것이지, 형제를 위한 위로와 권면까지 포함하는 것은 아니다.

> 11. 형제들아 피차에 비방하지 말라 형제를 비방하는 자나 형제를 판단하는 자는 곧 율법을 비방하고 율법을 판단하는 것이라 네가 만일 율법을 판단하면 율법의 준행자가 아니요 재판자로다
> 12. 입법자와 재판자는 오직 하나이시니 능히 구원하기도 하시며 멸하기도 하시느니라 너는 누구관대 이웃을 판단하느냐
> —야고보서 4장

우리가 하나님 앞에서 우리의 입을 삼가고 닫을 줄 알 때, 하나님께서는 교제하는 형제자매들의 소중함과 하나님의 사랑하심을 볼 수 있도록 허락해 주신다. 그들은 천국에서 영원히 함께 교제할 사람들이다. 이 세상에서는 불화로 인하여 그들을 미워할 수 있지만 영원히 함께 행복할 시간을 생각해본다면 이 짧은 세상에 미련을 두는 것이 얼

마나 어리석은 것인지 그리스도인이라면 누구나 알 수 있다.

두 번째로 섬김을 실현하기 위하여 우리에게 필요한 것은 겸손함과 온유함이다. 예수 그리스도 안에서 죄 사함 받은 것을 믿고 사는 사람이라면, 자신을 바로 낮출 수 있다. 자기 자신을 십자가에 예수님과 함께 못 박았음을 알고 있기에 거듭난 그리스도인들은 자신을 낮추고 죽이는 법을 잘 알고 있다.

> 8. 일의 끝이 시작보다 낫고 참는 마음이 교만한 마음보다 나으니
> 9. 급한 마음으로 노를 발하지 말라 노는 우매자의 품에 머무름이니라
> ―전도서 7장

하나님께 의롭다 칭함을 받은 그리스도인이라면, 어떤 모욕이나 상처라도 받을 마음의 준비가 되어 있어야 한다. 예수님께서는 우리들을 위하여 로마의 군병들에게 채찍질을 당하셨을 때도 그리고 십자가에 못 박히실 때도 묵묵히 참고 견디셨다.

우리도 예수님처럼 낮아지고 온유해지며 견디어 내어 섬김을 이루어야 한다. 그리고 상대를 사랑하는 마음을 가져야 한다. 남의 죄를 보고 구역질이 난다고 생각하거나 나의 신앙에 비해서 그들의 신앙이 너무 미약하다고 생각된다면 우리는 우리의 죄를 확실하게 깨닫지 못한 것이며 하나님의 사랑을 제대로 이해하지 못하고 있는 것이다.

쉽게 풀어 보자면, 변기 위에서 똥이 덜 묻은 구더기가 저 아래 똥이 많이 묻은 구더기 보고 더럽다고 말해봐야 사람이 구더기를 보는 눈빛은 똑같다는 말이다. 그리고 하나님께서 이렇게 더러운 구더기와 같은 인간들을 사랑으로 품어 주셨는데, 하나님의 사랑은 뒤로하고 구더기가 다른 구더기를 더럽다 비난하는 것은 하나님의 사랑을 온전히 이해하지 못하고 있다는 것이다.

우리는 사랑으로 형제의 죄는 덮어 주고, 나의 죄에 대해서는 추호의 변명도 하지 않아야 한다. 항상 가장 문제가 되고 중한 것은 나의 죄이다. 그리스도인의 교제 속에서 섬김을 행하기 위해서 위의 것들, 즉 입조심과 겸손, 온유함과 자신을 죽임은 끝이 아니라 시작이라고 볼 수 있다. 남의 죄가 진정 나의 죄보다 무거워 보이지 않는데, 내가 어떻게 거짓 없이 겸손하게 형제를 섬길 수 있을까? 그것은 꾸민 겸손이며, 자기 자신을 속이는 행위이다.

마지막으로 섬김에서 우리가 알아야 할 것은 상대의 말을 듣는 것이다. 우리는 항상 교제에서 형제의 말에 귀를 기울여야 한다. 우리가 하나님의 말씀에 귀 기울여 그를 사모하듯이, 형제자매의 말에 귀 기울일 줄 알 때 그들을 사랑하고 이해할 수 있게 된다.

세상에는 자기 말에 귀를 기울여 들어 줄 사람을 찾는 사람이 많이 있다. 하지만 귀 기울여 남의 말을 들으려는 사람을 찾기는 쉽지 않다.

하나님과 우리의 관계를 잘 생각해보자. 우리가 그리스도인이라면 하나님의 말씀에 귀를 기울이는 것이 옳은가, 아니면 하나님께 자신의 의견을 끊임없이 말하는 것이 옳은가? 중요한 것은 우리가 하나님께 귀 기울이는 것이 중요하고 그로 인하여 하나님을 사랑하게 되는 것처럼, 형제를 사랑하기 위해서는 그들에게 귀를 기울여야 한다는 것이고 또 들을 줄 아는 자세를 배워야 한다. 형제가 어떤 생각을 가지고 있는지 들어서 이해할 수 있다면 형제를 위한 기도가 뒤따르게 되며, 형제를 위한 기도는 곧 그에 대한 관심과 사랑을 의미한다. 예수님께서는 서로 사랑하라고 얼마나 많이 강조하셨는가? 사도 바울도 고린도서의 사랑장을 통하여 믿음, 소망, 사랑 중 사랑이 제일이라고 말했다.

모든 일에는 단계가 있다. 입을 닫아 제어할 줄 알고 온유와 인내로 낮아져 자신을 죽이며 상대의 말에 귀를 기울일 때 교회 내에서 사람의 목소리는 사라지고 하나님의 은혜와 사랑이 그 자리를 대신하게 될 것이다.

그대가 모든 사람보다 작아지는 데까지 깊이 내려가지 않고서는 거룩하게 되는 일에서 일 보의 진전이라도 했다고 믿지 말라.

– 토마스 아 캠피스

당신은 그분의 사랑에 울어본 적 있는가?
: 하나님의 사랑을 기억하다

6. 그는 근본 하나님의 본체시나 하나님과 동등됨을 취할 것으로 여기
   지 아니하시고
7. 오히려 자기를 비워 종의 형체를 가져 사람들과 같이 되었고
8. 사람의 모양으로 나타나셨으매 자기를 낮추시고 죽기까지 복종하셨
   으니 곧 십자가에 죽으심이라

–빌립보서 2장

우리는 살면서 수많은 경험을 한다. 기쁜 경험이 있는 반면 슬픈 경험도 있으며, 인생의 희로애락은 인간의 벗어날 수 없는 굴레이다. 그런 많은 감정들 중에 사랑이라는 감정이 있는데, 사랑은 때로는 기쁨과 슬픔, 환희와 고통 그리고 희생과 욕망을 모두 포함할 수 있는 매우 복합적인 감정이라 할 수 있다.

사랑이 이렇게 복합적인 이유는 그 종류에 따라 성질이 달라지기 때

문이다. 옛 철학자들은 이러한 사랑의 다양한 성질을 에로스, 스톨게, 필레아 그리고 아가페 등으로 표현했는데, 여기서 에로스는 이성 간의 사랑을 의미하며, 스톨게는 부모와 자식 간의 사랑을 나타내고, 필레아는 친구 간의 사랑을 그리고 마지막 아가페는 하나님의 사랑, 곧 희생의 사랑을 의미한다.

C.S 루이스는 인간은 에로스에 의하여 탄생되고, 스톨게에 의하여 양육되며, 필게아와 더불어 성장하여 아가페에 의해 완성된다고 말했다. 남녀 간의 사랑으로 한 생명이 태어나고, 그 생명은 부모와의 연을 맺으며, 사랑받아 성장하며, 친구와의 사랑을 통하여 성장을 배우는 것이다. 이렇게 대부분의 사람들은 약간씩의 차이는 있겠지만 일반적으로 필레아까지는 공통된 사랑을 공유하며 살아간다.

그렇다면 마지막, 하나님의 사랑인 아가페는 어떨까? 아가페는 이 세상 모든 사람들이 하나님을 통하여 받기는 했지만, 모두가 누릴 수 있는 것은 아니다. 아가페의 사랑을 누릴 수 있는 사람은 한정되어 있는 것이다. 하나님께서는 이미 독생자 예수 그리스도를 통하여 우리를 위해 죽어 주심으로써 대속의 사역을 완수하셨다. 이는 하나님께서 우리에게 사랑을 희생으로 증명하신 아가페적 사랑이다. 세상의 모든 사랑 중에서 가장 고귀하고, 순결한 조건 없는 사랑이라 할 수 있는데, 하나님께서는 이것을 몸소 우리에게 보여주시고 행해 주신 것이다. 하지만

이 숭고한 사랑을 모두가 누리지 못한다는 것은 정말 아쉽고 슬픈 일인데, 그들이 그 위대한 사랑을 누리지 못하는 이유는 바로 하나님께서 그런 사랑을 베풀어 주신 것을 믿지 않기 때문이다.

이미 하나님께서는 모든 죄를 해결해 놓으셨으나, 한 가지 죄만은 남겨 놓으셨는데, 그것은 바로 믿지 않는 죄다. 하나님께서 이렇게 직접 숭고한 희생을 하셨어도, 믿지 않으면 무슨 소용이 있을까? 그것은 하나님의 아가페적 사랑을 무시하는 것이다.

13. 내가 이방인인 너희에게 말하노라 내가 이방인의 사도인 만큼 내 직분을 영광스럽게 여기노니
14. 이는 곧 내 골육을 아무쪼록 시기케 하여 저희 중에서 얼마를 구원하려 함이라
15. 저희를 버리는 것이 세상의 화목이 되거든 그 받아들이는 것이 죽은 자 가운데서 사는 것이 아니면 무엇이리요
16. 제사하는 처음 익은 곡식 가루가 거룩한즉 떡덩이도 그러하고 뿌리가 거룩한즉 가지도 그러하니라
17. 또한 가지 얼마가 꺾어졌는데 돌감람나무인 네가 그들 중에 접붙임이 되어 참감람나무 뿌리의 진액을 함께 받는 자 되었은즉
18. 그 가지들을 향하여 자긍하지 말라 자긍할지라도 네가 뿌리를 보전하는 것이 아니요 뿌리가 너를 보전하는 것이니라
19. 그러면 네 말이 가지들이 꺾이운 것은 나로 접붙임을 받게 하려 함이라 하리니

20. 옳도다 저희는 믿지 아니하므로 꺾이우고 너는 믿으므로 섰느니라 높은 마음을 품지 말고 도리어 두려워하라

21. 하나님이 원 가지들도 아끼지 아니하셨은즉 너도 아끼지 아니하시 리라

22. 그러므로 하나님의 인자와 엄위를 보라 넘어지는 자들에게는 엄위 가 있으니 너희가 만일 하나님의 인자에 거하면 그 인자가 너희에게 있으리라 그렇지 않으면 너도 찍히는바 되리라

23. 저희도 믿지 아니하는데 거하지 아니하면 접붙임을 얻으리니 이는 저희를 접붙이실 능력이 하나님께 있음이라

24. 네가 원 돌감람나무에서 찍힘을 받고 본성을 거스려 좋은 감람나무 에 접붙임을 얻었은즉 원 가지인 이 사람들이야 얼마나 더 자기 감 람나무에 접붙이심을 얻으랴

－로마서 11장

　사람들은 이 무시의 결과가 얼마나 참담한지를 잘 알지 못한다. 영 원한 지옥이 기다리고 있는데, 다른 사람도 믿지 않는 것을 보고 안도 하며, 그 무서움을 실감하지 못해 눈앞의 이익에만 급급해 하면서 세 상을 살아간다. 그리고 혹자는 나만 가는 것도 아닌데, 견딜 수 있으리 라고 생각하기도 한다. 정말 그럴까? 지금 커터를 하나 꺼내 손톱 밑의 살을 한 번 베어본다고 생각해보자. 물론 생각으로는 할 수 있을 것 같고, 마음만 먹으면 무엇인들 못할까 싶다. 하지만 실제로 칼을 꺼내 서 행동하게 된다면 상황은 달라진다.

나는 1996년 2월에 군대에 갔었다. 참으로 의기양양하게 훈련소에 입소한 기억이 난다. 별로 겁이 나지 않았다. 도리어 그 당시 흩날리는 눈송이를 보며 감상에 젖기도 했었다. 하지만 지금 와서 생각해보면, 내가 군대를 쉽게 생각했던 것은 실제로 경험해보지 못했던 무지에서 비롯된 것이다. 우리는 흔히 이런 상황을 '하룻강아지 범 무서운지 모른다'는 말로 표현하기도 한다. 아침 일찍부터 일어나서 오전 오후까지 근무하고 저녁에는 근무를 서며, 정신없고 힘들게 군 생활을 했다. 맞기도 많이 맞았고, 한겨울 철원의 추위가 일반인들의 생각과는 많이 다르다는 것도 뼈저리게 느껴 본 시간이었다. 지금 돌이켜 보건대, 다시 한 번 가라면 절대 못 갈 곳이 바로 군대이다.

그렇다면 지옥은 어떨까? 우리는 말로만 지옥이라 하지 실제로 그곳을 가본 적은 없다. 그러기에 지옥을 쉽게 생각하는 경향이 있다. 그런데 조금만 깊게 생각해본다면 영원한 시간을 사랑하는 사람들과 떨어져서 불구덩이와 같은 뜨거움 속에서 고통에 괴로워하는 것이 지옥이 아닌가? 상상만 해도 끔찍하다는 것을 쉽게 알 수 있다. 실제로 우리가 사는 지구의 대기권 밖만 조금 벗어나도 우리는 지옥을 경험할 수 있다. 바닥이 없이 영원히 떨어지는 무저갱은 우주가 될 것이고, 태양 옆에서 떨어진다고 생각하면, 그곳이 바로 영원한 어둠 속에서 가족과 격리된 채, 끝없는 바닥으로 떨어지는 무저갱인 것이다.

하나님께서는 우리를 사랑하신다. 그래서 우리가 그런 지옥에 떨어지길 원치 않으신다. 그래서 그분은 대속의 사역을 준비하셨다. 하지만 하나님께서는 공의의 하나님이시기에 호리만한 죄도 그냥 넘어가시지 않으며 믿지 않는 사람들에게는 반드시 하나님의 위대한 사랑을 우습게 생각한 죄를 물으실 것이다.

20. 옳도다 저희는 믿지 아니하므로 꺾이우고 너는 믿으므로 섰느니라
    높은 마음을 품지 말고 도리어 두려워하라
    –로마서 11장

하나님의 사랑을 믿어 받아들이고, 그 안에 머무는 것이 그렇게도 싫고 힘든 일일까? 실제로 그것은 쉬우면서도 어려운 일이다. 구원의 교리 자체를 하나님께서 모든 사람들이 이해할 수 있도록 쉽게 만드셨고, 자기 자신을 낮춰 하나님을 받아들여야 하는데 그렇게 자신의 죄를 깨닫고, 주님 앞에 회개로 나아가는 과정이 어려운 것이다. 인간은 오만하기에 자기 자신을 낮출 줄 모른다. 서점에 가면 온통 자기 자랑과 성공담에 관한 책뿐이고, 누군가를 만났을 때 겸손한 사람을 만나기는 하늘의 별을 따는 것과 같은 정도로 어려우며, 사람들은 항상 경쟁과 탐욕 속에서 누가 자신에게 해를 끼치지 않을까 상처 입은 짐승의 눈빛을 한 채 자신을 숨기기에 급급하다. 낮아짐을 보이는 것이 상

대에게 공격의 빌미가 된다고 생각하며, 허세와 거짓말로 자신을 치장하고, 죽으면 죽었지 자존심만은 지키겠다고 하는 것이 바로 이 시대의 사람들인 것이다. 하지만 말만 그럴 뿐 실제로 상황이 닥치면 사람들은 현실을 외면한다.

예전에 본 공지영 작가의 소설 중에서 기억에 남는 내용이 하나 있다. 비가 오는 날에 더러운 하천에 빠져서 더 이상 젖을 것도, 더러워질 것도 없어졌을 때, 비로소 진정한 편안함을 느낄 수 있다고 하는 장면이었다. 우리는 거추장스러운 세상의 이물질들을 달고서 죽으면 모두 의미가 없어질 그것들에 집착하여, 하나라도 손상되고 흠집이 나지 않도록 전전긍긍하면서 살아간다. 하지만 고난과 하나님의 개입하심으로 인하여 그 모든 것을 잃게 되고, 아무것도 더는 가질 것도, 흠집 날 것도 없음을 알고 하나님 앞에 자신을 낮출 때, 우리는 진정한 자유와 진리를 접할 수 있다.

그것은 더러운 가운데 얻을 수 있는 안정이 아니며, 실로 소경이 눈을 뜬 것과 같은 새로운 세상과의 만남이라고 할 수 있다. 잠시 지나갈 뿐인 세상의 의미 없는 것들 사이로 하나님의 영원한 천국에 대한 약속이 보이기 시작하며, 그분의 사랑과 은혜를 받아 진정한 사랑과 희생의 아가페가 무엇인지 느낄 수 있게 되는 것이다. 진정한 자유이며, 진리이자 사랑의 완성인 것이다. 하나님께 나아가는 데 정말 놀라운 사실은 누구나 반드시 거치는 관문이 하나 있다는 것이다. 그것은 위에서 언급한 낮아짐이다. 낮아져서 하나님 앞에 자신의 모든 오만과 자존심을 내어 놓을 때, 비로소 우리는 그분의 사랑을 볼 수 있다.

하나님에 대하여 이야기만 하면, 사람들은 경기를 일으키듯이 화를 내며 자신이 알고 있는 얕고도 넓은 지식으로 모든 것을 아는 듯 하나님을 조롱하고 멀리한다. 돌이켜 보자. 무엇을 알고 있는가? 역사에 대하여 확실한 정보를 가지고 있는 것인가? 아니면 과학적으로 직접 실험을 통하여 그 결과를 증명해보았는가? 그것도 아니라면, 그 분야에서 박사 학위라도 가지고 있단 말인가? 만물박사라는 말이 있다. 영어로는 jack of all trades라고 지칭하는데, 이 말의 어원은 산업혁명 때 상담회사를 차리고 모든 것을 알고 있다고 말하며, 그 당시 회사들의 무역을 주관했던 상담회사들에서 나온 말이다. 물론 금방 그 속 모습이 들통 나 조롱거리가 되는 말의 어원이 되고 말았다. 그들은 모든 것을 아는 척했지만, 사실 아무것도 모른 채 아는 척만 했을 뿐이다. 그래서 만물박사라는 이 표현은 실제로는 아주 얕은 지식으로 많은 것을 아는 척하는 사람들을 지칭한다. 그들은 실상 아무것도 모른다.

우리는 어떠한가? 하나님에 대하여 신화 속의 신이다, 이스라엘의 신이다, 또는 수메르 신화와 각종 신화에서 짜깁기한 종교의 신이라고 말하는 사람들을 정말 많이 접해봤다. 하지만 마음먹고, 왜 그런지 증거가 무엇인지를 물었을 때 대답할 수 있었던 사람은 아무도 없었다.

그냥 아는 척 얕은 지식으로 하나님을 기만하고 있었을 뿐이다. 낮아져야 한다. 정말로 무릎을 꿇고 낮아져서 하나님 앞에 나아가야 한다. 부자가 천국에 들어가기가 왜 낙타가 바늘귀를 들어가는 만큼 어렵다고 했을까? 여기서 바늘귀란 낙타가 지나갈 수 있도록 만든 작은 문이라는 설이 하나 있다. 낙타가 이 문을 지나가기 위해서는 모든 짐을 다 내려놓아야 했고 자신의 무릎을 꿇어야만 했다. 그렇게 자신의 모든 짐을 내려놓고, 하나님 앞에 자신을 낮출 때 우리는 그분의 아가페를 받아들이고, 거듭남을 경험할 수 있는 것이다.

자존심이 그리도 중요한 것일까? 오만함을 버리는 것이 그렇게나 어려운 일일까? 하나님께서는 자존심을 고집하지 않으셨다. 그분은 성자 하나님이신 예수님을 우리에게 건네 주셨으며, 예수님께서는 버러지와 같은 인간들에게 채찍으로 맞고 조롱과 침을 맞으시면서, 묵묵히 우리에 대한 사랑을 확증하셨다. 예수님께서 성부 하나님께 단 한 마디만 더럽고 화가 나서 못하시겠다고 하셨어도 이러한 숭고한 아가페는 존재하지 못했을 것이다. 하지만 실로 버러지 같은 인간들의 이런 무지함에도 그분은 참으셨다. 그리고 1년 전에도 죄를 짓고, 어제도 죄를 지었으며, 지금 이 순간에도 지독한 죄를 짓고 있는 나를 위하여 대신 죽어 주셨다.

어느 누구라도 사람들 중에 아무 이유도 없이, 단지 사랑이라는 감정 하나만 가지고 쓰레기와도 같이 악취가 나는 죄 짓기를 밥 먹는 것보다 더 자주 하는, 그런 누군가를 대신하여 목숨을 버릴 수는 없을 것이다. 그런데 만물의 주관자이신 그분은 우리를 위하여 그렇게 하셨다. 그분은 우리를 위하여 눈물을 흘리시고, 우리를 위하여 대신 죽어 주셨으며, 우리를 위하여 보혜사 성령님을 전해 주셨다. 이 세상의 모든 것을 주신 그분께 우리는 과연 무엇을 드려봤는가? 그분께서 우리를 위하여 그랬듯이 우리는 그분을 위하여 눈물을 흘려 봤던가?

예수님께서 채찍질 당하신 것은 그분의 죄가 아닌 나의 죄 때문이었다. 하지만 우리는 그분을 외면하고 있다. 예수님께서 십자가에 못 박히신 것은 나의 죄 때문이었다. 하지만 우리는 그분을 부정하고 있다. 예수님께서 이 세상에 오셔서 낮아지신 것은 나의 죄 때문이었다. 하지만 우리는 낮아지지 못한다고 고집을 피운다.

하나님께서는 우리를 너무도 사랑하시기에 울고 계신다. 우리는 하나님을 위하여 무엇을 해드렸는가? 그분을 위하여 울어 본 적이 있는가? 낮아지고, 서로 사랑하며, 그리스도인으로서 우리가 살아야 할 이유가 바로 여기 있다.

우리가 어둠의 깊은 골짜기를 지날 때 비로소 신앙의 본질을 발견하게 된다.

– 찰스 스탠리

나를 항상 기억해 주시는 하나님: 나를 기억해 주시는 유일한 분

13. 우리가 다 하나님의 아들을 믿는 것과 아는 일에 하나가 되어 온전한
사람을 이루어 그리스도의 장성한 분량이 충만한 데까지 이르리니
— 에베소서 4장

1996년의 2월, 살을 에는 추위였다. 몸이야 그렇다 치고, 난생 처음 내 뜻대로 어느 것도 할 수 없는 공간에 있다 보니 마음마저 아려 옴은 어쩔 수 없었을 것이다.

남자라면 누구나 다 한 번쯤 가는 군대라는 곳. 그리고 누구나 두 번은 못 간다고 한다. 아마도 무지無知하고 젊은 객기가 뒤섞인 그 뜨거운 무언가에 일단은 가고 보는 그 곳. 나 역시 예외 없는 무지無知의 객氣이 방황하는 젊음을 한시라도 정리하고자 하는 한 젊은이었을 것이다.

step by step. 조금씩 조금씩…….

그때도 주님께서는 나를 주관하셨다. 돌이켜 보건대, 중학교 시절 어느 여름, 복음을 알고 난 후부터 단 한 번도 하나님께서 나와 함께 하시지 않으셨던 적은 없었다.

단지 내가 하나님께 등을 돌리고 애써 부인했을 뿐 그분은 나를 단 한시도 잊은 적이 없으셨다. 알고 있었다. 그분이 지켜보심을. 그분이 함께하심을. 그분이 진심으로 나를 사랑하심을.

중학교 3학년 시절 복음을 전하신 목사님께서 미국으로 급히 이민을 가신 이후로 나의 신앙은 엉망이 되지 않을 수 없었다. 말씀을 찾아 가는 교회마다 들리는 헌금함의 돈 떨어지는 소리와 정치 이야기 그리고 단 한 줄의 성경 구절에 구구절절句句節節 이어지는 목사님들의 세상적인 이야기는 막 복음을 접한 나에게는 갈증을 채울 수 없는 바닷물과도 같았다. 그리고 나는 토해냈다. 등을 돌리고, 이성이라는 가면을 쓰며, 하나님을 애써 부인한 채 눈을 가리기 시작했다. 하지만 들어간 복음이 사라질 수는 없듯이 말씀에 대한 갈증은 더해만 갔다.

대학교에 들어간 후에는 근거 없는 열정과 냉소주의에 빠져 쇼펜하우어를 신봉해보기도 하고, 왠지 있어 보이는 사상(ideology)을 공부해본답시고, 이해도 되지 않는 사상 책을 읽는 척한 적도 있었다.

그러다가 나는 어느 누구나처럼 1996년 2월 군에 입대하게 된다. 아마도 6년 만에 나는 주님께 첫 도움을 구했던 것으로 기억한다.

군대는 생각과는 다른 현실이었다. 그곳은 여리고 외아들로 곱게 자란 나에게는 부끄럽게도 너무 춥고 너무 아프며 너무 힘들었다. 역시나 간사한 인간이기에 주일에 부대 내 교회에서 울며 기도했었다. 이겨낼 수 있게 도와 달라고, 그리고 주님께 나를 놓지 말아달라고 간절하게 기도했다. 주님을 다시 바라 본 것은 거의 6년 만이었다. 하지만 주님께선 나를 잊지 않으셨다.

step by step

자대 배치를 받고는 많이 구타를 당했다. 구타의 원인은 일요일에 종교행사로 교회를 가는데 마침 그 시간은 일요일 대청소를 하는 시간이었고 이등병인 내가 청소를 빠지고 교회에 가는 것을 고참들은 이해할 수, 아니 이해하기도 싫었기 때문이었을 것이다. 어쩌면 적자생존의 먹이사슬의 고점을 취하고 있던 그들의 입장에서는 생각할 필요조차 없었을지도 모른다. 어쨌든 맞았다. 밤마다 맞았다. 밤에 근무를 설 때면 두 시간 정도는 하이바에, 조인트에 많이도 맞았다.

지금 생각해보면 참으로 웃긴 일이다. 근 6년이나 신앙에서 멀어지고 무신론이 뭔가 있어 보인다며 이성적인 것인 양 가면을 써 왔던 내가 교회에 가게 되고, 그것을 포기하지 않기 때문에 구타까지 당하다니, 안 가면 그만인데 말이다. 그것이 바로 핍박이란 것이었을까?

어쨌든 나는 매일 밤마다 맞았다.

원산폭격을 하면서 발로 머리를 밟고 가끔 정강이를 걷어차이는 것은 되려 고맙기까지도 했다. 다만 치약 뚜껑에 머리를 박고 원산폭격을 하는 것만은 정말 참기 힘들었던 기억이다.

그렇게 한 달쯤 때리더니, 갑자기 고참 하나가 넌지시 말을 건넸다.

"너 상병, 병장 달고도 교회 나갈 자신 있냐? 사이비 같은 놈들을 하도 봐서 이건 청소를 피하려는지 진짜 교회를 가려는지 믿을 수가 있어야지……."

뒷말을 흐리는 그의 말끝에서 영원하게만 느껴지던 고통의 터널에서 문득 희미한 빛이 새어 나오는 것을 알 수 있었다. '무지개'라고들 부른다. 무지개는 병장을 갓 단 소대의 실권자를 지칭하는 말이었고, 어차피 부대 일에 상관도 안하는 병장들에게 나란 존재는 있는지도 모를 상태에서 그의 결정은 실로 막강한 것이었다. 아마 그도 사회에서는 교회에 다니지 않았을까? 결국 그의 한 마디에 더 이상의 구타는 없었다. 그리고 나는 교회에 매주 나갈 수 있게 되었다.

주님께선 나를 잊지 않으셨다.

step by step

그날 저녁에 기도했다. 내 평생 죽을 때까지 매일 저녁마다 기도하겠 노라고. 그리고 그 약속을 지금까지 지켜 왔다. 제대하고 마음이 식어 서 교회를 멀리할 때도 자기 전 기도를 잊은 적은 없었다. 마음속 깊 은 곳에 나를 지켜보시는 하나님을 느꼈기에 약속을 저버릴 수는 없 었다.주님께선 나를 잊지 않으셨음을 나는 기억했으니까…….

step by step

상병 때, 나는 군종병이 되었다. 하나님께서는 항상 나를 붙들고 계 셔주셨다. 내가 그분을 떠나려 해도 떠나 있어도 그분은 항상 돌아온 나를 잊지 않으셨고 손을 놓지 않으셨다.

시간이 아주 많이 흘렀다. 거의 20년 전의 일이다. 그리고 나는 다시 금 회심하고 뜨거워졌다. 그 긴 시간 동안 나는 주님의 손을 또다시 놓아 버렸지만 그분은 그러지 않으셨다. 그리고 그분은 다시 step by step 나를 인도하시고 성장시키고 사랑해 주시고 있다.

그래서 이제는 내가 다가간다. 공황장애 때문에 사람들 많은 곳에 잘 가지 못하고, 운전도 잘 못하며, 약을 먹으면서 치료 중이었지만, 교회에 다시 나가서 밥을 먹었다. 체하고 토하긴 했지만 감사했다. 항상 그 자리에서 나를 지켜봐 주심에 어느 순간 나는 일요일을 바치려 노력했다.

step by step

이제 토요일도 주일학교 교사로서 주님께 시간을 바친다. 그리고 그렇게 조금씩 조금씩 주님께 나를 바치는 동안. 술도, 담배도 그리고 토요일도, 일요일도 주님께 바치고 있는 나를 발견한다. 사람들은 나를 변했다고 한다. 직장 동료들은 서운해 한다. 하지만 지난 20여 년간 step by step 나를 지켜 주시던 주님은 얼마나 서운하셨을까. 모든 것을 바침으로써 감사드리려 하지만, 아직은 세상 욕심이 너무 많다. 갈 길은 아직도 멀다. 얼마나 더 이 세상을 살아갈지는 모르겠지만.

하나님께서는
step by step
나에게 손을 내밀어 주시고 나는
step by step
주님께 다가간다.

약 1년 정도 전에 묵상을 하며 옛 시절을 기억하여 써 보았던 글이다. 돌이켜 보면, 하나님께서는 나를 항상 기억해 주시고, 사랑해 주셨다. 내가 특별히 오만하고 못난 인간이었기에 더 지켜봐 주셨는지도 모른다.

정확하게는 내 인생에서 고등학교 시절부터 대학교 시절까지 한 번 그리고 군대를 제대하고 6년 전까지 두 번, 하나님을 떠나 있었다. 중학교 시절 처음 복음을 접하면서, 하나님께서 나와 동행하여 주셨고, 그 후에 하나님을 떠났지만, 군대를 통하여 하나님의 방식대로 나를 다시 돌아오게 해 주셨다. 군대에서 상병 시절부터 군종병의 역할을 허락하여 주셨고, 또 한 번 뜨겁게 주님은 동행하여 주셨다. 제대를 하자 변덕스럽고 오만한 나는 또다시 주님을 떠나보냈다. 하지만 주님께서는 더 힘껏 나와 동행하여 주시고자 나에게 사업적인 시련을 안겨 주셨고, 주님 앞에 낮아짐을 통하여 이제는 더 주님을 이해하고, 사랑하는 법을 배웠다.

지금도 가끔은 많은 고난과 시련이 나를 흔든다. 하지만 이제는 그분을 떠나지 않는다. 지난 6년간 그분을 알기 위하여 열심히 공부했고 신앙적으로는 교제를 통하여 단단해지고 신학적으로는 학교에서 학위까지 취득할 수 있게 되었다. 요즘은 세상이 좋아져서인지 필수학점만 따도 학위를 취득할 수 있어서 신학사를 얻는 데 큰 어려움도 없었다.

많은 지인들이 나에게 신학을 만류했지만, 나는 정말로 나의 신앙이 바른 신앙인지 확인하고 싶었고, 소기의 목적을 달성할 수 있었다. 이제 나의 신앙은 바른 신앙이라고 확신한다. 그 이유는 교회에서는 많은 형제자매들과 교제가 되고, 학교에서는 복음에 관하여 교수님들과 교제를 나눌 수 있었기 때문이다. 다른 신앙에 바른 소통과 교제는 있을 수 없다. 사람을 하나님이라 칭하고 다른 성경을 가지고 있는 이들과 무슨 교제를 할 수 있단 말인가? 신학을 공부하면서, 정말 많은 깨달음이 있었고 하나님의 은혜를 체험할 수 있었다. 많은 지인들은 신학이 나의 신앙을 망쳐 놓을 것이라 했지만 막상 경험해보니, 신앙이 바로 서지 않은 상태에서 신학을 공부하는 것은 치명적인 문제가 될 수 있지만, 바른 신앙을 세운 뒤에 신학을 공부하는 것은 하나님을 더 잘 이해할 수 있는 밑거름이 된다는 것을 알게 되었다. 나는 나의 신앙이 바른 것인지 끊임없이 확인하려 했었고 그를 통하여 더 강한 확신을 얻게 되었다.

하나님의 말씀을 받아들인 그리스도인들이 하나님에 대하여 배우는 것은 당연한 일이다. 누군가가 주는 말씀만을 신앙의 젖으로 삼고 살아가는 것보다는 성숙한 신앙인이 되기 위해서, 스스로 몸을 일으켜 하나님에 대한 공부를 해야 한다. 하나님에 대하여 배울 때 어떤 한 가지 면에만 치우치는 것은 좋지 않다.

주변에서 성경은 잘 읽지 않고, 신앙서적만 많이 읽어서 조금은 편중된 지식을 가지고 있는 분을 본 적이 있다. 그 지식은 온전한 자신의 지식이 아니다. 신앙서적은 믿음의 선진들이 겪고, 체험한 것을 우리에게 전해 주는 것이고, 그를 통하여 우리는 빠르게 지식을 습득하고 발전할 수 있다. 하지만 그 지식이 경험을 바탕으로 한 것은 아니기에 명백하게 나의 것으로 녹아들 수는 없는 것이다.

반면 적절한 신앙서적은 없이 성경만 파고들어 읽는 분도 본 적이 있다. 성경을 파고드는 것은 물론 옳은 일이다. 하지만 고집스럽게 성경을 자기 관점으로만 보며, 파고들어 다른 선진들의 양분을 섭취하지 못할 때 그분의 성경말씀은 자기 식대로 왜곡되고, 강요하는 모습으로 표출되기 마련이다. 분명히 그 말씀이 상황에 맞지 않음에도 일단 성경말씀을 들이대며, 강요하는 것은 그리스도인의 바른 자세가 아니다. 안타까운 것은 그분은 그게 옳고 하나님의 방식이라 착각하고 있다는 것이다. 본인이 읽은 것만 바라보니, 신앙을 넓게 보지 못하는 것이다.

하나님께서는 어느 누구든 항상 기다려 주신다. 나에게는 나의 방식으로 다른 사람들에게는 다른 사람의 방식대로 적당하게 기다리시고 적용시켜 주신다. 하나님께서는 급하지 않으셨다. 항상 step by step 천천히 조금씩 나를 지켜봐 주시고 동행해 주셨다. 그분은 우리를 위하여 대신 죽으신 분이다. 그분은 우리를 위하여 인내하시는 분이다.

그리고 그분은 우리를 기억해 주시는 분이다.

우리는 잊지 않고, 붙들어 기억해 주시는 그분을 위하여 한 발씩 내딛어야만 한다. 나는 오만하고 못났으며 예민하다. 하지만 나를 꺾고 토요일을, 일요일을 그리고 마음속 욕심들을 하나씩 그분을 위하여 던져 버렸다. 그분께서 원하신다고 생각했기에 바른 신앙을 확인하고, 찾으려 끊임없이 공부했다. 다시 한 번 말하지만 나는 정말로 못난 인간이며, 멍청하고 어리숙하여 인간관계도 잘 풀지 못한다. 하지만 그나마 단 하나라도 하나님 앞에 내가 내세울 것이 있다면, 그분께서 나를 기억하심을 나 역시 기억하고, 그분을 찾으며, 구하려 했다는 것이다.

우리는 그리스도인으로서 그분을 찾고 구해야 한다. 그것은 어렵지 않다. 매일 성경과 믿음의 선진들을 통한 신앙서적을 읽고, 우리 신앙에 바른 거름을 주며, 성도들과의 교제를 통하여 하나님을 알아 가면 되는 것이다. 하나님께서는 항상 우리를 기억해 주시며 주시하심을 잊지 말아야 한다.

하나님에 대한 진정한 감사는 행복의 영역을 확장시켜준다.

– 포터

올바른 설교와 올바른 태도:
말씀을 듣는 우리의 자세

4. 남의 하인을 판단하는 너는 누구뇨 그 섰는 것이나 넘어지는 것이
   제 주인에게 있으매 저가 세움을 받으리니 이는 저를 세우시는 권능
   이 주께 있음이니라

-로마서 14장

우리는 서로 다른 자아를 가지고 있는 인간이다. 그런 이유로 사물을 보는 시각에 있어서 차이가 날 수 있음은 어쩌면 당연한 일일 수도 있다. 성경에서도 그런 시각의 차이는 뚜렷하게 나타나는데, 성경 말씀을 얼마나 깊이 묵상하는지 또는 자신의 처한 상황이 어떤지에 따라서 말씀은 입체적으로 다가오기 마련이다.

이렇게 성경 속에서의 말씀과 예수님의 복음이 각각 사람마다 다르게 받아들여질 수 있기에, 말씀을 듣는 우리의 태도 역시 달라질 수 있다. 때로는 그 태도에 선입견과 편견이라는 사단이 개입하여, 상황을

더욱 복잡하게 몰고 가기도 한다. 하지만 우리가 명심해야 할 것은 지나가는 강아지 한 마리를 보고도, 또는 길에 있는 돌덩이 하나를 보고도, 우리는 하나님의 말씀과 뜻을 감지할 수 있다는 것이다. 강아지 한 마리가 처량하게 먹이를 찾아 지나가는 것을 보고, 성경 속의 말씀을 떠올려 무언가를 깨달을 수도 있는 것이고, 돌덩이 하나를 보고도 그 딱딱한 성질을 생각하며, 돌덩이와 같은 마음을 나의 신앙에 적용시킬 수도 있는 것이다.

중요한 것은 바로 마음가짐에 있다. 어떤 설교를 듣든 우리의 마음이 하나님을 향하여 바르게 서 있다면, 그 설교에서 무엇이든 얻을 수 있는 것들은 많다. 설사 그 설교가 말도 안 되는 막장에 가깝다 할지라도, 우리는 그 설교를 들으며, 하나님께서 원치 않으시는 방향이 무엇인지, 그리고 내가 그것을 어떻게 적용하여 하나님 앞에 더 나아갈 수 있을지를 배울 수 있을 것이다. 설교를 듣는 데 중요한 것은 먼저 하나님을 구하고 그분의 말씀을 들으려는 마음가짐 그 자체임을 명심해야 한다.

하나님의 말씀을 배우고, 말씀을 생활에 적용시키는 것은 그리스도인의 기본이라고 할 수 있다. 만약 어떤 목사님의 설교가 마음에 들지 않아 마음의 번민이 된다면, 결국 하나님의 말씀을 잃게 되는 것은 자신이고 손해 보는 것 역시 자신뿐이다. 그런 이유로 손해 보는 그리스도인들이 없기를 바라며, 언젠가는 다루고 싶었던 올바른 설교와 올바른 태도에 대하여 살펴보고자 한다.

먼저 올바른 설교에 대하여 말해본다면, 일단 알아야 할 것은, 설교자의 명확한 소명의식이라고 말할 수 있다. 소명의식이란 자신이 태어난 이유를 알고, 자신이 해야 하는 일에 대하여 명확하게 정리함을 말한다.

오늘날의 설교자들은 초대교회의 설교자들과는 약간의 차이가 있다. 초대교회에서는 가르치는 장로들과 집사들이 말씀을 맡아 돌아가며 설교를 했지만, 이 시대에 있어서의 설교자들은 일반적으로 목사님들이나 전도사님들이 맡고 있는데, 그분들이 신학을 전공하거나 교단에서 훈련을 받아 준비된 설교자로서 사명감을 가지고, 성경을 공부하여 설교하는 것이 일반적이다. 설교자의 올바른 태도와 잘못된 태도에 관하여 여러 경험을 해보았는데, 대체로 올바른 설교자의 경우 공통된 특징이 있다.

우선 올바른 설교자들은 자신의 권위를 내세우지 않는다. 그들은 자신의 설교를 하나님의 말씀을 대언하는 것이라 생각하지 않고 어린 양과 같은 성도들에게 잘 풀어서 먹이려 노력한다. 물론 말씀을 대언하게 될 수도 있지만, 그것은 성령님께서 각 사람의 마음에서 하실 일이지 선지자(하나님의 은혜로 앞일을 미리 사역)나 사도(예수님의 부활과 공생애를 함께 겪음)도 아닌 설교자가 말씀을 대언하는 것은 잘못된 생각이라 할 수 있다. 올바른 설교자들은 자신들이 말씀을 대언하는 것이 아니라, 하나님의 말씀을 잘 풀어서 양과 같은 성도들을 먹여야 함을 잘 인식한다. 그러기에 그들은 자신의 권위가 하나님 앞에 낮음을 인식하고 하나님 말씀을 두려워하며 낮은 자세와 겸허한 마음으로 성경을 공부하여 성도들에게 설교를 한다. 그들은 하나님의 말씀이 얼마나 크고 두려운지 잘 알기에 자신이 하고 싶은 설교에 하나님의 말씀을 끼어 맞추지 않는다.

올바른 설교자들은 먼저 하나님의 말씀을 묵상하고, 기도로서 묵상한 그 성경에서 과연 우리가 하나님께 무엇을 배우고, 어떻게 행동해야 할 것인지를 성도들에게 설교한다. 그들은 하나님의 말씀이 얼마나 위대하고 크시며 살아 운동력이 있는지 잘 알기에 성도들에게 젖을 먹이는 목적으로 설교를 하지, 절대 자신의 주장을 내보이기 위하여 사용하지 않는다. 이렇게 올바른 설교자들이 설교할 때 성도들은 깊은 묵상과 성경공부에서 나온 그의 정성에 성령 감동함을 얻고, 동감을 느끼며, 세상을 살아갈 힘을 얻어 하나님의 사랑과 은혜 안에 머무르게 되는 것이고, 그것이 바로 설교자가 해야 할 올바른 설교이다.

반면에 잘못된 태도를 가지고 있는 설교자의 경우에는 정확하게 올바른 설교자와 정반대의 경우에 있다고 보면 정확하다. 일단 그들은 권위를 내세운다. 물론 어리석게 하나님을 낮추며 자신의 권위를 높이진 않는다. 문제는 그들이 하나님의 권위에 편승하여 자신의 권위를 높인다는 것이다. 사실 우리는 모두가 평등한 그리스도인이다. 달란트에 따라 하나님을 위하여 일할 수 있는 기회를 얻게 된 것은 참으로 큰 기회이자 감사할 만한 것이다. 하지만 그것은 자신의 권위를 내세우는 데 사용될 성질의 것이 아니다.

강대상 위에서 설교의 권위와 영광의 몫은 오직 하나님을 향해서 돌려져야만 한다. 그런데 잘못된 설교자들은 하나님의 권위를 말하며, 자신이 그 권위를 물려받았음을 강조한다. 그들은 그 권위를 이용하여 성도들을 설득하려 한다. 말 그대로 신령한 젖을 먹이는 설교를 하는 것이 아니라, 자신의 의견을 관철시키기 위하여 설득하는 것이다. 말이 훌륭할 수도 감동이 될 수도 있다. 하지만 그 본질은 하나님의 영광이 아닌 자신의 권위와 설교에 대한 설득에 있다. 또한 그들은 성경을 먼저 묵상하지 않고, 자신이 하고 싶은 이야기를 먼저 묵상한다. 이번에 내가 성도들에게 무엇을 설득할까를 고민하며, 성경 구절에서 비슷한 부분을 찾아내어 자신의 설교에서 정당성과 설득력을 얻으려 노력한다. 먼저 하나님의 말씀을 읽고 묵상하여 가르쳐야 함에도 자신의 의견을 설득시키기 위하여 하나님의 말씀을 인용하는 것이다. 이것은 실로 하나님 말씀을 훔치는 도적질이다. 잘못된 설교자들도 묵상을 하고, 열심히 기도를 한다. 하지만 그들의 특징은 혼자 기도하고, 혼자 응답받았다고 착각하는 데 있다고도 볼 수 있다. 다른 성도들의 의견에는 귀 기울이지 않고, 자신이 기도하고는 바로 결정을 내리며, 하나님께서 자신의 기도에 응답하였다고 말한다. 진정 성경적인 것은 성경에서 말씀하신 것을 따르고 또 성도들의 의견을 자세히 듣고 살펴보는 것이다. 예수님께서 교회의 머리이며 교회는 그 몸으로 그리고 성도들은 그 지체로서 손가락, 발가락, 어깨, 팔, 다리와 같은 지체를 구성하고 있는데, 중요한 몸의 지체 하나가 머리되신 예수님께 허락받았다고 말하며, 자기 마음대로 다른 지체들을 움직인다면 그 몸이 제대로 유지될 리가 없는 것이다. 잘못된 태도의 설교자들은 손톱 하나가 빠져도 발가락 하나만 삐어도 얼마나 몸 전체에 큰 고통이 되는지를 알아야 한다.

주요한 지체가 그렇게 권위를 세우고 자신의 마음대로 자신의 입맛에만 맞는 설교를 하게 될 때 그 지체인 성도들 역시 영혼이 병들기 시작한다. 동감과 하나님의 은혜된 설교는 없고 판단과 염려 그리고 나누어짐으로 병들게 되는 것이다. 그런 설교자 아래에는 항상 교회 내에 나누어짐이 생기게 된다. 설교자를 옹호하는 쪽과 바르게 보자는 쪽으로 나누어져 서로 싸우고 병들어 결국에 하나님의 몸된 소중한 교회 하나가 쓰러질 수도 있는 것이다.

4. 우리가 한 몸에 많은 지체를 가졌으나 모든 지체가 같은 직분을 가진 것이 아니니

5. 이와 같이 우리 많은 사람이 그리스도 안에서 한 몸이 되어 서로 지체가 되었느니라

6. 우리에게 주신 은혜대로 받은 은사가 각각 다르니 혹 예언이면 믿음의 분수대로

7. 혹 섬기는 일이면 섬기는 일로 혹 가르치는 자면 가르치는 일로

8. 혹 권위하는 자면 권위하는 일로 구제하는 자는 성실함으로 다스리는 자는 부지런함으로 긍휼을 베푸는 자는 즐거움으로 할 것이니라

9. 사랑엔 거짓이 없나니 악을 미워하고 선에 속하라

10. 형제를 사랑하여 서로 우애하고 존경하기를 서로 먼저 하며

11. 부지런하여 게으르지 말고 열심을 품고 주를 섬기라

12. 소망 중에 즐거워하며 환난 중에 참으며 기도에 항상 힘쓰며

13. 성도들의 쓸 것을 공급하며 손 대접하기를 힘쓰라

- 로마서 12장

이렇듯 설교자들의 태도는 중요하다. 누구나 설교자가 될 수 있다. 공부하고 노력하며 하나님을 알고자 하는 마음이 크다면, 지금이라도 열심히 설교자를 목표로 나아갈 수 있는 것이다. 하지만 명심해야 할 것은, 하나님께서는 어린양들을 먹이는 역할의 설교자들을 주시하시고 계시다는 것이다. 그들의 영향이 얼마나 큰지 잘 아시기에, 하나님께서는 많은 달란트를 주신 만큼 그만큼의 달란트를 기대하시고 계시

다. 본인이 하나님 앞에 바른 설교를 하지 못한다면 항상 기다려주시는 하나님을 생각하고 회개하여 그 마음을 하나님께 돌리고, 어린양과 같은 성도들을 되돌아보면 될 것이다. 설교자는 하나님께서 교회를 사랑하심을 잊지 말아야 하며, 자신의 역할은 그 중심에 있음에, 그 무게를 깊이 인식하고, 다른 이들보다 몇 배는 고심하며, 묵상하고, 기도하여 성도들과 소통하는 자세를 취해야 한다.

올바른 설교에 이어서 듣는 성도들의 올바른 태도에 대하여도 살펴보자. 우선 듣는 성도들은 설교를 통하여 하나님과 소통하려고 노력해야 한다. 앞서 말했듯이 그 설교가 진정으로 하나님과의 묵상을 통하여 나온 설교라면, 정말 은혜로 받아들일 수 있겠지만, 설사 그렇지 않다 하더라도 우리는 얼마든지 그 설교 안에서 하나님을 만날 수 있음을 잊지 말아야 한다. 중요한 것은 성도들은 설교하는 입장이 아니기에 자신의 마음을 항상 하나님을 향해 돌려야 하는 것에 있다. 설교를 듣는 올바른 태도는 절대 설교를 판단해서는 안 된다는 것이다. 성경에서는 '형제와 자매를 판단치 말라'고 수없이 말씀하신다.

1. 비판을 받지 아니하려거든 비판하지 말라
2. 너희의 비판하는 그 비판으로 너희가 비판을 받을 것이요 너희의 헤아리는 그 헤아림으로 너희가 헤아림을 받을 것이니라
3. 어찌하여 형제의 눈 속에 있는 티는 보고 네 눈속에 있는 들보는 깨

닫지 못하느냐

4. 보라 네 눈 속에 들보가 있는데 어찌하여 형제에게 말하기를 나로 네 눈 속에 있는 티를 빼게 하라 하겠느냐

5. 외식하는 자여 먼저 네 눈 속에서 들보를 빼어라 그 후에야 밝히 보고 형제의 눈 속에서 티를 빼리라

– 마태복음 7장

1. 그러므로 남을 판단하는 사람아 무론 누구든지 네가 핑계치 못할 것은 남을 판단하는 것으로 네가 너를 정죄함이니 판단하는 네가 같은 일을 행함이니라

– 로마서 2장

올바른 설교를 듣는 태도는 설교를 판단하는 것이 아니라, 어떤 말씀이든 그것에서 자신이 하나님과 소통할 수 있는 것을 찾아내는 데 있다. 올바른 설교자에 의한 좋은 설교라면 그 설교 내내 하나님의 은혜와 사랑을 배우며, 하나님을 향한 소통을 배워 나갈 수 있을 것이다. 하지만 바르지 못한 설교일 경우라 할지라도 우리는 설교를 판단하려 하지 말고, 그 속에서 어떻게 해서든 하나님과 소통할 것들을 찾아내야만 한다. 예를 들어, 어떤 설교자가 몇 주 동안 내내 헌금설교만 하여 마음이 점점 지쳐간다면, 이제 설교에 대한 판단은 마음 한 곳에 접어 두고, 설교와는 별개로 자신 안에 있는 성령님과 소통하여, 헌금에

대하여 스스로 깊이 묵상해보자. 잘못된 설교자가 잘못된 설교를 했다 할지라도 우리는 그 설교에서 묵상하고 기도하며, 하나님을 의지할 것을 찾아 낼 수 있다. 그 이유는 설교자가 어떤 설교를 하든 그것을 받아들이고 양식으로 먹어 소화시켜주시는 몫은 내 안에 계신 성령님이 하시는 일이기 때문이다. 내가 올바른 설교를 듣는 태도를 가지고 있을 때 반드시 내 안의 성령님께서는 어떤 설교든 나에게 유익으로 바꾸어 주실 것이다.

마음에 불만만 가득하여 설교를 판단하는 것은 옳지 못하다. 설교의 판단과 상급은 하나님께 달린 일이다. 성도들의 바른 자세는 설교를 판단하기보다는 어떤 설교든 그것에서 자신이 받아 성장할 수 있는, 즉 하나님과의 소통거리를 찾는데 있다. 설교를 바르게 하는지 그렇지 않은지는 설교자의 몫이다. 성도들에게는 성도들의 몫이 따로 있는 것이다. 더불어 성도들의 설교에 대한 올바른 태도에 있어서 명확하게 구분지어야 할 것은 판단이 아니라 구별이다.

성도들은 판단이 아닌 구별에 익숙해야만 한다. 이것이 하나님의 말씀이며, 내가 받아먹을 만한 것인지 구별하여 섭취하는 것이 중요하다. 구별을 못하고 아무거나 받아먹을 때, 탈이 나고 아프며 심지어는 영적으로 죽을 수도 있다.

판단하지 말자. 다만 말씀을 구별하도록 하자. 그리고 그런 능력을 갖기 위하여 스스로 성경을 공부하고, 하나님의 말씀을 마음에 익히자. 명확하게 구별하여 영적인 양식을 취하는 것은 자신의 영혼의 생사와도 관련된 중요한 일이기 때문이다.

목회자의 설교는 삶으로 증명되어야 하고, 그의 삶은 설교로 대변되어야 한다.

- 진 테일러

참고 자료

- 『구약개론신학』. 2011. 최종태 지음. 선교햇불

- 『구약신학 그 역사, 방법론, 메시지』. 2005. 랠프 스미스 지음. 크리스천다이
  제스트

- 『기독교신학개론』. 2008. 루이스뻴콥 지음. 신윤복 옮김. 성광문화사

- 『새롭게 보는 이스라엘 절기』. 2007. 이성훈 지음. 대한기독교서회

- 『이것이 교회사다』. 2013. 라은성 지음. 페텔출판사

- 『이스라엘 역사』. 1981. 존브라이트 지음. 박문재 옮김. 크리스천다이제스트

- 『초대교회사』. 2006. 라은성 지음. 교회사아카데미

- 『A to Z 80일간의 신약일주』 1~3. 2012. 권혁정 지음. 한코북스